村のこころ

史料が語る村びとの精神生活

木村 礎 著
Kimura Motoi

雄山閣出版

村のこころ

——史料が語る村びとの精神生活——

木村　礎

序章　なぜこの本を書くのか

この『村のこころ——史料が語る村びとの精神生活』は、さきに刊行した『村を歩く——日本史フィールド・ノート』（雄山閣出版、一九九八年八月）および『村の生活史——史料が語るふつうの人びと』（同、二〇〇〇年六月）に続くものであって、これらはゆるやかな三部作である。

「景観」と「生活」三部作の一つとしての本書

第一作『村を歩く』の主旨は景観研究である。個別の村落景観をはじめとするさまざまな景観および多種多様なモノ資料、これらはすべて歴史性を内包した存在であり、歴史の体現物として眼前に実在している。われわれは景観およびモノをとおして、歴史を眼前に具体的に浮上させることができる、と考えるのが、歴史的景観論であり、これは歴史研究における強力な一方法として、最近では広く認知されるに至っている。

第二作『村の生活史』は、明治以降の日本の歴史学を大観して、天下国家についての歴史学と、日常生活についての歴史学に大別し、前者が今に至るまで圧倒的に優勢であり続けてきていることを指摘した。そうした状況の中にあっても、日常生活についての歴史学もまた細々とではあるが脈々と存在し続けたことをも併せて指摘した。

私の立場は、日常生活についての歴史学を歴史学総体の中での主流的存在にしたい、ということである。人間の学としての歴史学にとっては、天下国家よりも日常生活の方が貴重なのだと私は考えている。『村の生活史』は右のような立場に立って、日常生活そのものや、それを可能にしたり不可能にしたりする条件につき、それぞれ具体的事例をあげて説明したものである。それらはあくまでも一つの事例であって、これらをもって生活史の全貌を明らかにしたなどと考えているわけではない。またそこにあげられている事例は、主として物質的な生活やそれを支えている条件についてであって、精神生活に関係する事例提示はごく少ない。

第三作である本書『村のこころ』は、第二作『村の生活史』に欠けている精神生活についての叙述を中心とする。

「生活」はまことに定義し難い用語である。無理して定義してもあまり意味がなさそうでもある。したがって、ここでは、たとえば『広辞苑』を開けて「生活」を定義するなどということはしない。それでも「生活」には物的・経済的側面と精神的・意識的側面とがあるくらいのことはすぐわかる。とくに後者は人間の持ついちじるしい特質であるらしい。

ここにいう「精神的・意識的側面」とは、気持ち、心の動き、態度等々の用語で表現されているごく日常的な事象を意味しており、「思想史」「精神史」等として表現されてきた抽象力の強い高度な知的事象のことではない。

右のような意味における「精神的・意識的側面」(以下「精神生活」とする)を歴史の問題として具体的に叙述することは、難しい仕事である。しかしながらこの問題に迫らないと、人間の生活というものを物的側面だけに限定してしまうことになり、これでは生活史にならない。生活史は、物的側面と精神的側面を統一融合したものでなければならない。だが両者の「統一融合」は言うは易いが、研究の現状では多分不可能であって、可能なのは「併存」ぐらいなものであろう。つまり、生活史を書くためには、物的側面のみならず精神的側面への配慮が必要だということである。本書『村のこころ』では生活史における精神的側面につき、いくつかの事例提示を試みている。

前述のように、この『村のこころ』は前二著つまり『村を歩く』ならびに『村の生活史』と共に三部作を構成している。この三部作を貫く基本概念は「景観」と「生活」である（「生活」を物的と精神的に分けることについては既述）。歴史を右のような二概念をとおして見、考え、調べ、そして叙述するというこの立場は、明治以降の日本歴史学には類例のないものである。したがって、このような考え方が、私の内面においてどのような過程をへて出現し成熟してきたのかにつき、すこしではあっても説明しておく必要があろう。

「景観」と「生活」以前

私が歴史研究に本格的に取り組むようになったのは一九四九年（昭和二十四）からのことである。もちろん、その時期から「景観」と「生活」などということを考えていたわけではない。こうした考えがおぼろげながら出現し、それがしだいにはっきりしてきたのは、だいぶ後になってからのことである。このへんのいきさつについては、木村礎編著『村落生活の史的研究』（八木書店、一九九四年）の「終章　道程そして展望」に簡潔ではあるがはっきりと書いている。以下、それに沿ってさらに要約する。

歴史研究開始当初の私には二つの路線が交錯していた。一つはいわゆる「村歩き」である。これは主として南関東の各地を歩いて村の古文書を探し、整理し、目録を作り、興味のある文書についてはよく読み、その内容を検討するといった仕事である。これは今でもやっており、私の人生から村歩きを切り離すことはできない。

二つには、当時急速に台頭しやがて中心的な歴史思潮となった社会構成史的学風の影響である。この学風の全体像を具体的に述べることは容易ではないし、ここではその必要もない。必要なのは、前述の「村歩き」と社会構成史的学風との関係である。

一九五四年（昭和二十九）という戦後もまだ早い時期に、当時の著名な近世史研究者である北島正元が「戦後の農村史研究を回顧して」(一)(二)という文章を『史学雑誌』六三編の第一〇・一一号に連載した。当時は村歩きに伴う近世農村史研究が盛行しており、北島はその整理のために、この文章を書いたのである。北島のこの文章は、以下の項目から成っている。織豊政権の性格、検地と初期の村落構造、農業技術と農業経営、商品生産と地主制、村落共同体、百姓一揆と打ちこわし、幕末の経済段階。いちいちの説明ははぶくがこれらはいずれも当時の社会構成史的近世農村史研究の基準的テーマだったといってよい。こうしたテーマが次々と定立してくると、私はそれらのテーマを頭の中に入れて村歩きをするようになった。やがては村文書の中から幾つかの社会構成史的テーマに合致するものだけに興味を示すようにもなってきた。つまり、既成概念の虜になったのである。

たとえば、村文書の中には一般に検地帳といわれる村単位の土地台帳がある。これは村域、一筆ごとの耕地、その名請人等を書いた大切なもので、その作成年代はおおむね近世初期である(いわゆる太閤検地とそれをめぐる論争は有名)。これはその村を知るための重要な帳面だから、その記載内容を分析することには歴史的な意味があり、それはそれでよいのだが、うっかりすると、検地をしたから村ができたような錯覚に陥りかねない。事実はいうまでもなく、村がすでにあったから領主が検地を実施し、それにもとづいて年貢・諸役をとったのである。

こう考えてくると、村というものが近世以前からの連続的存在であることが理解されてくる。ところが日本の歴史学界では、時代区分意識が非常に濃厚であり、このことに規定されて、村についての時代を貫通した歴史的研究はほとんど存在しなかった(古代村落、中世村落、近世村落、近代村落の研究者はそれぞれいたが、それらを貫通する研究はなかった。このような状況は、各分野において今も大勢としては同様である)。

村歩きの経験を重ねるにつれ、村存在の連続性という想念が、ほんの少しずつではあるが広がってきた。日本社会の基層には村があり、その村は時代と共に変化しながらも本質的には連続している。村存在の連続と変化（基本は連続）、これを実証する方途は何か。私が考えたのは、古代・中世文書と近世文書の接合であって、その検証の場として旧香取社領地域の村々（下総国香取郡）が選ばれた。香取神宮文書については、『香取文書纂』、『香取文書』としてすでに刊行されており（中心は中世文書）、それらの中には社領村落に関係する文書が収められていた。近世文書については、所定の地域において探せばよい。

香取社領村落研究での試行錯誤と「景観」の浮上

こうした方針にもとづき、香取社領村落についての小規模な共同研究がスタートしたのは一九五九年（昭和三十四）。終結したのは一九六九年。この仕事は木村礎・高島緑雄編『耕地と集落の歴史―香取社領村落の中世と近世―』（文雅堂銀行研究社、一九六九年）として刊行された。一〇年にわたるこの研究の過程において「村落景観」の重要性についての認識が徐々に芽生えてきた。その荒筋は以下のようなものだった。

古代・中世文書と近世文書の接合、これは言うは易いが現実にはなかなか難しい。文書の性質が違うのだからやむを得ない。とはいえ、地名については、古代・中世から近世さらには現在に至るまで連続している場合が少なくない（もっとも、その地名が示す範域については時代により異なることがある）。このような場合には、まず、地名の示す小地域についての巡見を重ねることにより、その景観の持つ特性の把握につとめる。その間にその小地域の連続性と変化の様相が浮上してくる。具体的にいえば、その小地域における集落や耕地の設定理由や変化の状態の大体を把握し得る。湧水点や道、寺社の立地等々も景観構成の重要な要素である。香取社領村落研究の一〇年は試行錯誤に満ちてはいたが、少しずつ右のような景観研究に傾斜していったとはいえるだろう。しかしながらこの段階では、景観研究は歴史研究の重要な一方法なのだという自覚をはっきりと持つまでには至らなかった。

香取以後の三論文　〝歴史の方法としての「(村落)景観論」〟という考え方を明確に表明したのは「日本村落史のこころみ」(『駿台史学』二七、一九七〇年九月。後に『日本村落史』〈弘文堂、一九七八年〉所収。さらに『木村礎著作集』Ⅵ〈名著出版、一九九六年〉所収)においてである。この論文は、これまでの歴史研究への異議申立てをベースにしつつ、日本村落史についての一貫した把握を試みたもので、その前半は景観論であり、後半は日本社会論ともいうべきものである。ずいぶん荒っぽい論文だが、鬱屈していた思いを一気にぶちまけたようなところがあり、これを書いてさっぱりとした。以後私は〝日本村落史〟の研究者を自称するようになる。

「日本村落史のこころみ」に次いで書いた論文が「日本の共同体」(『明治大学人文科学研究所紀要』一〇、一九七二年三月。後に『日本村落史』〈前出〉所収、さらに『木村礎著作集』Ⅵ〈前出〉所収)である。

村落景観論という枠組みに内実を与えるものは共同体論だから、これを消化せねばまずいと考え、この厄介な問題に私としては正面きって取り組んだつもりである。その内容については本文をみていただくより仕方ないが、端的にいえば、共同体論とは、集団と個との関係についての立論であり、その関係を律する尺度は土地所有だということである。土地所有をめぐる集団と個人の関係のあり方の差が各共同体の社会的性格と機能を規定するのである。しかし、このような抽象的な言説をいくらふり回しても、具体的な歴史叙述はできない。私は「日本の共同体」を書き終わってからは、歴史用語としての「共同体」の使用を停止し、それに代わって「生活」を用いるようにした。また「村落共同体」もやめ「村社会」ということにした(「共同体」の意味内容は人によってバラバラでいっこうにとりとめがない。用いる場合には、厳密な規定が必要である）。

「日本の共同体」からしばらく間を置いて「日本における村落形態論と起源論」（『明治大学人文科学研究所紀要』一五、一九七七年三月。後に『日本村落史』〈前出〉所収。さらに『木村礎著作集』Ⅶ〈前出〉所収）を書いた。

これは地理学や歴史学によってもたらされた各様の村落形態論と起源論を整理したものであって、今後の景観研究の前提としてこういう仕事をやる必要がどうしてもあったのである。

香取社領での共同研究を『耕地と集落との歴史―香取社領村落の中世と近世―』として刊行したのが一九六九年。その翌七〇年から七七年の間に①「日本村落史のこころみ」（約一七〇枚）、②「日本の共同体」（約三〇〇枚）、③「日本における村落形態論と起源論」（約二〇〇枚）の三論文を書いた。右のうち①と③は主として景観論、②は共同体論（つまり生活史研究の理論的基底）である。

私としては長大な三論文を書きおえることによって、景観と生活こそが私の歴史研究なのだとの確信をようやくにして得ることができるようになったのである。

「景観」と「生活」についての本格的な共同研究

一九七八年（昭和五十三）茨城県・県西地方において村落景観についての共同研究を開始し、その成果は『村落景観の史的研究』（木村礎編著、八木書店、Ｂ４判五九九頁、一九八八年）として刊行された。同書刊行三、四年前より、同フィールドにおける生活史研究が雁行するようになり、その成果は『村落生活の史的研究』（木村礎編著、八木書店、Ｂ４判七一四頁、一九九四年）として刊行された。右両書の刊行によりこの共同研究は終了した。

「茨城県・県西」は、茨城県人以外にはなじみのない名称であり地域である。東は筑波山の麓から西は利根主流より江戸川が南へ分岐するあたりまでとでも言えば少しはイメージが浮上するだろうか。大雑把には広大な関東平野の東半分といってもよい。郡名では西から猿島郡、結城郡（いずれも旧下総国）、真壁郡（旧常陸国）の三郡である。およそ、四〇キロ四方ほどの平地だが、平地とはいっても高低はあり、台地の高さは二、三〇メートル、低地はかつては沼だった部分が少なくない。

一九七八年から九三年に至る共同研究のための主要な合宿地は猿島郡境町、猿島町、結城郡千代川村、真壁郡明野町。副次的な合宿地は猿島郡五霞村、結城郡石下町。

合宿回数は計三二。それに参加した人の数は累計七三四。一合宿平均人数は二三（最多は五〇人、最少は六人）。正規の合宿は六泊七日だから、延べ人数は約五〇〇〇人ということになる。

この共同研究の主目標は前半は景観、後半は生活ときわめて明快であり、かつての香取社領村落研究のような戸惑いはなかった。

景観研究の手法の大綱は、①絵図のトレース、②トレース図と現行地図との比較、③トレース図、現行地図を携えての現地巡見、④関係する文書との突合わせ、⑤現地の人に教わる、といったところであった。

生活史研究の手法の大綱は、①問題の設定、②関連文書の捜索と熟読、③現地での実態把握、④絵図・地図の活用、⑤民俗学的観点の重視といったところであった。

こうした手法が、既刊の『村を歩く』（三部作の第一作）や『村の生活史』（同第二作）に活かされていることはいうまでもない。

茨城県・県西における大規模な共同研究は前掲『村落生活の史的研究』の刊行をもって終了した。私はこの本の末尾に「終章　道程そして展望」という短い文章を書いた。それは一九四九年以来の私の研究の軌跡を振り返るとともに、生活史研究の展望を試みたものである。その文章を以下に全文掲げる。

今後の課題としての精神生活

生活史研究の展望—特に精神生活——　生活史研究の展望ともなると容易なことではない。生活史研究は本質的に多様だから、さまざまなタイプの研究の出現が望ましい、と私は本書中に既に書いている。この種研究は本質的にそういうものなのである。

しかしながらわれわれの共同研究としては一定の基軸を設定し、それを明示しておかねばならない。われわれにとってのその基軸は、

(1)小地域（坪—村—村々）を重視する。

(2)地域内の社会関係を重視する。

(3)生産と消費の双方を重視する。

(4)精神生活を重視する。

の四つである（本書第一編）。

問題は(4)であり、本書における取上げ方はまことに残念ながら、散発的であって体系性が弱い。

ここに言う「精神生活を重視する」場合の「精神生活」とは所定の地域内における一般村民の喜怒哀楽を中心とする日常的な精神的営みのことである。それは例えば、食の楽しみ、学びの喜び、働くことの生き甲斐といったことであって、それらのもろもろを生活史の個別テーマとして具体的に取りげることを今後の生活史研究の課題としたい。このような意味での精神生活史像を、

地域に即しつつ包括的に描くためには、それに迫るための新しい手法が必要なのだが、それをわれわれはまだ持っていない。

私としては、村落生活の実像を、物や社会関係に即するだけではなく、人間の精神にも即して追求することの中に、この種研究の将来への展望が内在しているのではないかと感じており、その遙かなる展望に近づくための試行錯誤はやるに価する仕事だと考えているわけである。

右の文章には、茨城県・県西におけるわれわれの村落史研究の「基軸」が四つ書かれている。これらのうち⑴⑵⑶は調査の過程において十分に周知・配慮され、叙述においても生かされている。つまりこの三点は『村落生活の史的研究』のいずれかの部分に明瞭に表現されており、全体としてはこの書物に貫徹している。

ところが「⑷精神生活を重視する」は基軸の一つとしてあげられているにもかかわらず、『村落生活の史的研究』での具体的叙述としてはきわめて弱体であり、したがって、今後における生活史研究は、それ（精神生活）が課題になると指摘しているのである。

三部作の第三作として本書『村のこころ——史料が語る村びとの精神生活』は、右のような長い経過をふまえつつ、今後における精神生活史の豊かな稔りへの最初のステップとして書いたものである。

第一章　村の意識

ここにいう「村の意識」とは、人々の意識が村ごとにまとまる（あるいはまとめる）ように作動すること、言いかえれば、村の安定や秩序維持のための整一性意識のことである。

1　村をまもる――里正杢左衛門の慶応二年

『里正《りせい》日誌』に依拠して、武州一揆に際会した蔵敷《ぞうしき》村の名主杢左衛門が、どのような行動をとったのかを描いたものである。江戸時代の村役人というものが、領主と村民の間にあって、村社会における重要な位置を占めていたことについてはかねてから指摘されてきている。しかしながら、武州一揆のような激動に際会してどのような行動をとったのかについての具体的な検証はあまりなされてこなかった。杢左衛門の立場は武州一揆から村を防衛する側にあり、そのために懸命に立働いている姿が『里正日誌』に活写されている。

2　座る場所をきめる

村の安定と秩序維持のためにはさまざまな要素が必要だった。村役人と平百姓、本家と分家、村の草切りと新百姓、地主と小作、富者と貧者等々についての意識は村の中に構造的に存在しており、それらを村人が認めあうことによって村の日常性は維持された。座位は、右のようなさまざまな差異を総合的に表現するものだった。この種の問題は形を変えこそすれ、今も存在しており、多分今後も存在し続けるだろう。

3　祭りと喧嘩

私の理解では、祭りと喧嘩は盾の両面である。祭祀が厳粛に執行されたあと直会《なおらい》と称して一杯飲む。盃を重ねるにつれて喧噪の度合いが高まり、やがて悪ふざけや喧嘩があちこちではじまる。このような一連の事態は日本社会の日常茶飯事である（日本社会だけのことではないらしい)。

祭りには人々の気分を、日常性から解放する機能があり、その故に喧噪や喧嘩が起こるのだが、そうした事件は、村(ここでは主として近世村)単位に生起する場合がきわめて多い。本稿ではそうした事例を揚げた。また、相州三の宮の事例のように村を越えて暴れ神輿が通行する場合もある。しかしながら、これとても通過する村ごとに担ぎ手が交代するのだから、村単位という色彩は依然として濃厚なのである。

4 『土』の女性たち

この部分は長塚節の小説『土』に出現する人物のうちから女性だけを取り出したものである。『土』の舞台は現茨城県結城郡石下町の大字国生《こつしょう》(近世の村)という所だが、この郡の西隣にある猿島郡の猿島町沓掛では、村の若い女性が他村へ嫁入りする場合には、村境で村の若い衆に石を投げられたという。こういう事例は古くは広くあったらしいが、沓掛ではその形式が戦後も残り、他村へ嫁入る場合には石を投げる人を頼んで、昔ながらの仕来りを守ったという(今はやらない)。これは、若い女性を村のものとする意識に根ざした旧慣なのだろう。『土』に出現する女性たちのすべてが右のような存在であったわけではないが、多くの女性たちが村意識との強い関係の中で存在していたことは否定し難い。

5 花火をあげる人々

花火をとくに取り上げたのは、人間生活における無駄あるいは無用の用といったものについて書く必要があるとかねてから痛感していたからである。この問題を無視することは人間の学としての歴史学にとってはまずい。

右のような考え方に十分な正当性があることは、自分の生活を顧みればすぐわかる。それはそれでよいのだが、花火のような無用事についての記述が、どのようにして村の意識とからみ合うのかと正面切って問われると、率直にいって窮する。しかしながら、花火に熱中した人々が、花火筒を担いで村中あるいは坪中をデモしたようなケースは少なくなかったし、村ごとに花火の打ち上げ競べをするようなことも当然あった。花火で身上をつぶした話が長く村に伝わり、村人の意識の中に沈殿していることも事実なのである。

1　村をまもる――里正杢左衛門の慶応二年

蔵敷村・内野家・『里正日誌』

武蔵国多摩郡蔵敷《ぞうしき》村（現東京都東大和市蔵敷）は西武蔵野の一隅を占める二一五石余（『旧高旧領取調帳』）の小さな村である。

村の中を青梅街道が東西に走っている。この街道は江戸から武蔵野を西に貫いて、西多摩山地渓口部の町青梅に至る。そこより西はやがて険しい山道となり、甲府へ抜ける。青梅の北に石灰の採れる低山地があり、その石灰は江戸城の構築や市街地の形成に貴重で、大量の石灰がこの街道を通って江戸に運ばれた。宿場もあった。蔵敷の東方（江戸寄り）の宿場が小川村、西方（青梅寄り）の宿場が箱根ヶ崎である。

蔵敷村は、現在では狭山丘陵と呼ばれている丘陵（標高一三〇～一九〇メートル程度。貯水池あり）の南麓にある。江戸内藤新宿より発した青梅街道は一路西へ平坦な武蔵野をひた走るが、小川村を抜けたあたりで一気に北上し狭山丘陵の南麓に至る。江戸から丘陵南麓に至るまでの村々は新旧の差こ

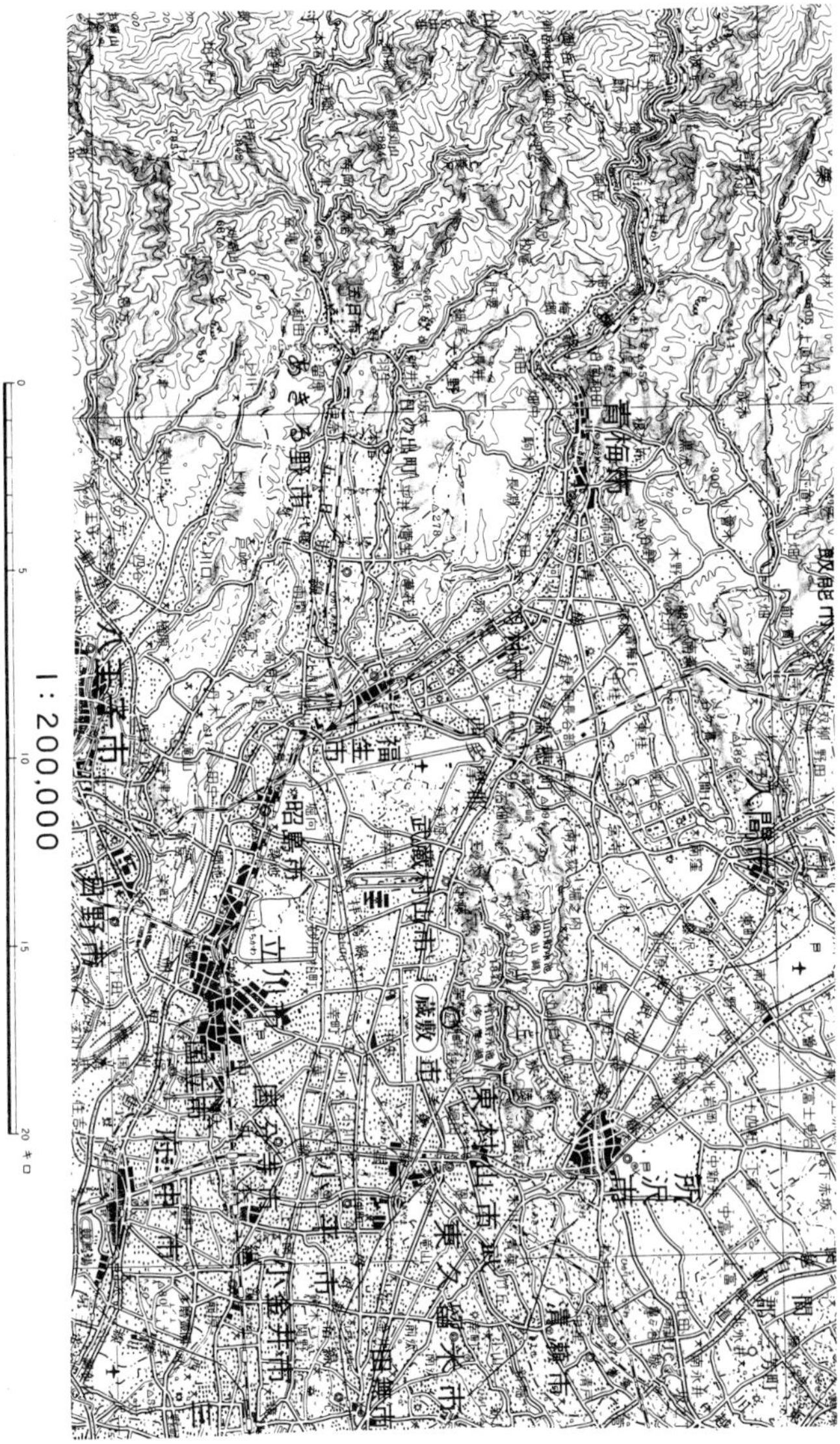

図1　武州一揆南部関連地図（20万分の1地勢図「東京」）。

それあれ、いずれも江戸時代の新田であるが、丘陵南麓の村々はそれらとは異なり近世以前からの古村であり、蔵敷はその一つである。

青梅街道が最初に丘陵南麓にとりつくのは奈良橋村だが、その西が蔵敷村である。蔵敷村の西には古村がいずれも南面しつつ居並び、やがて箱根ヶ崎で古村群は途切れ、ふたたび武蔵野に入る。その箱根ヶ崎の八キロほど西が青梅である。

狭山丘陵南麓の村々には丘陵に刻まれた小さな谷がこまかく走り、そこには小さな水田があった。村々の南方には武蔵野が一面に広がり、それはすべて畑だった。丘陵の中腹に登ると、南方の畑や集落、さらには青梅街道と同じように東西に走る五日市街道の並木がよく見える。五日市街道の方から北を眺めると、狭山丘陵が大海の中の浮かぶ島のように見えたものである。

狭山丘陵南麓の村々は、周辺に広々と展開している新田の村々とは異なる景観を持っているし、古文書の残り方も多い。私はかって仲間とともに新田研究のため西武蔵野地域を歩いていたことがある。やがて気がついたのは新田村に入ってきた人々のほとんどが、狭山丘陵南麓や西多摩山地の古村からきているということだった。そこでどうしても古村を調べ歩く必要が生じてきたのである。西武蔵野の新田についての共同研究は『新田村落——武蔵野とその周辺——』（木村礎・伊藤好一編、文雅堂書店、一九六〇年）として刊行されたが、その「例言」には「一、本研究における調査史料は次の如くである（村名は江戸時代村名）」として、三地域に分けて村名・人名を列記している。三地域の区分けとは①「新田地域の村落」一八家、②「狭山丘陵の村落」一三家、③「山間の村落」一七家、である。

その「狭山丘陵の村落」の筆頭が「蔵敷村内野禄太郎氏」（当時は医師。故人）である。『新田村落』の刊行は一九六〇年十一月だから、それ以前に内野家文書をざっとではあるが、見ていることは確か

写真1　高札場蹟。青梅街道のバス停「蔵敷」。高札場蹟の後方が内野家、現在は病院（2001年）。

である。なお内野家門前の青梅街道沿いには今でも「高札場」が建っている。

内野家には膨大な文書類が残されている。それらのうちの特筆すべきものとして『里正日誌』があげられる。「里正」とは村のトップの役人を意味し、武蔵国では名主がこれに当たる。この日誌の一部（元治元〈一八六四〉～慶応三年〈一八六七〉）が第九巻として一九九四年に刊行された。そこに「序文」を寄せた監修者伊藤好一によると、「『里正日誌』は『里正日誌前記』一冊を除くと、天正元年（一五七三）から明治六年（一八七三）までの六十四冊である」。

この膨大な日誌は書き継ぎではなく編纂されたものである。編纂者については「『里正日誌』は、当時*の内野家の当主内野禄太郎氏の先代、秀峯内野杢左衛門氏が筆写**したものと推定されている。これには内野家に残された大量の古文書のほかに、東大和市周辺都市の近世の歴史を明らかにする史料が豊富に収蔵されている（石井俊光『里正日誌目録***』巻頭言）」（監修者伊藤好一による第九巻「序文」より引用）。

＊「当時」とは伊藤氏が内野家文書を調べていた頃。私は伊藤氏とともに文書を見た記憶があるから、一九六〇年よりやや前から

のことである。内野祿太郎氏が御当主だった時代である。

** 「筆写」とは『里正日誌』編纂のための筆写の意であろう。

*** 『里正日誌目録』の刊行は一九七四年。

すでに刊行されている『里正日誌』第九巻自元治元年至慶応三年（東大和市教育委員会、一九九四年）の「編集後記」（筆者は「東大和市教育委員会社会教育課」）には『里正日誌』全体の刊行計画が記載されている。それは「全十二巻に及ぶ大事業」である。この計画の特徴は、天正以降年次を追って刊行するのではなく、幕末～明治初期を六巻に分けて先行させ、次いで天正元（一五七三）～嘉永六年（一八五三）の間を六巻に分けて順次続刊させるという点にある。

このような原則により、元治元年（一八六四）～慶応三年（一八六七）を第九巻として最初に刊行したのは一九九四年三月であった。なぜ元治元～慶応三年がトップになったのか。それは蔵敷村とその周辺のみならず武蔵・上野両国を揺るがしたいわゆる武州一揆（慶応二年六月。後述）の勃発と鎮圧が右の時期に入っているからである。

以上は前置きである。ここで書きたいのは、武州一揆の展開に当たり、それを鎮圧する側にいた蔵敷村名主杢左衛門の行動を具体的に追い、それをとおして村役人の秩序意識ともいうべき精神生活の内面をうかがい知りたい、ということである。中心史料はもちろん『里正日誌』だが、それに入る前に慶応二年とはどんな年だったのかにつき全日本的立場から年表的にでも概観しておくことが必要であろう。

嘉永六年（一八五三）六月ペリー来航以来の朝廷・幕府・雄藩の政治動向だけでも筋道立てて調べたり書いたりすることは大変厄介な仕事だし、維新史研究という大きな研究分野がすでにある。したがって、そもそもから書くことはここではしない。

慶応二年の全国政情と世相

慶応二年における全国政局の主題は、幕府による第二次長州征討である。『続徳川実紀』の慶応二年の過半はこれに関係する記事である。第二次とあるからには第一次がなければならず、その説明を省略すると、事態の推移がまったくわからなくなってしまう。両次ともに主役は長州藩である。この藩では天保二年（一八三一）の領内大一揆を契機として政治改革とその反動とが繰り返され、嘉永六年以降には全国政局への発言を強めていった（西南雄藩の台頭）。中央政局における対立のポイントは「公武合体」（朝廷と幕府の融和）か「尊皇攘夷」（朝廷を主とし幕府を従とし、朝廷の命により幕府・諸藩が攘夷を実践する）かに分極してくるが、長州藩はまず公武合体派の雄として中央政局に登場した。しかしながら、藩内にはそれをよしとしない政治勢力が強力に存在しており、彼らは結集して公武合体を主張する藩政府を打倒し、尊攘派の藩政府を樹立した。新しい藩政府は下関海峡を通航する外国艦船を砲撃した（文久三年〈一八六三〉五月）。これに対しては当然報復攻撃があり、長州藩はこれに敗北した。一方京都では尊攘派の長州藩が朝廷を擁して権力を握っていたが、幕府と同調していた薩摩、会津、桑名藩等の公武合体派のクーデターにより一夜にして長州藩は権力の座から追い落とされた（文久三年八月十八日の政変）。これに憤激した長州藩は兵を京都に送り、京都御所近辺において公武合体派の薩摩藩等と激戦し敗北した（禁門の変。元治元年〈一八六四〉七月）。

このように長州藩を主役とする一連の事件があり、ついに幕府は長州征討を実施した。これが第一次である。この結果、長州藩は戦わずして降伏し、藩政府は尊攘派から恭順派に交替した。

しかしながら、これに不満な奇兵隊等の諸隊（正規の武士団ではない戦闘部隊）が蜂起し、藩の正規軍と戦ってこれを破り、討幕政権を樹立した。そうはさせじと幕府はふたたび長州征討をきめ、大軍を西に向かわせた。これが第二次長州征討である。

第一四代将軍徳川家茂が孝明天皇に征長を上奏して勅許を得たのは慶応元年（一八六五）九月、諸藩に出兵を命じたのは同十一月。これに備えて長州藩が宿怨の薩摩藩と同盟したのが、慶応二年一月であった。薩摩藩もこの時期には、朽ちはてて、今や内部が空洞化した幕府を見放すに至り、長州藩は薩摩藩をとおして多数の新式小銃と弾薬を準備することができるようになっていた。

そうとは知らない幕府は、将軍自ら上洛し、大軍を発して長州藩境に迫り、六月七日に戦闘が開始された。幕軍は長州藩境のいずれにおいても（長州側ではこの戦争を四境戦争と呼んだ）勝つことができず、そうこうする間に将軍家茂が死去してしまった（八月）。これを機として幕軍は撤退・解兵した。幕軍の中にはもちろん直轄部隊もいたが数的中心は諸藩の兵であった。諸藩の意見は多様で中には征長の非をとなえる藩主もいた。総じて幕兵は士気が低く、武器も旧式だった。それにくらべると長州側は郷土防衛的な意識もあって士気が高く武器もすぐれていた。

それでも幕軍の軍事的敗北は多くの世人にとっては意外であったに相違ない。この敗北により、幕府はいわば張子の虎として世人に見離されるようになってしまった。このようにして、慶応二年は、幕府の命運にとって黄信号から赤信号へと変る年になった。

右のような全国政局、つまりは政治権力の争奪戦からひとまず離れて（まったく無関係ではないが）、慶応二年の世相について見よう。

東京学芸大学日本史研究室編『日本史年表』(東京堂出版、一九八四年六月初版)には「文化・思想・一揆」という欄がある。慶応二年のこの欄は一揆で埋めつくされており、一揆以外としては福沢諭吉「『西洋事情』初編刊行」があるだけである。それ以外の分、つまり一揆についての記述を以下にそのまま掲げる(ただし、月ごとに行を分ける)。


1(一月。以下同)磐城東白川郡幕領で、こんにゃく税反対の打ちこわしおこる。

2越後中頸城郡高田藩で米騰(*米価騰貴)に対し打ちこわしおこる。

3松代藩(*信濃)で桑騒動おこる。

5攝津東成郡で搗米屋、米商人の押買に押しかける。

6武蔵秩父郡・多摩郡幕領の農民一万人、米騰・生糸改所反対により一揆(武州一揆)。武蔵高麗・入間・榛沢郡、上総久留里領外の農民二〇〇〇人、武州一揆に呼応。

7伊予喜多郡大洲藩で三〇〇〇人、物価騰貴・商人の暴利に反対して騒動。羽前・陸前・石見に農民一揆おこる。

8石見・信濃・豊前・近江・下野・武蔵に農民一揆おこる。

9江戸打ちこわし。

10羽前・岩代・信濃・伊勢に農民一揆おこる。

11岩代・攝津・美作に農民一揆おこる。この年世直し一揆、最もたかまる。


以上の『日本史年表』の一揆記事は、「凡例」によると一揆年表や一揆を含んだ史料集(凡例には『総合百姓一揆年表』〈青木虹二〉、『編年百姓一揆史料集成』、『日本庶民生活史料集成』、『日本都市生活史料集成』等があがっている)に依拠して作成しているようだが、これらは、この『日本史年表』が刊行され一九八四年段階のものであり、この種の研究はその後も進展している。しかしながら「この年世直し一揆、最もたかまる」というこの『日本史年表』の端的な一行は今も生きているはずである。

このように慶応二年という年は世相の面でもきわめて注目すべき年なのである。（なお、この年については、石井孝「慶応二年の政治情勢」〈『歴史評論』三四、一九五二年〉という名論文がかつて書かれている）。

『里正日誌』にみる慶応二年

慶応二年の『里正日誌』は二冊あり、上と下に分かれている。上の目録には「慶応二丙寅年御用筆記目録」とあり、下のそれには「関東御取締御出役衆御用向筆記」とある。これによって上は蔵敷村の支配代官である江川太郎左衛門役所との関係を記したもの、下は関東取締出役との関係を記したものであることがわかる。

まず「上」の内容を、巻頭に付してある「目録」によって見よう。「目録」には、順番をつけた二二項目とそれをつけない「附録」二項目、計二四項目の綱文が記載されている（いずれも月名を冠している）。

それらのうちもっとも多い項目は、農兵関係であって計一〇項、兵賦関係（兵賦人〈一〇〇〇石に付一人〉、兵賦金、兵賦手当）二項、砲術習練場・新銭座調練場関係二項、計一四項。つまり全項目の五八パーセントが村々を基盤とする新しい軍事制度に関するものである。

前述の中央政局との関係では、将軍の死去に関するもの二項、長州征伐献金に関するものが一項ある。計三項。

その他、フランスにおける万国博出品の件、天保二朱金通用停止の件、日光法会に付助郷高取調の件、村役人質素倹約の儀に付、その他がある。計五項。

武州一揆に関係するものとしては次の二項がある。

第七項「一、二月生糸之儀ニ付御役所ゟ廻状并本文関係之筆記」。これは武州一揆の一契機となる生糸改所関係記事である。

第一五項「一、六月暴民共打毀し筆記附り御役所ゟ下知書并所々村々被打毀候人名大略」。これはさまざまな文書を含んでおり、この「上」におけるもっとも長大な項目である（後述）。

「下」は関東取締出役関係のもので計二二項ある。その多くは日常的な治安維持（強盗、盗難、変死等）や酒の密造禁止等に関するものである。ただし、第八項は「一、六月暴民打毀し人名大略但御代官御用留記委シ」、つまり武州一揆関係である。

慶応二年における上下二冊の『里正日誌』を見ると、蔵敷村の名主杢左衛門の多忙さがよくわかる。代官所手代や出役からの呼び出しにはすぐ出掛けなければならない。事を決めるに当たっては近隣諸村の名主たちとも相談せねばならない。村人の話も聞かねばならない。手代や出役の指令に対し、時には反論せねばならない場合もある等々、勤勉だけではなく才覚を働かせる必要もある。

以下に、武州一揆およびこの事件に際会した名手杢左衛門の行動と意識について書く。

武州一揆

近世村落史研究会編『武州世直し一揆史料』（慶友社、一九七一年）の「解説」は次のように記している。「慶応二年（一八六六）六月十三日、武州秩父郡上名栗村を中心として蜂起し、我野谷・成木谷などの山間村落をまきこみながら、六月十九日まで関東西北部一帯にひろまった武州世直し一揆は、南は多摩川に至り、東は川越藩領新河岸川を越え、北は中山道を上下し、西は神流川を越えて上州不動堂村に至る広汎な地域に、爆発的に展開したものである。これは近世を通じて、その規模や歴史的意義など、あらゆる面において最大の一揆であり、その質的な展開こそわれわれが武州世直しと称するゆえんである」。

一揆の範囲は武蔵一四郡、上野二郡におよぶ広域であり、参加人員は一〇万人を越えたろうと推察されている。

次に掲げる「概観図」はこの一揆の範囲を示したものである。地名に付記してある数字は一揆が勃発した日である（いずれも慶応二年六月）。もっとも早いのは、図中央より下左「上名栗13」である。もっとも遅い「19」は図中央より上に点在している。大体の傾向としては図中央より下（南）が早く、上（北）が遅い。二十日以降はない（鎮圧された）。

この一揆は、広域にわたる一揆指導者があらかじめ打合わせたうえでいっせいに蜂起したものとは考えにくい。それならば、ほぼ同日同刻にいっせいに湧き立つ如く蜂起したであろう。

この一揆が広域にわたるものであることは疑う余地はないが、その広域性は迅速な伝播によって実現されたものと考えられる。十三日の上名栗村における蜂起がまたたく間に山地・山麓の村々を走り抜け、それに触発されて、同条件の村々も蜂起したのである。また一揆の群衆が村々を通過するに当たって、一揆への参加を呼びかけるということももちろんあった。参加者の中には自発的な者の他に強制されて余儀なくという者ももちろんいたであろう。多くの人々のさまざまな気持ちを内包しつつも、一揆がこれだけの速さで広域化したことについてはそれ相応の理由があったことは当然である。

一揆の基本的理由として一般的に考えられているのは、社会経済的には冷害による米・麦類の不作、それにともなう米価等の高騰、養蚕製糸業の不振。政治的には第二次長州征討、将軍の死、長州征討軍の解兵等がもたらした幕府権力の動揺。国際的には外国貿易の影響による経済構造の変質等である。（ここでは具体的な事実をあげての説明はとてもできないのですべて省略する）。

この一揆は、この時期の経済変動により富を積んだ穀商・生糸商などの家を打ちこわし、証文の破

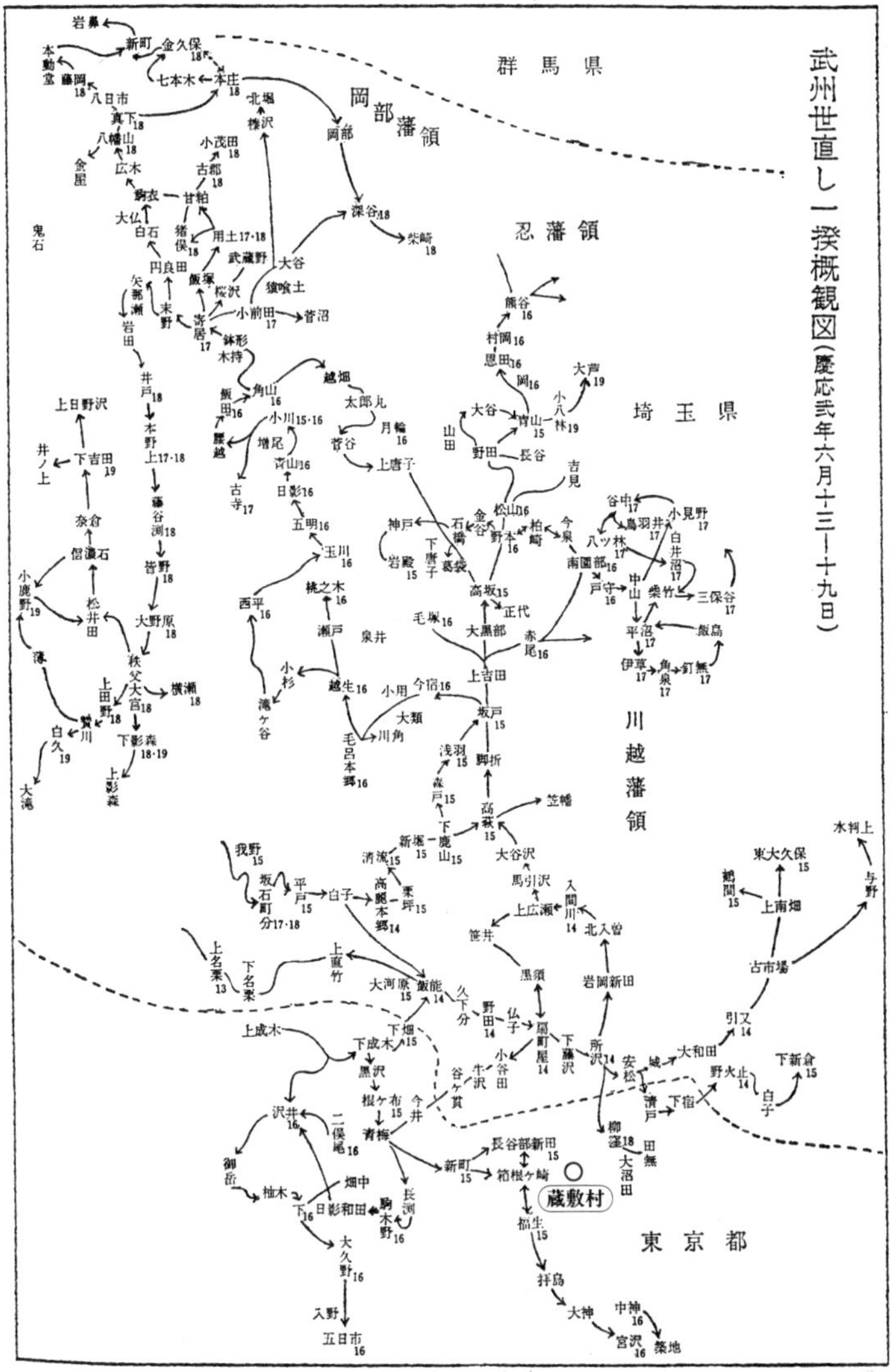

図2　武州世直し一揆概観図——慶応弐年六月十三〜十九日（近世村落史研究会編『武州世直し一揆史料』慶友社、1971年）。

棄等の実力行動を伴ったが、人身に危害を与えなかった。打ちこわされた家屋は五二〇軒（二〇〇か村）におよんだ。

幕府はこの一揆を武力で鎮圧した。幕府は各代官所、関係諸藩に出兵を命じ、鉄砲で一揆勢を潰走させ鎮圧した。ことに代官江川太郎左衛門の管轄地域（図の南の部分）では、かねてから農兵を育成していたので、農兵隊が農民一揆を鎮圧する立場に立ち、それ相応の活躍をした。蔵敷村名主杢左衛門はこの時きわめて多忙だった（後述）。一揆勢は多数の死傷者や逮捕者を出し鎮圧され、その頭取は死罪・遠島・追放等に処せられ、終結した（終結させられた）。

この事件に関する研究はきわめて多く、その一々をここではあげきれない。以下に気がついた主要なもののみを記す。

・近世村落史研究会編『武州世直し一揆史料』（慶文社、一九七一年）。

　*この本の末尾に「参考文献」の欄があり、そこには三〇点の主要文献がのっている。戦前からの著名な在野史家田村榮太郎の作品が冒頭に出ている。

・同右編『同右』（二）（同右、一九七四年）。

・名栗村教育委員会『近世武州名栗村の構造』（埼玉県入間郡名栗村教育委員会、一九八一年）。

　*名栗村は武州一揆発祥の地。村内に残る文書によって、その「構造」を検討したもの。第六章が「武州一揆について」である。

武州一揆は世直し一揆の代表例と目されている。数多い江戸時代百姓一揆の代表的運動形態は請願行動（とはいっても、ただ温和に〝お願いします〟と頭を下げる行為ではあり得ず、多数の結集による示威行動が中心となるのは当然。また指導者は死を決し、事実そうなったことも銘記さるべきである）とされており、私もそう思うが、幕末期の大規模な百姓一揆は請願行動を前提とせず、突如として蜂起し、しかも最初から富商・富農の打ちこわしや証文の破棄を要求することが特徴である。一揆勢の願望は一口にいえば、〝世直し〟であった。一方では貧にあえぎ、他方では富を蓄積してこの世の春をうたう、こうした不平等を矯正する、これが世直しである。

こうした世直し願望は武州一揆地帯だけに存在したものではない。下総国葛飾郡鬼越村（武州一揆地帯からは遠く離れており、一揆との直接関係はまったくない。現千葉県市川市内）神明社の境内には「世直大明神」と称する小祠があり、これについての文書も残っている。その文書名は、「元治元年（一八六四）子九月吉日　世直大明神普請寄進取集帳」である（『市川市史』第二巻一九七四年）。元治元年に新建したのか、その以前からあったのか、この表題だけではよくわからないが、再建ならばそう書くのがふつうだから、この時新建されたものと見る。元治元年九月というと慶応二年六月の二年たらず前であり、この時期には不平等を怒り、世情不安におびえ、世直しを期待する声が広がっていたと見てもよいだろう。こうした状況を、戦後の歴史学界では、〝世直し状況〟と呼ぶようになった。こうした世直し状況や世直し一揆については以下の本がある。

佐々木潤之介『幕末社会論——「世直し状況」研究序論』（塙書房、一九六九年）。

同　『世直し』（岩波書店〈新書〉一九七九年）。

蔵敷村名主杢左衛門にとっての武州一揆

『里正日誌』慶応二年上（江川代官所関係）により、はしなくも武州一揆に際会した蔵敷村名主杢左衛門（数え歳四四歳の働き盛り）の行動とそれをとおしての彼の物の考え方といったものに迫ってみたい。

事件が上名栗村において生起したのは六月（以下略）十三日だが、杢左衛門はこの日には何の情報にも接していない。

十四日午前一〇時頃、田無（蔵敷より東）、蔵敷、青梅（同西）、五日市（同西、青梅の南）四か村の持廻り飛脚が、江川役所よりの呼出状を持ってきた。それは十三日付であって、〝話があるから、明十四日、日野宿（蔵敷より南、多摩川右岸、甲州道中宿駅）へ出張し増山鍵次郎に会え〟と書いてあった（増山は江川代官の手代。日野にきていた）。

これを見た杢左衛門は午後二時頃村を立ち日野宿へ行き増山の出役先へ出頭した。

増山は言った。〝大坂におられる御老中（＊小笠原壱岐守。第二次長征のため在坂中）から、かねて取立てておいた農兵を早々上坂させるようにとの指令が去る十四日に早飛脚で伊豆韮山の代官所についた。御代官の意向は、この御趣意を守り承諾するということだから、お前もそのつもりでやってくれ（＊農兵隊出発の準備をすること）〟

これに対して杢左衛門は言った。

〝それは、農兵を取立てるに当たっての最初の御趣意とは違うではありませんか（＊農兵は郷村治安用のもので、軍隊による戦闘用として育成されたものではないということ）。したがって、村々と相談したうえでなければ御請けするわけにはいきません〟と突っ張ねたのである。

名主という職務は領主側と農民側にはさまれた難しいものではあるが、この時の杢左衛門の立場はあくまでも、村あるいは村民におかれており、それ故に、老中―江川代官―代官手代という正規の政治路線による命令にただちには従うわけにはいかなかったのである。代官手代もまた杢左衛門の理を認め〝それもそうだなあ〟ということになり、あれやこれやと深夜になったので、杢左衛門は日野の旅宿に宿泊した。

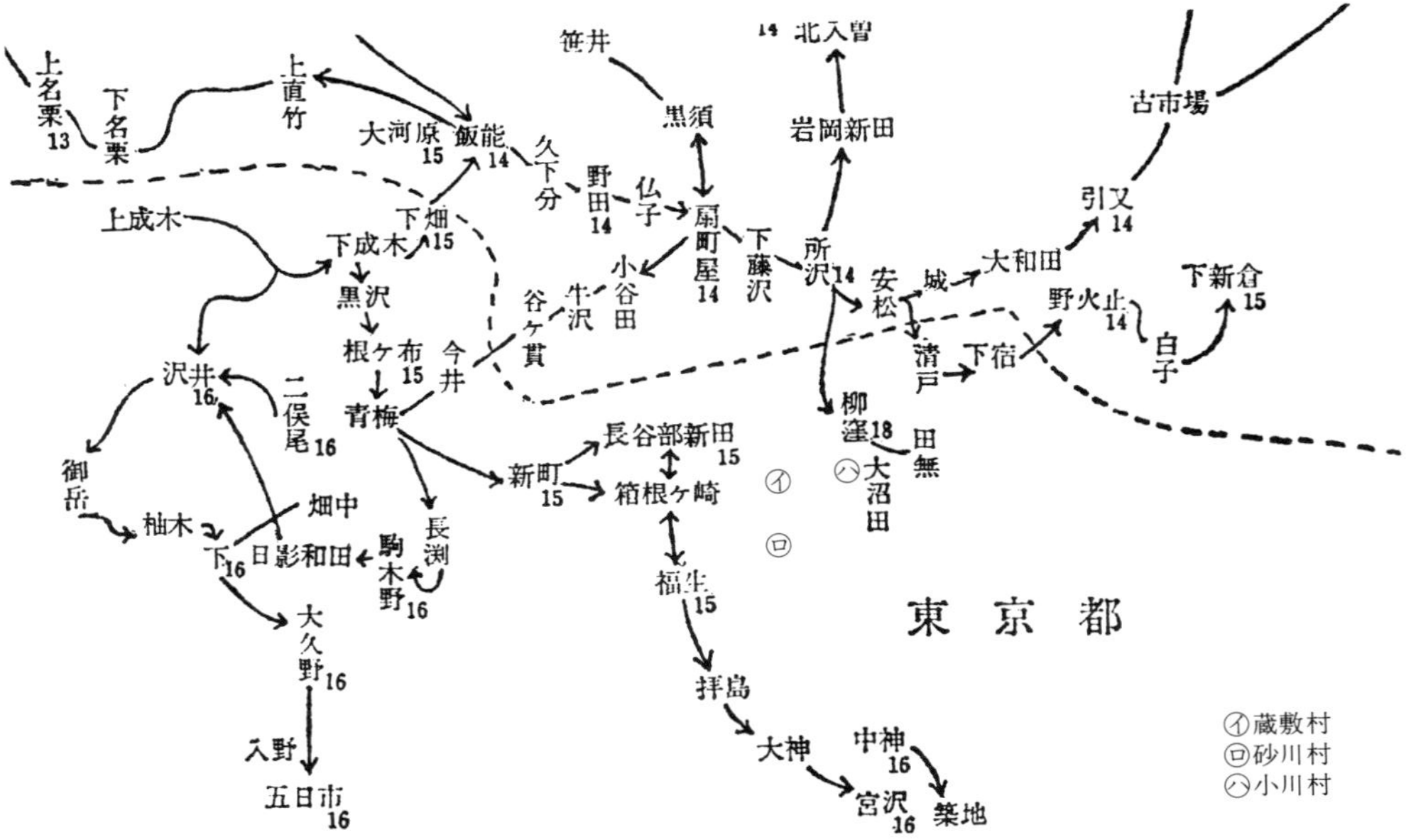

図3　蔵敷村周辺における武州一揆の動向（前掲「武州世直し一揆概観図」の南部に若干加工）。

翌十五日の朝、さっそく増山の宿へでかけ彼に会った。あれこれ話し中に江戸役所より大至急の御用状が着いた。増山はさっそくこれを読み〝昨夜話した農兵上坂の件はひとまず見合せになったからそのつもりでいるように〟と杢左衛門に話した。杢左衛門は安心して増山と別れ帰村の途についた。〝やれやれ〟という思いで足取りもさぞ軽かったことだろう。

日野宿より蔵敷村へ帰るには多摩川を船で渡らねばならない。彼が打ちこわしの話を聞いたのは築地の渡船場においてであった。そこで様子を聞くために、北上して砂川村（五日市街道沿いの江戸初期からの新田村。蔵敷村は砂川村の約四キロ北方）の名主源五右衛門宅へ寄った。すると江川手代の井上連吉が八王子宿組合の農兵を連れて出役していた。彼らは十五日未明に砂川村に到着していたのである。

このように杢左衛門は、日野からの帰路、つまり十五日午前中に初めて事件を知ったのである。それからの行動は的確かつ敏速だった。砂川村源五右衛門宅で江川手代の井上と会い、井上の指示（農兵を早々に召集せよ）を受け、正午頃帰宅した。村役人一同は心配して杢左衛門の帰宅を首を長くして待っていた。彼は組合村々へ農兵の召集を指令し、小銃弾の製造や火薬の準備を開始した。午後八時頃には手代の井上から書状があり、〝一揆はますます大勢になってきており、所沢（入間郡）が今日午後やられた。多摩郡をも襲うという風聞がある。農兵を召集次第、彼らを引率して砂川へ来い。これは容易ならざることだから、十分に手配するように〟とそこには書いてあった。杢左衛門はさっそくこの書状の趣旨を組合村々に通知し、農兵出兵の用意をし、自宅に「御用之高張提灯」を掲げ、終夜これを照らした。おそらく彼は眠らなかっただろう。それにしても杢左衛門の事に当たっての沈着な態度、機敏な行動、的確な処置は見事である。

十五日の夜、事態は急速に緊迫してきた。以下簡単に記す。

○発江川役所、宛蔵敷分名主組頭。秩父辺で騒立てている人数はおおよそ三〇〇〇人。当支配所へ入ってくるとのことである。村々の農兵は、出役の差図を受け、一揆勢を打ち殺せ。

○発井上連吉（江川手代）、宛蔵敷村名主。ただいま田無村が打ちこわされている旨注進があった。農兵を召しつれ、早々来着せよ。

○発砂川村名主源五右衛門、宛蔵敷村名主杢左衛門。小川村（蔵敷と田無とのほぼ中間）へ向けて農兵を出してください。

以上が、杢左衛門が直面した十五日の状況である。以下は、日を追うて要旨を記すに止めよう。

十六日。

この日の早朝、粂川村（蔵敷の東、所沢〈北〉と小川〈南〉との中間）の役人から、今粂川より大岱・柳久保あたりが打ちこわされている。農兵を一人残らず粂川に差し向けてくださいとの悲鳴にも似た急報が入る。

杢左衛門はただちに農兵たちに弾薬を支給し、彼らを引率して粂川村名主伊兵衛宅に出張。そこには蔵敷等九か村の農兵三〇〇人ほどが集まっていた。

彼らが集まるよりやや早く、柳久保村七郎次宅を一揆勢が打ちこわしているところを鉄砲専門の役人二名に率いられた田無村農兵らが襲撃し、一揆勢八名を打ち殺し、手負いは数知れず、召捕人一三人という打撃を与えた。杢左衛門らが到着した時は事態はおさまっており、昼飯後やがて彼らはそれぞれの村に帰った。

十七日。

昨十六日桑川村へ出張中、日比田村からも救援要請があったので、十七日早朝日比田村へも農兵ら（五五人）をつれて出張した。

同日付の砂川村名主から杢左衛門にあてた書状によると、五日市方面に一揆勢が出現したが、猟師たちの鉄砲により「暴民大敗軍」とのことであった。

十八日〜二十一日。

十八日から二十一日にかけての、杢左衛門と農兵との行動については、次のような要約的な記述がある。以下（読み下し）。

同（*寅年）六月十八日夕方砂川村へ繰り出し、夜半過ぎ帰宅、
〆農兵外人足共凡五十人余、
同六月十九日粂川村へ農兵一同呼び寄せ同夜同村泊まり、
同六月廿日田無村組合農兵蔵敷組合農兵一同取り締りのため、田無村組合村々見廻り田無村泊り、
同六月廿一日右両組農兵一同取締りのため蔵敷村組合村々見廻り、小川村にて御出役御いとま帰る、

右の期間における杢左衛門はいぜんとして近隣を奔走しているが、一揆は二十日までには鎮圧された（武州一揆と農兵との関係については、森安彦「『里正日誌』からみた村の幕末維新」㈡〈「中央大学文学部紀要」一八二号、二〇〇〇年二月〉参照）。

蔵敷村名主杢左衛門は、農兵の育成に熱心だった。しかし彼にとっての農兵はあくまでも村落秩序を維持するための存在であって、正規軍ではなかった。だからこそ老中小笠原による征長のための動員に対して、承諾を保留したのである。しかしながら、武州一揆に対する農兵の使用については、た

めらうところがなかった。築地の渡船場において一揆の報を得てからの彼の行動は機敏で確信にみちていた。彼は一揆の鎮圧を村々の治安を維持するための当然の使命と考えていたのである。

その確信がなければ右のような自信に満ちたすばやい行動はとれない。また村落治安の悪化をかねてから憂慮しており、そのことが彼をして江川代官所の命を受けてのことではあるが、農兵の育成に力を尽くさせることになったのであろう。彼の主要な関心は村落秩序の維持安定にあり、そのことが、武州一揆に際会してきわめて明快に発現されたのである。無策な政治によって一揆せざるを得なくなった人々と、それを鎮圧する有能な村役人に率いられた農兵たち、こうした構図は、歴史における不幸ともいうべきものである。

2　座る場所をきめる

会合の席で、誰がどこに座るのかという問題はとても重大なことであるらしい。これは日本だけのことではない。円卓会議などというものは、多分席次をめぐるトラブルを避けるために考案されたものなのだろう。

江戸時代における村の秩序は、領主、村役人、五人組、村掟等の政治的・行政的システムだけによって支えられていたのではなく、本家と分家、主家と下人等の身分関係や階級関係もまたそれを支える重要な要素になっていた。

わかりやすくいえば、神事における座位と村役人として座位は、その時々の実態として一致する場合も少なからずあるが、原理的には別であって、村落内の日常性としては前者の方が重い。ここにいう「座位」とはこの種の席次のことである。

村において座位の高下をきめる要素の第一は、その村の草切りの順序であるらしい。最初の入村者と二次・三次の入村者の座位には差がある。また、本分家関係も重要である。もちろん本家の方が高い。しかしながら、こうしたことは時とともに変化する場合が少なからずある。第一の草切りがつぶれたり、分家が本家より繁栄したり等々のことはどうしても起こる。こうした場合には座位が混乱し抗争が起こる。それを糺すために協議がおこなわれ、やがて落着すると文書が作成され、それを一同が承認することによって新たな座位がきまる。そういうときに作成された文書は少なからず残っている。

座位の意識は古くからあり、今でもある。それは文書作成の有無とはかかわりないことである。この意識は人間集団の秩序維持のためにはどうやら不可欠のものであるらしい。

以下に若干の事例をあげて具体的にみることにしよう。

中世末期関東での事例

『改訂新版相州古文書』第一巻（貫達人編、角川書店刊、一九六五年）には「篠窪百姓中座敷掟書」という古文書がのっている。この文書は、日本思想大系22『中世政治社会思想』下（笠松・佐藤・百瀬編、岩波書店、一九八一年）にも「相模篠窪百姓中座敷定文」として再録されている。以下に原文を掲げる（『中世政治社会思想』下による）。

篠窪百姓中座敷之事

一番　二郎衛門尉
二番　三郎衛門尉
三番　彦左衛門尉

四番　源六
五番　大郎左衛門尉
六番　孫兵衛
七番　孫五良
八番　大郎衛門尉
九番　与四郎
拾番　藤内四郎

右、背二此旨一、子細申候者、座敷を可レ立者也。仍如レ件。

　天文四年酉申九月廾九日（花押）

「篠窪」は現神奈川県（相模国）足柄上郡大井町篠窪（小田原北方）である。天文四年（一五三五）というと、このあたりは後北条氏の支配下にあった。初代早雲が小田原城を襲って大森氏を追ったのは明応四年（一四九五）。天文四年当時は二代目の北条氏綱の時代で、相模を手中に収めていたが、未だ関東に覇をとなえるには至っていない。

右の文書については「神奈川県足柄上郡大井町に伝わった唯一の関東における座敷定文であるが、関連資料皆無で、村の構成、ここに見える百姓と座とのかかわり方など今のところ全く判らない」と「解説」にある。

この文書は会合（何の会合かはわからないが）における座位を記したものであり、その後文の持つ意味は重々しい。この部分は「右、此の旨に背き、子細を申し候者は、座敷を立つべきものなり。よって件《くだん》の如し」と読むが、そのざっとした意味は、〃ここに書いた座位の順番に文句がある者は座敷を出ろ〟ということである。この強硬な後文から推察されるのは、座位をめぐるなんらかの悶着があり、それをおさめるために、協議の結果この文書が作成されたのだろう、ということである。さらにこの決定に内心は不満の者が少数おり、多数決で押し切っているのではないか、ということも勘ぐれる。ともあれ、決定された座位には強い拘束力があったということはいえる。

天正十九年（一五九一）十月、相模国大住郡下吉沢村（現平塚市内。以下の記述は『平塚市史』3資料編近世(2)所収文書による）の外記という人物は、同村の増尾玄蕃に座位を売渡した。こまかくいえば、外記は年貢が払えずに「一上畑壱反弐畝　所者川登、一右一番　座敷」を「一金子壱両、米拾三表（俵）」で売ったのである。「右一番　座敷」とあるのは村の鎮守八剣明神社の宮座における座位である。

この事実を受けて、この年の十二月、新しい座位を確定し、文書が作成された。以下は原文。

一座敷之覚

一下吉沢村ニ而座敷居而之覚

一左一番　二宮修理　　中座山田強左衛門

一右一番　増尾玄番（蕃）　右三人也

増尾玄番（蕃）者布施三河守浪人成時、二宮修理婿ニ望仕候、姑座敷御座候得共、我等座敷無御座候故、外記右一番之座敷買、自夫我等座敷ニ紛無御座候、長伝子孫置者也、覚之條依之如件

下吉沢村

増尾　玄番（蕃）

天正拾九辛卯年極月十二日

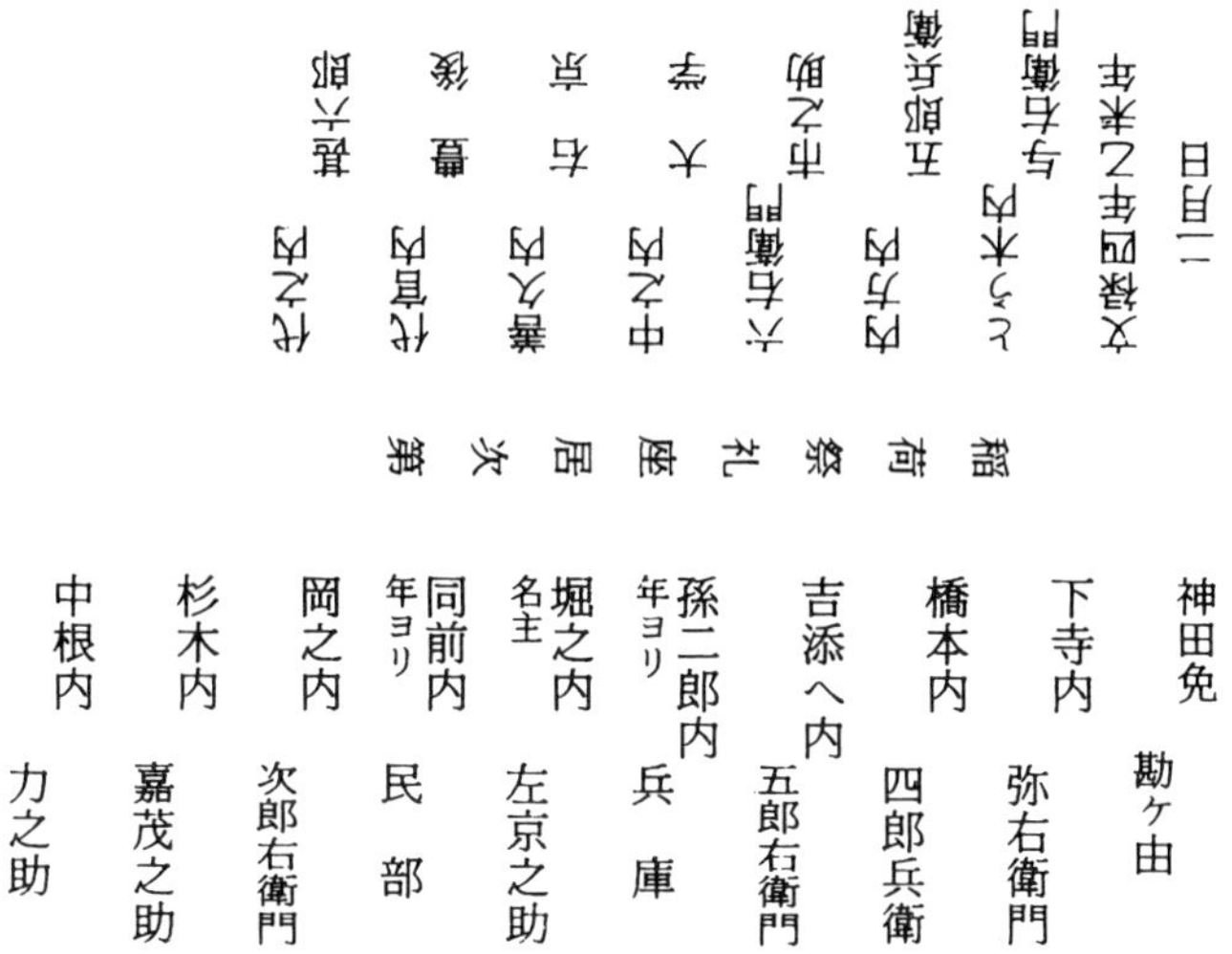

図4　酒野谷村稲荷神社祭礼座位（『鹿沼市史』資料編近世1）。

この文書では「右一番」に前述の増尾玄蕃が座っている。こうなるまでのいきさつは次のようなものだった。〃玄蕃は後北条の臣布施三河守（上吉沢の在地土豪）の家来だった。その三河守は後北条氏の滅亡（天正十八年〈一五九〇〉）により浪人となった。それを契機に二宮修理（左一番）の婿になり、しばらくの間は座敷を持っていたが、それは修理の婿としての座敷であって、自分の座敷ではなかった。そこで外記の右一番の座敷を買った。それ以後はこの右一番は自分の座敷であることは確かなことだ。このことを子孫に長く伝える〃。

後北条氏家臣団の中核は在村の土豪的小領主（右の文書における布施三河守）だった。したがって後北条氏の滅亡は同時に彼らの没落をもたらし、そのことによって村落内における座位の変動と再編成がなされたことを、右の文書は間接的にではあるが物語っている。

上記は、文禄四年（一五九五）下野国都賀郡

酒野谷村稲荷神社祭礼の「座居（位）」を示している（『鹿沼市史』資料編　近世1）。

　向かって右が上席である。この文書については次のような解説が施されている。

　酒野谷村の南部に鎮座する稲荷神社の祭礼は、座居の権利を保持する家によって独占的に運営されていた。この資料は、その座居の内容が描かれたものであり、今日まで続く宮座の原型を知ることができる。近世初期においては、座居は「内」と対応しており、各「内」に座人が一人ずつ存在したことがわかる。


右の図や解説における「内」とは酒野谷村内の小地域区分であって、一般には垣内《かいと》、坪、小名などと呼ばれているものと同性質のものらしい。江戸後期の酒野谷村は六一六石余（『旧高旧領取調帳』。同書によれば、都賀郡は「三九〇ヶ村宿町　小以高二二三、四一八石二九二九」、平均村高約五七三石）であって、都賀郡の平均よりもやや上の村高をもっていた。その中には一四の「内」があり、それぞれが一人ずつ（ただし「堀之内」は二人）の座人を出していた。これは多分「内」の集合体が「村」なのだという意識があるからなのだろう。

なお、右の文書をのせた『鹿沼市史』は他にも享保五年（一七二〇）における座居の分割、宝暦十年（一七六〇）における祭礼当番をめぐる争論、同十三年における祭礼当番についての新規定（六組を編成し、各組六年に一度）等をのせている。

平塚市域における江戸中・後期の事例

平塚市域（神奈川県）には宮座や村人の身分についての文書が他地域にくらべると多く残っている。以下にその若干を示す（『平塚市史』3資料編近世(2)）。

　延享二年（一七四五）根坂間村。

まず、延享二年根坂間村の文書を原文のまま掲げる。

根酒間村座敷付之覚

一当村座敷付之儀者、古来ゟ村中明神之御むな《（棟）》札裏書ニ
印置候所ニ相見へ不申候ニ付、此度御宮建立仕候ニ付、其
古来之通り裏書ニ仕候様ニ名主方へ其段申候得共、其
儀成間敷候間、左様ニ候得者、八人ニ而証文ニ被成、
能々相知れ候様ニ可被致と被申候ニ付、任不差《（ママ）》ニ八人
ニ而証文致、為後日如此候

延享弐年
甲丑四月廿二日

右
四番　萱間彦左衛門㊞
三番　山口喜右衛門㊞
弐番　加藤三郎左衛門㊞
壱番　熊沢小左衛門
花立　永田助左衛門
左
壱番　高橋茂左衛門
弐番　渋谷源右衛門㊞
三番　本城七郎左衛門㊞

右之通り安政五年春印直シ印形仕候
持主本城七郎左衛門

大意は次のようなことである。〃当村の座位については、鎮守八剣明神社の棟札裏書に書いてあった。ところが、その棟札がなくなってしまった。そこで、御宮の再建に当たり、棟札を上げて、以前通りの座位を書こうと思い、名主へその旨申入れたが、彼は不承知だった。そこで旧家である八人が連名で証文をつくる〃。

問題は、名主に申入れたところ、彼が「その儀なるまじく」とはっきり断ったことである。解説者はこのことにつき「村の発展する過程で、古い家格を保持する草創者との対立である」と指摘しているがもっともである。自己の才覚によって現在の地位を得た名主にとっては、家格を誇る旧家連合は我慢ならないものだったのだろう。

この「覚」は明治二年（一八六九）に再確認され、同二十四年には三たび確認されている。いずれもこの八家は仲良くして座位を厳守しようという趣意だが、二年の文書には、「王政御一新につき、古百姓、新百姓相改まり候時節に相成り、右仲間の儀は行々平和専一に致し申すべく候」として「王政御一新」という政治変動が意識されている。明治二十四年の文書には「なお、全国三千九百万人に同腹兄弟トモ称スル時節柄ナレバ」との時勢向きな言葉もちりばめられている。

注目すべきは、延享二年、明治二年、同二十四年のいずれにおいても連名印している家の座位がまったく変わっていないことである。そこからは、時勢がどう変わろうと断固として座位を守ろうとする強い意志が感得される。

弘化四年（一八四七）真田村。

真田村（平塚市大字真田）には弘化四年「村中古高持主追々別家等迄相改帳」という帳面が残っている。これは「上野隠居」と呼ばれた八二歳の老人が書いたもので、村内の高持ちや分家、名主家、神社や寺院での席順等々村内の階層や身分についての記述がある。以下に摘録しよう。

持高による階級区分＝二〇石以上を大百姓、高一〇石以上（二〇石未満）を小百姓、五石以上（一〇石未満）を白衣とする。小百姓は、昔から門松を立てず、日傘をささないことになっている（白衣はもちろんである）。

名主を勤めてきた家＝七家（名を記す）。

宮や寺における座順＝左壱番〜一八番、右壱番〜一九番（名を記す）。座順については、「席改めの節は大高上座に御取計らいなさるべく候」とあるから、幕末期の真田村では持高の上下によって座位をきめるようになっていたことがわかる。

高い座位と名主家や持高との関係を見ると次のようになる。

左一番七兵衛＝名主家、高一五八石余。

同二番三郎兵衛＝（名主家のメンバーの中には「三郎右衛門」はあるが「三郎兵衛」はない。誤記だろう）、高六四石余。

同三番弥右衛門＝名主家。高五石余。

同四番彦右衛門＝名主家。高二五石余。

右一番八兵衛＝名主家、高七六石余。

同二番七郎右衛門＝名主家、高一石六斗余。

同三番治郎左衛門＝名主家、高五〇石余。

左二番を誤記とすると、左一番、同二番、同四番、右一番、右三番の五名は、座位・名主家・持高の三者が符合している。左三番と右二番は名主家ではあるが、持高はいずれも少なく、持高だけだと

「白衣」という最下層に属することになる。このあたりの事情はこれだけではよくわからない。しかしながら、大まかには、座順・名主家・持高の三者は統一されていることがわかる。

天保十年（一八三九）頃の土屋村。

土屋村（平塚市大字土屋）の旗本窪田氏領では「村方小前軽重先前ゟ仕来り控」という小さな横帳が作られた。年号は欠けているが『平塚市史』の編纂者は天保十年頃と推定している。

この文書は冒頭に「村方小前軽重」と記し、続けて、

一白衣　与左衛門
一白衣　由右衛門
一袴　善左衛門
……　………

のように記す。合計は四五名。種類は「上下」「袴」「白衣」の三。この区分は先述の真田村と同じである。真田村の場合は、大百姓＝上下、小百姓＝袴、それ以下＝白衣であったが、この土屋村でもたぶん同じなのであろう（ただし、持高区分は異なるかもしれない）。

土屋村での階層区分は、「上下」＝六名（一三パーセント）、「袴」＝二五名（五六パーセント〈ただし一名は「役中上下」とある。多分村役人なのだろう〉）、「白衣」＝一四名（三一パーセント）である。記載順序は階層区分ごとではなく一見順不同である。これは多分窪田領土屋村内の小地域ごとに書いたからなのだろう。

「白衣」とは何か。これは多分「白衣勤」めから転じた言葉なのだろう。『大辞林』には「〔白衣勤め〕江戸幕府で羽織・袴なしで出仕する、目見得《めみえ》以下の役人」とあり、身分のごく低い侍が羽

織・袴を着さずに勤務に当たることである。この習俗が村方に持ちこまれ、上下《かみしも》や袴を着し得ない人々を「白衣」としたのであろう。

若林村の偽文書に記された草切りの家格

下総国猿島郡若林《わかはやし》村には三種類の草切り文書が残っている。年号はいずれも中世後期であるが（A）永和二年（一三七六）、（B）明徳三年（一三九二）、（C）文明三年（一四七一）とそれぞれ異なっており、内容的にも若干の差がある。いずれも偽文書であって、（A）（B）はいずれも江戸前期の寛文（一六六一〜七二）前後に書かれたものと推定される（紙、字体、文言等が江戸前期的）。（C）は幕末に近い江戸後期のものであろう。これらを偽文書と知りつつあえて紹介するのは、そこに記されている内容が、現在に至るまでの若林内における旧家の歴史に継承されているからである。これらの文書は、江戸前期および後期のある時点で村内の鷲香取神社の座位をめぐる争論が起こり、それが決着をみた段階において作成され、その作成の年記をさかのぼらせたのだろうと考えられる。

若林村の草切りについては、『村を歩く——日本史フィールド・ノート』（雄山閣出版、一九九八年）にごく簡単に紹介したが、その後、原田信男『中世村落の景観と生活』（思文閣出版、一九九九年）において、右の草切り文書三種が表示されたので次に示す。

右表において寺院を除く上位四家の「備考」には「構《かまえ》アリ」と記されている。「構」とは何か。それは、〝屋敷地を中心とする自家の経営地の全体〟とでも表現すべきものである。永和二年の文書にはその広さが次のように示されている。

倉持六郎四郎　一町八反
中村　小次郎　三町一反

表１　若林村草切り百姓家一覧表

氏　　名	(A)	(B)	(C)	現家名	屋　　号	備　　考
宝　泉　坊		○		(墓所)		十一面観音堂守
金　剛　院	○	○		金剛院		阿弥陀堂守
観　音　寺		○		(墓所)		正観音堂守
蓮　政　院	○	○		蓮生院		阿弥陀堂守
倉持六郎四郎	○	○	○	倉持邦雄家	中　妻	床屋、構アリ
中村小次郎	○	○	○	中村正巳家	幾右ヱ門ドン	床屋、構アリ
倉持右京	○	○	○	倉持岩男家	弥次衛ドン	六郎四郎分家、構アリ
台喜八郎	○	○		台喜一家	ホヤ松	堀江侯家来、構アリ
倉持伊賀	○	○	○	倉持伊八家		子孫阿見町在住
倉持玄蕃	○	○	○			百戸ニ分家
染屋五郎三郎	○	○		染谷ちよ家	勘助ドン	
鈴木甚五郎	○	○	○		古　山	
飯田伊予	○	○	○	飯田博家	七兵衛ドン	
倉持図書	○	○	○			
染屋丹後	○	○	○	染谷登家	相模屋	
須長六郎左衛門		○		須長作蔵家	六郎ドン	台新五郎分家
須長主殿		○		須長茂雄家	清善ドン	須長六郎左衛門兄分家
倉持筑前		○		倉持利平家	原ノ平善ドン	
増田筑後	○	○	○			
台新五郎		○	○	台新五郎家	鹿島	台喜八郎弟
木口筑前			○			
染谷対嶋			○			
須長新左衛門			○	須長六郎家		
川面美濃			○			
川上新五郎			○	川上平家	久兵衛ドン	

原田信男『中世村落の景観と生活』（思文閣出版、1999年，494頁）。

倉持　右京　　五町六反
台　喜八郎　　七町九反

文書には、各構の範域を示す小地名がついている。この構を持つ四家が若林村の最初の草切りであり、とくに六郎四郎・小次郎両家は隠居座を左右に一座ずつ持ち、右京はそれに次ぐ客座であった（永和二年の文書には客座として右京家だけをあげ、喜八郎家は記されていない）。

永和二年（A）と文明三年（C）の文書はいずれも中村家文書であるが、明徳三年（B）のものは、同じ草切り文書であっても台家に伝わったものである。台家は、若林の在地領主だったらしい堀江殿の家来であって、「（その台家が）（B）の作成に深くかかわり、宮座の実権を握った点が注目される」（原田前掲書四九五頁）。台家もまた若林村における草切りの有力者であった。

村岡村の延宝六年（一六七八）「郷中座帳」

千代川村は現茨城県結城郡内の小さな村で、（北は下妻市、南は石下町）東西約四・五キロ、南北は平均して二・五キロほど、人口は一万に満たない。江戸時代の村（現大字）が一八入っている。村岡（もとは下総国岡田郡に属す）は千代川村の最西部にある。そこは台地上の畑作農村で、現集落は街道の南北にきれいに居並んでいる（整然たる路村）。江戸末期の村高は一七三石余（『旧高旧領取調帳』）と少ないが、これは水田がごく少なかったからで、村の範域は決して狭くはない。

村岡村は、延宝六年（一六七八）頃から元禄七年（一六九四）頃にかけて集落移動（村の中で、集落部分を全面的に移動すること。村の外に新たに新田村を造成するのとは異なる）をした村である。現千代川村の中にはかつて集落移動をした近世村が村岡の他に少なくとも三か村あった。集落移動については拙稿「住む場所を変えた村の人たち」（ものがたり日本列島に生きた人たち10『景観』〈編集協力石井進〉、

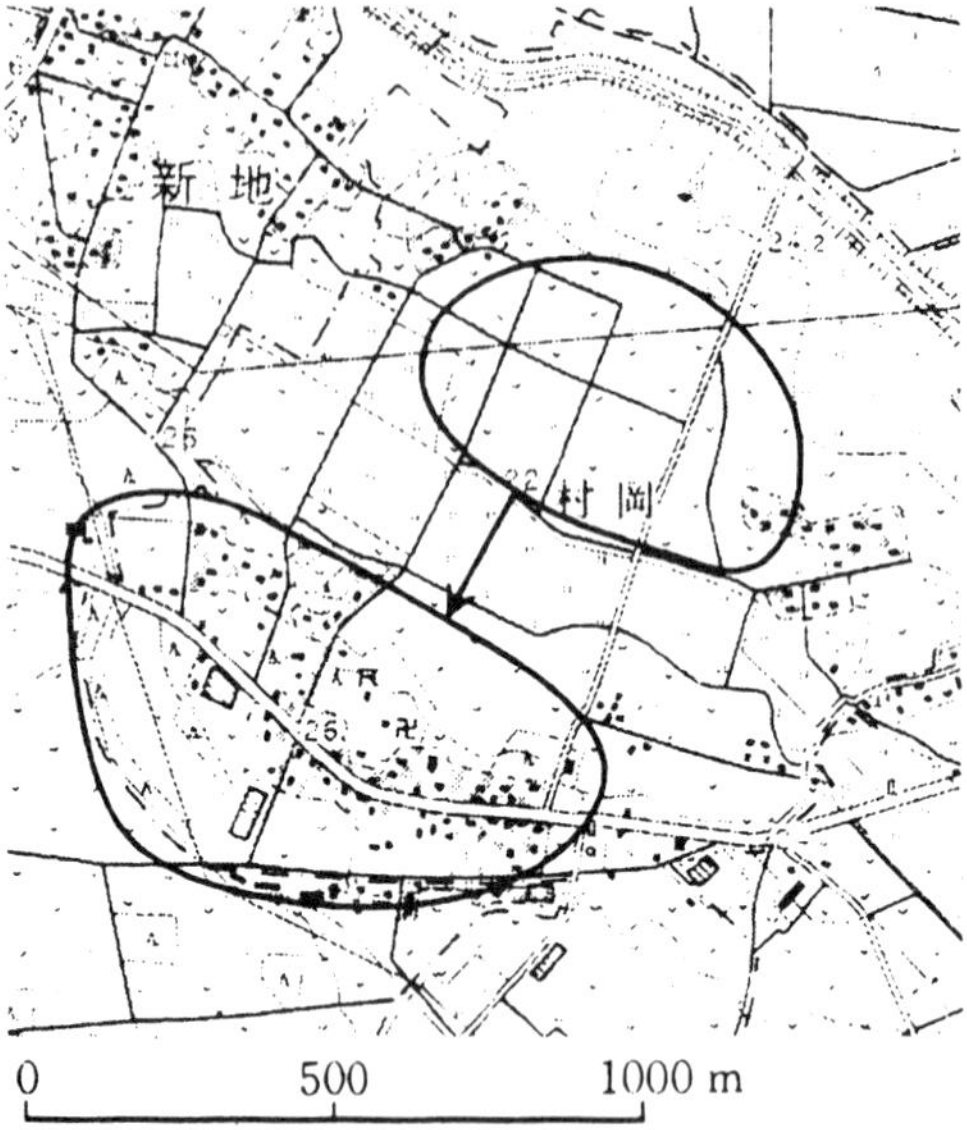

図 5　村岡の集落移動概念図（2万5000分の 1 地形図「石下」。『景観』218頁）。

岩波書店、二〇〇〇年）において平易に説明しており、その中には千代川村の事例も掲げてある。上図のように村岡ではささやかな水田をはさんで矢印の方向に移動したのだが、古屋敷の地の中心あたりには、「史蹟　村岡本田屋敷遺蹟」という標柱が現在立っている。

その村岡の旧家には、延宝六年「村岡村郷中座帳」という文書が残っている。この文書の主旨は、「座帳」とあるように村人の座位を定めることにあった。これは目前に迫った集落移動に当たり、移動後の座位を、割当てられる屋敷地の広さで規定している帳面である。

具体的には、移動後に割当てられる屋敷地の等級・反別と百姓名をまず列記し、後文においてその決定に至る経緯などを説明している。左に「郷中座帳」のランクを表示する。

トップの一ノ一は二名、各一町歩である。彼らが村の鎮守香取社（これも移動）の宮座において、左右の一番になるのであろう。三ノ三の市郎兵衛は旧武士で土着した家であり、彼は新屋敷への移動を地頭（旗本）に出願した時の願人であり、その功績によってか割合高い座位についた。五ノ一は二五名の多数で彼らはいずれも二反歩を割当てられているが一人だけ一反二畝歩である。これは「屋敷地不足ニ付」と説明されている。最低は七ノ一で六畝一〇歩ずつである。以後彼らは共同で広大な林野を伐り開き、それぞれが旧集落の時よりもずっと大きな屋敷地を獲得する。このような屋敷地割りの面影は現在でも残っている（ただし疫病などの理由により潰れが多出したので、個々の屋敷割については変化がある）。

次に後文を掲げる（原文）。

右之通リ村岡村新屋敷御願申上、屋敷反別割合之義、古来之長百姓高下を以并ニ古屋敷之例を引、座敷附合之義反別を以相極、其上ゟ番附いたし、惣百姓相談之上割合申候、尤同番之内ハ年（嵩）高を以正座致シ申筈、郷中神事祭礼等之節ハ、此帳を以壱番ゟ段〻座敷取申筈、此以後新役人等出来候共、御公儀様向ハ正座致シ候共、郷中神事祭礼等之附合此帳通リ附合致シ申筈、惣百姓相談之上相極置申候、以上、

表2　村岡村「郷中座帳」のランキング

等　級	人員	各屋敷反別	小　計	備　考
1－1	2	畝 歩 100.00	畝 歩 200.00	
2－1	2	58.00	116.00	
2－2	2	55.00	110.00	
2－3	4	50.00	200.00	
3－1	2	33.00	66.00	
3－2	2	33.00	66.00	
3－3	2	30.00	60.00	市郎兵へ＝「新屋敷願人」
4－1	5	28.00	140.00	
4－2	12	25.00	300.00	
4－3	2	23.00	46.00	
5－1	25	20.00	500.00	
5－1	1	12.00	12.00	屋敷地不足ニ付
金剛院	1	100.00	100.00	金剛院＝満徳寺＝香取別当
山　伏	1	9.15	9.15	
6－1	7	8.00	56.00	
7－1	8	6.10	50.20	
七等分 16区分	78		2000.05	

村岡村
名主
組頭
惣百姓

延宝六年
午正月

右之通り　御地頭様へも右趣申上、新屋敷御検地奉請候、以上、

右の表のような決定は「古来之長百姓高下」と「古屋敷之例」（古屋敷の大きさ）の双方を勘案して新屋敷の反別を定め、その反別という明快な数字で座位の番付をつくったことを示している。領主との関係においては村役人が上座につくが、「郷中神事祭礼等之附合」は右の順序通りとする（同順位の場合は年輩者が上座）ことも定められた。

まことに明快なきめ方であって、これなら座位をめぐる混乱は起こらないだろう。とともにこの時期、こうした大事業の推進のためには「古来之長百姓高下」だけでは村の秩序の安定を期し得ない状況になってきていることもわかる。

座位をめぐる争い

座位は家や個人の上下関係を明示する。日常的には座位についての意識はそう強烈ではないのだろうが、祭礼等に当たっては座位の安定は村の秩序・平和にとってとても大切なことだった。とはいえ、自らの座位の低さに不満を持つ者はいつでもどこにもいたはずで、座位をめぐるトラブルについての文書の残存は決して珍しくない。以下

に少しではあるが例示する。

『相州文書』第一巻には「国府津郷百姓四郎左衛門書状」というものがのっている。年代が書いてないが、その文体からおして江戸初期のものであろう。書き手の四郎左衛門は旧来からの座位を九郎左衛門という百姓に奪われそうになり「御奉行衆」に訴えたのである。四郎左衛門はいう。〝国府津郷での百姓寄合における自分の座位は前々からきまっている。それなのに九郎左衛門は、去年からこれを改め、自分の座位を奪おうとしている。彼は命がけの果し合いをしても奪いとるといっている。今年は私も彼も座敷へ出なかった。郷中の者は九郎左衛門がよくないことを知っており、座敷は四郎左衛門のものだといっているのだが、どういうわけか九郎左衛門は納得しない〟〝自分の座位は親先祖の代よりきまっている。したがって郷中の名主年寄百姓をお呼びになって、事の子細をお尋ねになってください〟

この場合は座位を奪うも、守るも命がけである。

『所沢市史』（埼玉県）近世史料Iには、宮座関係の文書が数多く掲載されている。それらのうちからわかりやすいものを一例だけあげておこう。

武蔵国入間郡堀之内の組頭太郎兵衛が惣百姓名をもって、その非法を領主へ訴えられたのは享保十四年（一七二九）四月のことだった。この文書は「我侭箇條書之事」と題され全七ヵ条にわたっている。以下紹介する（読み下し）。

我侭箇条書きのこと

一当村太郎兵衛何事によらず諸相談・神事・祭礼・仏事・弔の会合の節、我侭の過言たびたびに御座候こと、

一当村三郎右衛門と喧嘩口論仕り候こと、
一北野村奥右衛門と喧嘩仕り候こと、
一扇町屋村清右衛門と喧嘩仕り候こと、
一宮野斎宮殿（*三ヶ島村氷川社神官）へ踏込み、我侭の過言申し候こと、
一惣じて村中縁組・祝言・他所出合の節も、名主踏み下げ（*名主を無視して）我侭の高座仕り候こと、
一当二月稲荷祭御座候得共《古来ゟ有来候四分》度々出合の祭礼ニ御座候えども、たびたび名主踏み下げ申すニ付勘兵衛（*名主か）出合いこれなく、相やみ申し候こと、
右の通り喧嘩口論仕り、百姓に不似合の脇差を仕り、その外居村他村の金子借用仕り、その上我侭の返答仕り、一切埒明き申さず、金子不通用にて村中迷惑にまかりなり申し候、右の訳けにより、向後太郎兵衛と一所相談一切まかりなり申すまじく候、（*太郎兵衛にくみしてはならない）。そのため惣連判指上げ申すところよってくだんの如し、

享保十四年子四月廿五日

堀之内村
惣百姓

辻　新助様
河原富右衛門
参

これが事実とすれば（太郎兵衛側の文書はないのだが、多分事実なのだろう）、彼は組頭なのだから村

人はとてもたまらない。彼の乱暴なふるまいの一因として、座位に対する不満があったようで、名主より高座についたこともあった。

太郎兵衛の我侭についての箇条書きが作成されるのは享保十四年四月二十五日。そして多分この日のうちに役人の了解をも得たのであろう。翌二十六日には、新しい座位がきまり、次のような村中儀定覚が作成された（読み下し）。

覚

一このたび太郎兵衛儀我侭を致し村中をさわがせ、その上名主座相障り、だんだん不届きニつき向後組頭役召し放たれ候、これにより自今左の通り、相守り申すべきこと、

左り上座　当役組頭名主

右　上座　当役組頭組頭

右の通り相定め候上は、村中出会の節当役の者（＊その時点での村役人）上座たるべし、もっとも組頭は先役（＊就任順）より上座たるべし、役人の外組頭次ツ（＊不明）上座トすべし、もし座席の書物等所持の者これあり候とも、自今不覚たるべし、（＊古い座位文書は、今後は通用しない）。

右の趣役人は申すに及ばず村中惣百姓まで急度相守るべきものなり、

享保十四年己酉四月二十六日

これによって、太郎兵衛は組頭役から追放された。彼の座位がその後どうなったかわからない。

太郎兵衛はなぜ名主を「踏下げ」、名主の座位を奪い取ろうとしたのか。彼がいくら乱暴な男であっても、その行為にはただならぬものがあり、彼にもなんらかの論拠があったのだろう。考えられることは、彼の家の座位は元来はもっと高かったのではないか、ということである。その場合の論拠は

草切りとしての高い座位である。それが長い時間の経過の中で、そのことが重視されなくなるような変化が徐々に生じ、結果として村役人としての名主の座位より低くなったことに対する不満が爆発したのではないか。

この新しい議定により、その時々の村役人（名主・組頭）を上座に据えることがはっきりきまった。〝これまでの座位書は今後無効とも言い切っている。これは、堀之内村では、享保十四年四月末という時期に、古い座位体制（おそらくは、草切りを上座とする伝統的な体制）が、村役人上位体制に明白に切り替わったことを示している。

座位の内容は変化するものである。それがいつどのように変わるかは、場所により条件により異なる。しかしながら、座位という意識そのものは現在でも変わっていないといってよいだろう。

3　祭りと喧嘩

『土』にみる村の祭り

祭りの静寂と厳粛、にもかかわらず祭りにともなう喧噪と暴力、ここではそういったことを書く。

長塚節『土』の舞台を国生《こつしょう》村という（現茨城県結城郡石下町国生）。国生の鎮守は桑原神社である。『土』はこの神社の秋祭り（「まち」）について次のように書いている（第一五章）。

…冬がほんとうにまだ彼らの上に泣いて見せない内に相前後してどこの村にも「まち」が来るのである。それは村ごとに建てられてある社の祭りのことである。貧乏な勘次の村でも以前からの慣例で村に相応した方法をもって祭りが行なわれた。

当日は白い狩衣《かりぎぬ》の神官が一人で氏子《うじこ》の総代というのが四五人、きまりの悪そうな様子であとへついて馬場先を進んで行った。一人《にん》は農具の箕《み》を持っている。総代らはそれでも羽織袴《はおりはかま》の姿であるが一人でも満足に袴《はかま》のひもを結んだのはない。さらにそのあとから鏡を抜いた四斗樽《とだる》を馬の荷縄《になわ》にくくって太い棒でかついでついた。四斗樽には濁ったような甘酒がだぶだぶと動いている。神官の白い指貫《さしぬき》の袴には泥のはねた跡も見えてずいぶんよごれていた。神官はほこりだらけな板の間へようやく蓙《ござ》を敷いた狭い拝殿へすわって榊《さかき》の枝をいじってそれから卓《しょく》の供物を格好よくしている間に総代らは箕《み》へ入れて行った注連縄《しめなわ》を樅《もみ》の木から樅の木へ引っ張って末社の飾りをした。(岩波文庫本。以下同)。

以上は神官が総代らを従えて式場に入ってくる時の様子。以下は式の模様。

神官は小さな筑波《つくば》みかんだの駄菓子《だがし》だの鯣《するめ》だのを少しばかりずつ供えた卓《しょく》の前にすわって祝詞《のりと》を上げた。…祝詞はきわめて短文であった。神官はそれをきわめて悠長《ゆうちょう》に声を張り上げて読んだがそれでもいくらも時間がいらなかった。…

神官が卓《しょく》の横手へ座を換えてちょっと笏《しゃく》でさしずをすると氏子の総代らが順次に榊《さかき》の小枝の玉串《たまぐし》を持って卓の前に出てその玉串をささげて拍手した。彼らはただおずおずして拍手も鳴らなかった。立ちながら袴のすそを踏んでよろけては驚いた様子をしてあたりを見るのもあった。こういう作法をも見物のすべてはさも熱心らしい態度で拝殿に迫って見ていた。

神官や総代らの挙措動作はやや滑稽味を帯びて描かれている。また、引用部分の最後「さも熱心らしい態度」は、いかにもうまい表現である。

以上で厳粛な儀式は終わり、ただちに甘酒を飲み始める。以下。

簡単ながら一日の式が終わった時四斗樽《とだる》の甘酒が柄杓《ひしゃく》でくみ出して周囲に立っている人々に与えられた。主として子供らが先を争うてその大きな茶わんを換えた。彼らはむしろ自分の家で造ったもののほうが佳味《うま》いにもかかわらずおおぜいとともに騒ぐのが愉快なので、水ばかりのような甘酒を幾杯も傾けるのである。

つまり、この甘酒は、祭りにおける静寂と厳粛から楽しい喧噪への転換の合図なのである。彼らは「おおぜいとともに騒ぐのが愉快なので」ある。

「まち」の時だけがそうなのではない。死者を迎えそして送るしめやかな盆行事にはにぎやかな盆踊りがつきものである。

太陽に報謝するために日の出とともに念仏を唱える「お天念仏」（おで念仏）という行事がある。場所は村の寮（念仏寮。村の公共施設）。参加者は念仏衆である老人たち。『土』はこのお天念仏とそこに集う老人たちの生態を活写している（第二一、二三章）。その一部を左に引用しておく。

旧暦の二月の半ばになると例年のごとく念仏の集まりがあるのである。彼らはそれが日輪に対する報謝を意味しているのでお天念仏《てんねんぶつ》というている。彼らの口からそうして村の一般からなまって「おで念仏」と呼ばれた。先駆《さきがけ》の光が各自《てんで》に顔をほの明るくして日が地平線上にその輪郭の一端を現わそうとする時間を誤らずに彼らはそろって念仏を唱えるはずなので、まだすべてが夜の眠りから離れぬうちにみんな口をすすいで待っていねばならぬのである。

太陽がわずかに頭を出す瞬間を息を詰めるようにして待つ、その緊張。その瞬間が来た時の湧き上がるような念仏の合唱。待機の緊張から、出現時の歓喜へ、こうした経過全体はきわめて厳粛なものである。

厳粛な時をすごした老人たちはいったんそれぞれの家に帰り、やがてまた寮に戻る。それからは、厳粛さから解放された長い時間をすごす。寮の庭での滑稽な踊り、酒を飲みつつの雑談、男の肩によりかかる老女、ついには博奕までやりだす女房たち、ご馳走や小遣いをせがむ子供たち、といった具合である。

お天念仏の日は村の老人たちにとってかけ替えのないものであった。『土』はこう書いている。

彼らは平生家族に交じって、その老衰の身がどうしても自然に壮者《そうしゃ》の間に疎外《そがい》されつつ、各自はむしろ無意識でありながらしかも鬱屈《うっくつ》してものうい月日を過ごしつつある時に、例年の定めである念仏の日はそういうすべてを放つ自由境である。

これは、お天念仏の日における老人たちの心境について言っているのだが、祭り等の宗教行事は、一般的に「すべてを放つ自由境」としての性格を内包していたのだと拡大解釈してもよさそうである。こうした〝自由境〟としての放埒・喧噪、これをともなわない祭り（静寂と厳粛だけの祭り）は何ものかによる外側からの強力な規制によってそうなってしまった、つまり祭りの全体ではなく、祭りの一部（精々半分）にすぎないのではないかとも思われてくる。

以下では祭事への規制、規制にもかかわらず決して消えることのない、放埒・喧噪・暴力・大喧嘩といったことにつき簡単に述べる。

祭りの規制

正保四年（一六四七）四月「（相模国）淘綾《ゆるぎ》郡国府新宿六所明神社への禁制」と題された文書がある。（『神奈川県史』資料編8近世〈5下〉）。これは江戸幕府の寺社奉行が、六所明神社に与えた文書であって、一般に「禁制」と称されている。禁制とは、それを与えられた場所において〝してはならないこと〟や〝なすべきこと〟を箇条書にした文書のことである。室町・戦国期には多くの事例がある。定型的な文書なので参考のため以下に原文のまま掲げる。

定

（1）一府中祭礼おいて押買狼藉禁制之事、
（2）一喧吒口論禁制之事、
（3）一有来神事并諸役無懈怠急度可相勤候事、
（4）社中山林・竹木猥り不可伐取候事、
（5）年貢難渋之百姓有之ハ可訴出事、
（6）宮造替諸普請有之節、百姓共走廻り急度可相勤事、
　附、非分課役禁制、

右条〻堅相守、殊可専祭礼者也、若違乱おいて可為越度候、依而禁制之所如件、

正保四年亥四月

安藤右京進（寺社奉行 重長）
松平出羽守（寺社奉行 勝隆）

右のうち（1）（2）（4）と「附」は〝してはならないこと〟、（3）（5）（6）は〝なすべきこと〟の規定である。（5）の〝年貢の出せない百姓は訴え出よ〟、「附」の〝百姓に対し非分の課役をかけることは禁止〟の二項はこの神社が持つ五〇石の社領の農民に対する保護規定ともいうべきものである。

右の禁制のうち、（5）（6）は戦国期の禁制にはあまり見掛けないもので、近世に入っての特色と考えられるが、それ以外は戦国期以来の伝統的表現である。とくに（2）はどの禁制にもある常套文

句といってよい。

寺社の境内において〝喧嘩をするな〟という文言が常套的に禁制に出てくるのはなぜだろうか。寺社境内は神聖な場所だからそこでは喧嘩をするな（アジールとしての寺社境内）ということなのだろうか。現実としてはそこでの喧嘩が往々にしてあったということかもしれない。個人や集団の深い内面においては、神聖・厳粛と喧噪・喧嘩は盾の両面なのである。

領主による祭礼の取締りはきわめて多く、しかもやかましいものだった。領主は祭礼が安穏に終わるように看視の眼を光らせた。江戸時代は徒党禁止の時代である。とはいっても祭りを禁止することはできない。祭礼にはさまざまな事件が起こりがちだから、領主は祭礼の平穏な終了をつねに期待する立場にあり、それは村役人や町役人にとっても同じことだった。

嘉永元年（一八四八）六月「川崎宿（現神奈川県川崎市）鎮守祭礼につき取締議定連印帳」（『川崎市史』資料編2近世）は、幕府代官の命を受けて祭礼の施行（ことに御神輿の興行）に当たっての秩序維持を議定したものである。以下に大意を記す。

（1）一万端御厳重の御取締りの御趣意なので、一同諸事相慎しみ心得違いなきよう神妙にする。よって左の通り議定する。

（2）一御公儀様御法度の儀は申すまでもなく、上の方から厳重に仰せ出された御趣意を堅く相守り、絹・縮緬はいうまでもなくその他何でも目立つ衣類は着用せず、少しも奢りがましきことをしない。

（3）一御祭礼前日と当日は堅く禁酒し、万端質素にし、おとなしくする。

（4）一御神輿を出す時は、世話人の差図によって出す。差図以前にみだりに御神輿を持出すようなことはしない。
（5）一御神輿をかつぐ者の衣類はすべて木綿とし、他のものは一切用いない。
（6）一御神輿のかつぎ人は、当宿（川崎宿）の人別帳にのっている人間に限る。
（7）一御神輿の宿内通行に当たっては、御神輿を両側の人家に当ててはならない。一同申合わせて神妙に御神輿をかつぎ、どこにも停滞せず、定められた道を素直に通るようにする。
（8）一宿内の一つの町ごとに一〇人位ずつの世話人をきめておくから、担ぎ人たちはそれを承知で、神妙に御神輿を運ぶこと。万一心得違いの者がいて御神輿を悪持ちする者がいたら、世話人がそれを制するからそれをよく守る。
（9）一御神輿は男女の二体がある。それらの持ち方は、古来からの仕来り通りに、御一体は上町、もう御一体は下町にてかつぐことにきまっている。その旨を心得、すべて宿役人や世話人の差図通り違背なく守らねばならぬ。御神輿の男女御両体を並べて押し合うようなことは決してしないようにする。
（10）御神輿担ぎ人たちは喧嘩口論等をしてはならぬと仰せ聞かされたが、承知した。万一心得違いの者がいて喧嘩口論等をする者がいたら、世話人が当人共を抑えておき、御祭礼は滞りなくすませるようにする。
（11）御神輿担ぎ人は大勢であり、そのうち万一心得違いで、もし喧嘩口論をする者が出たら、その事件に付雑費や入用が幾らかかっても、喧嘩した当人より費用を出させ、それ以外の者が助け合いで費用を出してはならない。
右の御取締り御箇条の趣きに決して背かない云々。

右の議定は、〝こういうことはしない〟と言っているのだが、それらの文面を逆読みすると、そこで禁止されているような事態がたびたび起こっていたことが容易に想像される。暴れてはいけないという一般論ではとても間に合わないような思いがけない事態が続々と生起しており、ために細かい規定が次々と出ているのである。

祭りの主体は若者である。暴れるのも主として若者である。したがって、若者が合意の上祭礼全体を宰領すればよい。そうした文書もある。

寛政二年（一七九〇）九月、「(相模国)足柄下郡小船村(現小田原市小船)白髭神社祭礼につき五ヵ村若者連書」(『神奈川県史』同前)は若者が祭礼の安寧秩序の維持に当たったとされる例である。以下(読み下し)。

相定め申す一札の事

一当社白髭神社御祭礼の節はもちろん、その外村々にこれあり候祭礼の節、不慮なる儀出来致し候はゞ、左の村々若者共早々立会い善悪をただし、とりはからい申すべく候事、

一他所他村に出候節、何事によらず不意に大造成喧嘩・口論・悪事等出来候節は、村々若者共出会い、利非をあいただし、その場にて相済し候様にいたすべく候、万一相済まず候て公辺にも及び候節は、たとへ多分の諸入用等相懸り候共、其節違背なく出銭申すべく候、よって連印一札件の如し、

寛政二年戌九月日

小竹村惣若者三十八人

世話人(四人)

沼代村
明沢　惣若者二十八人
世話人（五人）
上町村惣若者二十七人
世話人（四人）
小船村惣若者二十四人
世話人（四人）
中村原惣若者二十五人
世話人（五人）

この文書には寛政二年以降における五ヵ村惣若者、世話人による連名がある（人数は異なる）。その年次は寛政六年（一七九四）、同九年、文化八年（一八一一）、同九年、同十年、同十一年であり、以後は切れている。なぜ、この文書における若者たちの連名が寛政二年に始まったのか。時期は幕政でいえば寛政改革期であり、諸事規律の回復が試みられた時期であり、譜代大名大久保氏の小田原藩においても幕府の意を受け、その影響が出ているのかもしれないが、よくわからない。

なぜ文化十一年で連印が切れているのかもこの文書だけではわからない。同性質の五ヵ村連名は他の文書において継続されているのか、時間の経過とともに五ヵ村の若者たちが、こうした仕事を放棄してしまったのか、そうしたこともわからない。

この文書における若者の連印が寛政二年に始まったことの意味、そしてそれがしばらくの間継続したことの意味、さらにそれが文化十一年以後存在しなくなったことの意味。この一点の文書はそうしたことを考えさせる内容をもっているのだ、との指摘だけに止まるのは、私の力量不足によるものであり、いかにも残念である。

相州三の宮暴れ神輿

神輿が暴れるという話は山ほどある。二階から眺めていたといっては、その家に突込む。つきあいが悪いとか、儲けすぎで評判の悪い家にも突込む。日頃の鬱憤を神輿の権威をかりてはらす。神輿が暴れるのではなく人がこの時とばかりに暴れるのである。相模国随一の暴れ神輿として名をはせたのは三の宮の神輿であった。毎年五月五日に相州大磯周辺の五社の神輿が、淘綾郡国府本郷村の神揃山に集まることになっていた。『新編相模国風土記稿』淘綾郡国府本郷村の神揃山の項には「（国府本郷村の）西北の方、生沢村堺にあり、高二十間許、山上平衍の所、方四十間許、五月五日近郷五社の神輿、集会する故名とす」とある。この低くて平らな山に集まる神輿は、一の宮（高座郡宮山村、現寒川町）、二の宮（淘綾郡山西村、現二宮町）、三の宮（大住郡三の宮村、現伊勢原市）、四の宮（大住郡四の宮村、現平塚市）、五の宮（平塚新宿の八幡宮、現平塚市）であって、いずれも神揃山から数キロ～一〇余キロの近在である。これらのうち暴れ神輿としてもっとも有名なのは三の宮の神輿だった。三の宮の南約一〇キロの所に神揃山があるが、三の宮の神輿はこの間をもみにもみつつ一直線に南下するのである。

この南下の模様につき『新編相模国風土記稿』は「…大綱二条、小綱二条を神輿に結付、山川田畑の嫌ひなく、道なき所を舁《かき》超ゆるを例とす、此日近郷より見物の者群をなせり」と書いている（大住郡三之宮村三宮明神社）。また『相中留恩記略』には「毎年五月五日、淘綾郡国府本郷神揃山へ当国一之宮を始として、国中旧社の神輿揃ひたまふ時、当社も同じく遷輿あり。其時は往古よりの道筋なりとて、郡中二十二村の内は山川田畠のいとひなく渡すを例とす」（大住郡三、三之宮明神社）とある。

山川を迂回せず、田畑をも踏み荒して一路南下し、村ごとに担ぎ手が交代するのだからその勢いは衰えることがない。

前の日から境内に鎮座している三の宮神社の神輿は、五日未明大勢の氏子によって、きわめて厳粛に立てられ、その前や脇にはそれぞれ二、三〇人の警固人が立ち並び、いっせいに神社境内を離れ、一路南下を開始する。国府本郷の神揃山に五つの神輿が居並ぶのは午の刻（正午）であり、それまでの間もみにもんで南下する。田畑は踏み荒らされるし、怪我人も出る。神輿をぶん投げることすらあった。あまりにひどいので、寛政七年（一七九五）の春、江川代官所手代より祭礼に当たっての厳重注意事項等が関係村々に通達された。それに対し村々は請書を出した（「五月」とあるが、五月五日以前、つまり一、二、三日あたり）。その請書は『神奈川県史』資料編8近世（5下）に全文掲載されている。この請書原文の大意が同県史通史編にのっているので（『神奈川県史』通史編2近世（1））、以下にそれを揚げる。

第一条　国府本郷の祭礼は正午である。神輿持ちの村々は左の心得にて持ち送りせよ。

第二条　前々からの仕来りだといって、神輿を途中でねり回してはならぬ。ただし、ねり回す場所は神主が差し図する。

第三条　神輿かつぎの者が、怪我をしたふりをして、神輿を田畑や川に投げころばしてはならぬ。また、神輿の上に乗りかかり、屋根を叩くことを固く禁ずる。さらに神輿がよごれた場合、それを川に投げこんできれいにするのは神主の宰領により、若者が勝手に投げ込んではならぬ。ただし、実際に怪我してころぶ者もいるから、よく見届けねばならない。神輿が田畑の畦道《あぜみち》や橋などに差しかかった場合、また川越えの場合には、大勢でかつがないよう村役人が差し図せよ。

第四・五・六・七・八・九・十条は難所の注意、また村々引き継ぎの際の注意。喧嘩・口論をするな、ということが中心。

第十一条　神輿通行の当日になって、あれこれと難渋を申立て、人足を差し出さないようなことはするな。

第十二条　三の宮の氏子共は、神輿の上にある鳳凰《ほうおう》を外して、これを神輿の前に立てて通行することになっている。そのための道は田畑や屋敷内にあらかじめつけてある。したがって、猥《みだ》りに田畑を踏み荒らしてはならぬ。いささかたりとも神輿の権威を借りて粗暴の振る舞いをしてはならぬ。もし法外な者があったら、その者の名前を聞き糺しておいて、祭礼が済んでから宮元へ掛け合え。

第十三条　神輿の巡行を遅らせると翌日の農業の障りにもなるから遅刻させるな。

とにかくこれは大変な暴れ神輿なのである。にもかかわらず、江川代官所のこの掟書には神輿の通行を禁止する意図はいささかも見えず、すべては通行を前提とした注意なのであり、神輿というものがどんなに権威をもっていたかがよくわかる。この掟書に請印した村々は二二ヵ村におよんでいる。村々役人は総動員で暴れ神輿の警戒に当たっていたことがよくわかる。それにもかかわらず、三の宮神社の祭礼と神輿巡行は弘化四年（一八四七）には中止された。多分大きな事故あるいは大喧嘩の故なのであろう。これが再開されるのは五年後の嘉永五年（一八五二）のことであった。

小さな喧嘩

下総国葛飾郡高谷《こうや》村と鬼越村（いずれも現千葉県市川市内）は、毎年六月一日山野村（現千葉県船橋市。高谷村や鬼越村のほぼ東方二キロほど）の浅間神社（高台にある）において両村の子供たちが幟梵天《のぼりぼんてん》（梵天とは御幣のこと。神のよりしろとされる）を奉納することになって

写真２　山野の浅間神社。台地南端の目立つ位置にある（2001年）。

おり、慶応元年（一八六五）にも、例年のように両村の者（大人と子供）が集まった。その時争論が起こった。

高谷村の詫状によると、「右村（*山野村）地内において私共村方の者共争論に及び、その御村方の人と相心得、一同徒党乱妨いたし」たという（『市川市史』第六巻上）。「私共村方の者争論に及び」だけでは誰と争論になったのかわからないが、これは当然〝鬼越村の者と〟なのだろう。どういう理由で争論になったのかは、右の文面ではまったくわからない。

右の詫状を受けて鬼越村の名主・年寄り・組頭計一〇名は熟談内済の届けを地頭所（旗本役所）役人にあてて出し、事件はおさまった。この届書は高谷村の詫状よりはやや具体的である。以下（読み下し）。

…山野村地内において何ものか争論いたし候や相弁まえ申さず、然るところ同国同郡高谷村の者一同徒党乱妨いたし当村名主小四郎外九軒へ理不尽に打破り候始末、去る二日に御訴訟申し上げ奉り候ところ、数ヶ村立入右破損所残らずとりつくろ

い、なおまた詫一札これを取り熟談行届き候間、この段連印を以て御届け申し上げ奉り候、以上、

つまり、争論のあげく高谷村の者共が、鬼越村へおし寄せ、名主小四郎宅外九軒の家を打破ったのである（破壊の程度はあまりひどくなかったらしい）。鬼越村名主小四郎宅外九軒は高谷村の連中にかねてから恨まれており（その内容はわからない）、それが山野村浅間社での幟梵天の折に爆発したのである。

双方の文書に共通しているのは、「争論」の内容およびこれに参加した人数やリーダー等がいっさい書いてないことである。これは多分、内済にするために、事件をぼかしたためであろう。しかし、被害を受けた鬼越村では、事件の翌日（二日）には訴状を出している（文書は残っていない）のだから、最初から内済にするつもりだったわけではない。これは推測だが、訴状を受けとった地頭所役人が仲に入り、内済をすすめたのではないかと思われる。事件が起こってから熟談内済に至るまでには通例数カ月はかかる。右の高谷村・鬼越村一件の生起は六月一日、鬼越村の訴状提出は六月二日、高谷村の詫状も六月二日、鬼越村の内済届は六月中（日は書いていないが、おそらくは六月二日からそう遠くはなかったろう）というのはいかにも順調すぎる感がある。地頭所役人が双方の責任者を呼び知恵をつけたのであろう。

大きな喧嘩

祭りに当たっての喧嘩のすべてが、右の事件のように順調かつ急速に内済に至るわけではない。この種の事件は最初のうちは気が立っており双方が相手を激しく批難するわけだから、〝ああだこうだ〟〝ああでもないこうでもない〟ということにどうしてもなり、それに疲れて結局は数カ月以上たってようやく内済ということになるのがふつうである。以下に掲げる大喧嘩はそうした事例である。

文久二年（一八六二）二月二十七日、下総国豊田郡鯨村と伊古立・見田・唐崎・長萱村（この四ヵ村はいずれも小村で接近しており「四ヶ村」と総称される場合がしばしばあった）との間に神輿の巡行をめぐって大喧嘩が起こり、多数の負傷者が出た。これについては双方の言分を記した文書が多数残っているが、その一々の紹介はとてもできない。双方共に訴訟に疲れ、済口証文に署名したのはこの年の六月二十五日、つまり事件の四ヵ月後であった。この済口証文は長文のものなので、事件の経緯を要約して以下に記す。

○鯨村等の二十七ヵ村は、七年目ごとの二月十五日より、大串村（現下妻市）五宝寺の大杉殿と唱える神輿を迎えることになっている。

○二月二十七日は当村が四ヶ村より神輿を迎える順番になっており、四ヶ村役人より八ツ時（午後二時頃）に継送る旨の通達文が届いた。そこで役人と小前から選ばれた者たちは当村安楽院（＊現在は鯨の行屋）に出向き神輿を待った。

○ところが神輿並びに行列はようやく夕方の七ツ半（午後五時頃）に鯨村へ到着した。その行列の装束は、浅次という者が大天狗、新吉が小天狗の姿となりいずれも木太刀をさし、増蔵の倅勇蔵・市蔵・常蔵は公家衆の姿となって冠をいただき、茂右衛門・左介・庄次郎はぶっさき羽織にたっつけをはき、鞍をつけた馬にまたがり、その他幕を張った屋台を持つ者、緋縮緬の幕を張った駕籠をかつぐ者、御所車と大きく書いた車を曳く者、袋に入れた長柄長刀を持つ者などがいた。その他に一四〇～一五〇人ほどの者が桃色の手掛で鉢巻きをし、義三郎という者は赤麾を持って指揮していた。神輿がかつがれてきたので、それを受取り、定例の場所へそれを据え、仕来りの通り神酒を差出した。

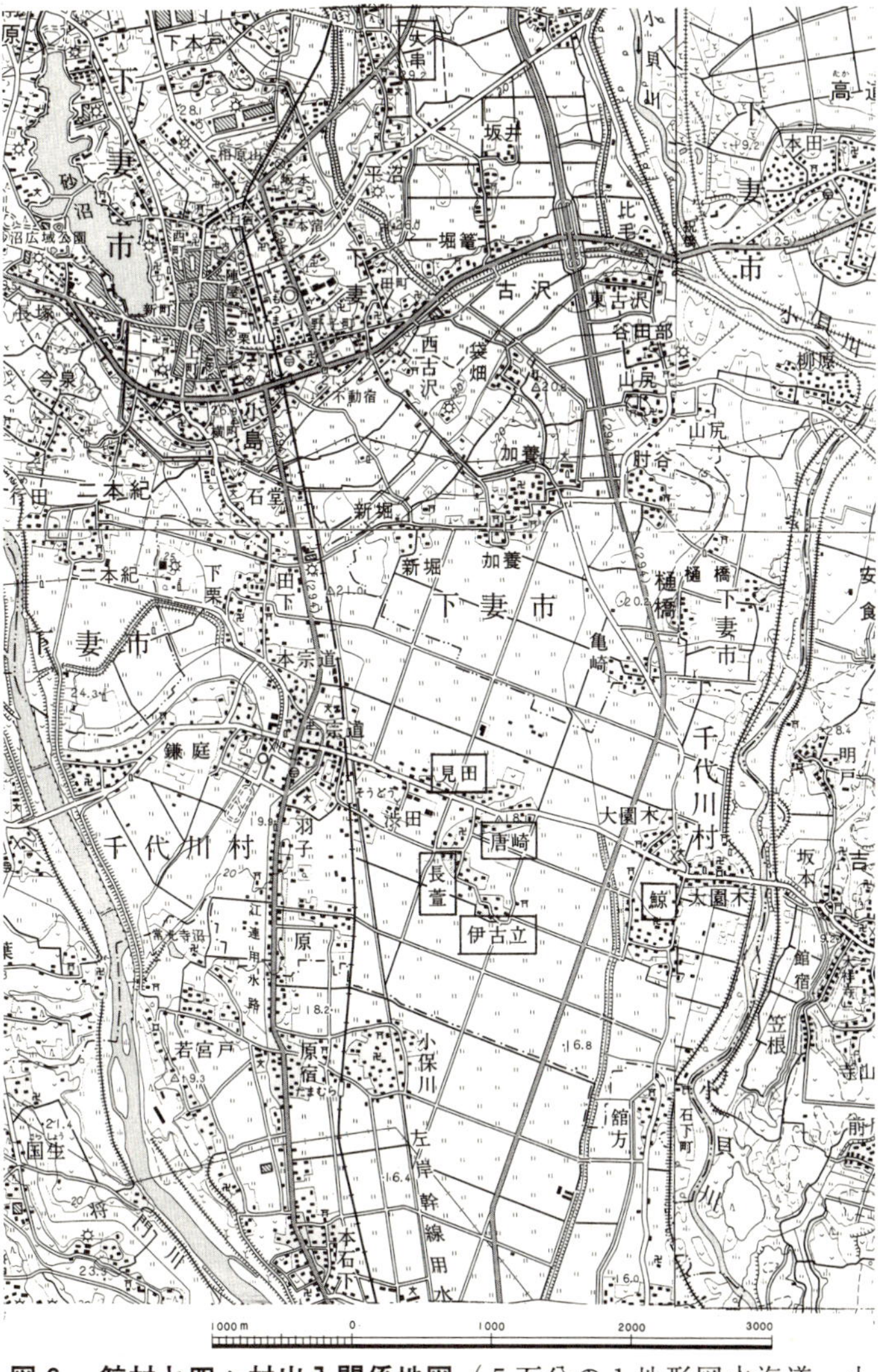

図 6　鯨村と四ヶ村出入関係地図（5万分の1地形図水海道・小山・土浦・真壁）。

写真3　鯨村と四ヶ村が激突した鯨の安楽院、現在は行屋（2000年）。

○四ヶ村の者共は、〝冷酒は飲めない。あんたの村は千石余の大村なのだから、肴をつけた燗酒を出すべきだ〟と横柄に言った。そこで鯨村は〝燗酒・肴などを出したことは昔からない〟と答えた。すると相手一同は立上がり、口を揃えて、〝燗酒を出せないというなら、座敷を借りて勝手に酒宴を開く。神輿もかき戻す〟などの悪口雑言を申しつのり、表の方に立っていた四ヶ村の者共は礫を打ち、材木や真木を投げつけ乱妨狼藉の振舞に出た。もはや夜に入っており防ぎようもないので鯨村の者共は逃げ出した。四ヶ村の者は屋台幕の中より木刀や棒を取り出し散々に鯨村の者を打擲した。安楽院境内の半鐘を打ち鳴らす者があり、それを聞いた四ヶ村に残っていた者が棒などを持って押しかけた。隣村の大園木村や舘方村からも役人・小前がやってきて割って入った。

事件はまことに荒々しいものであった。最初に手を出したのは四ヶ村の方だったようだが、鯨村の者も黙ってなぐられていたわけではない。「鯨村角之助他拾壱人先立ち、その他大勢六尺棒竹槍等携え一同唱《(鳴)》りを立てて打ち懸り四ヶ村のもの共一人も残らず打殺すべしなど口々に申しつのり」大反撃に出たのである。夜が明けると鯨村とその周辺には負傷者がごろごろと倒れていた。「見田村の浅次・常三郎・勇蔵・庄八、唐崎村の義三郎・庄次郎・松之助、長萱村の丑松右八人の者共銘々疵受け、鯨村地内田場その外に打ち倒れ…ことごとく苦痛まかりあり、中にも浅次（＊大天狗）と義三郎（＊赤魔を持った指揮者）両人は別して深疵…一命も計り難」きほどであった。

神輿は小貝川沖積地を大体において北から南へゆっくりと巡行するのだが、このあたりは今でも一面の水田地帯である。その水田地帯を異形の大集団が延々と動いて行く姿を御想像願いたい。日頃はごくふつうの農民として生活している人々が、天狗になったり公家になったり武家になったりすることができるのも祭礼のおかげであった。この場合の祭りは人々の上昇願望をつかの間ではあるがかなえる役割を果たしたのである。

それにしても、鯨・四ヶ村事件のこの荒々しさ。これはまるで合戦である。冷酒か燗酒かで、このような大乱闘になるなどとは通例ならばとても考えられないことである。何か含むところが日頃からあったのかもしれない（わからない）が、それにしても激しすぎる。祭りの持つ魔性とでもいうのだろうか。

4 『土』の女性たち

長塚節（一八七九〜一九一五）『土』（一九一〇年朝日新聞連載。一九一二年初刊。現在では岩波文庫他の

文庫本あり）の舞台は、現在の茨城県結城郡石下町国生《こっしょう》（江戸時代の国生村）である。

私の父の実家は国生と同じく石下町内の一大字にある。ただし国生は鬼怒川の右岸、父の実家は左岸の大房《だいぼう》である。少年時代、私は父に連れられて時に石下町大房へ行った。そんなこともあって、このあたりの風物には少年の時から幾分かはなじんでおり、やがて『土』を読み、映画（昭和十四年）も見た（現在ではビデオになっている）。

とはいっても、『土』における国生とその周辺（鬼怒川を含む）の景観描写の見事さに、ふとしたことから気付き、改めて『土』を何度も読み、併せて国生へもしばしば赴き、『土』の描写と巡見の印象をつき合わせつつ村の中をゆっくり歩くという作業を繰返したのは、もちろんずっと後年のことである。

さまざまな思案の結果、私は『土』を歴史叙述のための中心資料として（参考資料としてではなく）用いることにきめた。そのような立場から書いた作品は次の三点である。

・「国生村」（木村礎編著『村落生活の史的研究』所収、八木書店、一九九四年）。
・「村のモノグラフ―長塚節『土』の村を歩く」（木村礎『村を歩く――日本史フィールド・ノート』の第一章、雄山閣出版、一九九八年）。
・「勘次一家の食・住・衣」（木村礎『村の生活史――史料が語るふつうの人びと』第二章4、雄山閣出版、二〇〇〇年）。

これらは、村落景観、村の中のさまざまなモノ資料、食・住・衣といったこれもモノ資料、つまりいずれも具体的かつ可視的な存在を検討の中心としたものである。

本稿において試みるのは、『土』に出現する女性たちの生活態度や心意（気持ち）等の、どちらかといえば目に見えない事柄についての検討である。『土』に登場する人物のほとんどにはモデルがある（平輪光三『長塚節・生活と作品』、六芸社、一九四三年）のだが、そのモデルたちの『土』への登場の仕方はもちろん長塚節の裁量による。『土』における写実性（長塚節は「写生」と称した）はきわめて高度なものである。にもかかわらずその写実性はモデルの内面までは当然立ち入れない。モデルたちは『土』の登場人物として出現するが、それらの登場人物は登場したとたんに小説化されているのである。

　したがって、『土』に出現する女性たちを主題とする本稿にあっては、彼女たちは本来的には歴史史料たり得ない。彼女たちはいわば〝仮託された〟史料なのである。そのように考えれば、彼女たちが、二〇世紀初頭のこの地域における各様の女性像を象徴している存在なのだということが理解されるだろう。『土』には多数の女性が登場する。以下順次登場してもらおうではないか（一、二、三などの漢数字は『土』の章区分。引用は岩波文庫本。章区分はどの本も同じ）。

　『土』は、小作農勘次一家の生活を中核に据え、それと地主（「東隣」）とのタテ関係およびに農民相互のヨコ関係を精細に描いた作品である。

お品

　お品は勘次の妻。この作品の冒頭に出現する。時期は冬至直前。西風が激しい。お品は働き者で、この日は豆腐を売り歩いた帰路である。「お品は竹の短い天秤の先へ木の板でこしらえた小さな鍵《かぎ》の手をぶらさげてそれに手桶《ておけ》の柄《え》を引っ掛けていた」（一）。手桶の中には豆腐が入っており、それを近くの二、三か村を回って売り歩いてきた。その時のお品を『土』は次のように描写している。「お品は白茶けたほど古くなった股引《ももひき》へそれでも先のほうだけ継ぎ足した足袋《たび》をはいている。大きな藁草履《わらぞうり》は固めたように霜どけの泥がくっついて、それがぼたぼたと足の運びをさらに鈍くしている」（一）。

一読しただけで、働き者のお品の貧しさがよくわかる。彼女はこの時病気だった。自己流の堕胎に失敗し、彼女は間もなく死ぬ。数え年三三歳という若さだった。

生きている人間としてのお品は『土』の冒頭に出てくるだけだが、お品についての記述は『土』全体をいわば貫通し揺曳している。『土』の人物描写の中でもっともすぐれているのはお品についてである。

お品は働き者で性質も素直だった。その挙措動作や話し方には独特の優しさや柔らかさがあり、それが人を魅きつけた（長塚節の母たかに仮託したらしい）。お品は多分、独身のまま死んだ長塚節の理想的な女性像だったのだろう。

お品の家は、自作農から「東隣」（地主。長塚節の家）の小作人に転落した家であり、しかも実父は早死にし、母は後家になってしまった。その後家のもとへ入夫したのが妻をなくした卯平だった。つまり卯平はお品の義父になる。

後にお品のもとへ入夫する勘次は、一七歳の時「東隣」の奉公人になった。「東隣」とお品の家はごく近く、急激に相思相愛の仲になった。そして「お品は一九の春に懐胎した」（五）のである。しかし二人は正式に結婚していない。そこで「両方の姻戚《みより》の者でごたごたと協議が起こった」（五）。しかしごたごたするだけで一向に決着がつかない。「勘次もお品もその時互いに相慕う心が鰾膠《にべ》のごとく強かった」（五）ので、二人は手をたずさえて夜逃げをし、隣村の知り合いに身をかくす。こうした行動の主導権をとったのはお品だった。双方の身よりが騒ぎ出し、結局二人は結婚した。こうした事態での女性の主導権については、「仕事はなんでも牝鶏《めんどり》でなくっちゃ甘く《うま》行かねえよ」（五）と表現されている。

　勘次は頑丈な男だが、時には病気で寝込むことがある。そういう時お品は同居している義父卯平の目を盗んで、布団の下にこっそりと煎餅を入れてくれるのだった。勘次は卯平がこわくて、国生とよその村とを出たり入ったりしていると、お品は必ず彼を発見してしまう。勘次は時にお品から逃げるのだが、「それがどうしたものかいつの間にやらひどく自分からお品のそばへ行きたく」なる（五）のだった。お品は優しい女性ではあったが、決然たる気性も併せ持っており、勘次は何につけてもお品の指示に柔順だった。

　お品が堕胎の失敗で病床につき、病状がしだい進んでいた時勘次は利根川下流の工事現場で働いていた。「工事の場所は霞が浦《かすみがうら》に近い低地」（二）であって、そこへ国生村からの使者がきて、お品の病状をしらせにきた。勘次はただちに現場を離れ、霞ヶ浦を汽船で渡り、西岸の町土浦に着き、そこで鰯を一包み買い、徒歩で国生の自宅に入った。勘次はお品に食べさせるつもりで鰯を買ったのである（国生のような内陸部では新鮮な海の魚を食べることは不可能だった）。その鰯を勘次がお品に食べさせるシーンは『土』のハイライトの一つである。これについては前記諸作品においてすでに引用しているが、ここでも引用する。

　…おつぎ（＊娘）が枯れ粗朶《そだ》を折って火鉢《ひばち》へ火をおこした。勘次は火箸《ひばし》を渡して鰯《いわし》を三つばかり乗せた。鰯の油がじりじりともたれて青い炎が立った。鰯の臭《にお》いが薄い煙とともに室内に満ちた。そうしてその臭いがお品の食欲を促した。お品はうっぷしたなりで煙《けぶり》臭くなった鰯を食べた。

　「どうして塩辛《しょっぱ》かぁあんめえ」（＊これは勘次）

　「さすが佳味《うめ》えな」（＊これはお品）

「これでもここらの商人《あきうど》は持っちゃ来ねえぞ」勘次は一心に見ながらいった（一二）。

私はこの部分を、貧しい夫婦の愛を描いた名場面だと確信しており、それ故に重複をいとわず引用するのである。

生前のお品と勘次の関係はすべてにおいてお品主導型だった。勘次は働き者で力も強かったが、無口かつ人前へ出るのが苦手な男で、ましてや他人との折衝などとてもできなかった。何事もお品がさばいていたのである。したがってお品の思わざる死は勘次にとっては致命的な痛手だった。勘次は「東隣」のおかみさんとの会話の中で「お内儀さん、夫婦そろってなくっちゃ行《や》れるもんじゃありあんせんぞ」（一〇）と語ったのは右のような事情にもとづく。

村の秋祭りの時瞽女《ごぜ》（盲目の女性）が村に入ってきて村の小店に泊まっている。その瞽女は口よせをする。生き口と死に口（*呼び出された死者が、巫女となった瞽女の口を通して語る）とがあり一口五銭。それを見ていた勘次は「わしげ一つ寄せてみておくんなせえ、死に口でがさ」（一五）と依頼する。やがて死んだお品の言葉が巫女の口をついて出てくる。

「よく呼び出してくれたぞよう…」

「おれが達者でいるならば…」

「からすの鳴かない日はあれど、草葉の陰で…」

などが断片的に語られる。それを聞いた勘次は、

「おら済まねえ」勘次はぽっさりといってまた涙を横にぬぐった（一五）。

のであった。

『土』は勘次とお品の相思相愛の物語なのだ、といってもよさそうである。

おつぎ

勘次・お品夫婦には娘のおつぎ（お品が死んだ時一五歳）、息子の与吉（同三歳）という二人の子供がいた。ここで取上げるのはおつぎである。『土』はおつぎの少女時代から娘への成長を丹念に追っている。しかし、それらの細部をここでは省略し、村の裁縫塾へ行くようになったおつぎと、村の若い衆に目をつけられ、盆踊りの時、若い衆に櫛を抜きとられるおつぎ。この二場面だけに記述を絞る。

このあたりでは、村の裁縫塾をお針屋と呼んだ。これはもちろん学校外の任意施設である。娘たちはここで裁縫を習うとともに、躾や世間常識など万般の世間知を身につけた。お針屋についての研究は希少であるが、『村史　千代川村生活史』第二巻　地誌（一九九七年）には、これについての言及がある。また前掲木村礎『村の生活史』の「勘次一家の食・住・衣」には「お針屋（裁縫塾）」の項があり、約二頁にわたる言及がある。これは多分、今後における重要な研究課題になるだろう。

『土』におけるおつぎは一六歳の時、村の裁縫塾へ通うようになる。以下に、やや長いが『土』の記述を以下に引用する。

　五六日たって勘次は針立てと針箱とを買って来た。
「おつう、汝《われ》もこれからお針にえけっかんな、それこれ持って行《え》ぐんだ、おっかが持ってた古いのなんざあ外聞《げえぶん》悪くって厭《や》だなんていうから、こんでもおとっつあらひでえ銭《ぜに》で買って来たんだぞ、それから善《え》えだの悪《わり》いだのってふくれたり何《な》っかすんじゃねえぞ、なあ」勘次はまた「よき汝《われ》はおとっつあがそばにいるんだぞ、ええか、姉《ねえ》はこれから汝《われ》が着物こせえんでお針に行《え》くんだかんな、きかねえとひでえだ」と与吉を抱いてよくいい含めた。
　おつぎはそれから村内へ近所の娘とともに通《かよ》った。おつぎは与吉の小さな単衣《ひとえもの》を仕上げた時そのふろしき包みをかかえていそいそと帰って来た。おつぎは針持つようになってからはきはきとしてにわかにませて来たように見えた。おつぎはもう十六である。辛苦の間《かん》にあるだけに去年からではどれほどおとなびて勘次の助けになるか知れない。ことに秋のころになってからはめっきり機転もきくようになって、死んだお品に似て来たと人にはいわれるのであるが、毎日一つにいる自分にもそういえばからだの格好までどうやらそう見えてきたと勘次も心で思った（七）。

ことに「おつぎは針持つようになってからはきはきとしてにわかにませて来たように見えた」とあることに注目したい。おつぎはお針屋に行くようになってからは、師匠（女性）に針仕事を正規に習うとともに、仲間との交遊をとおして、急速に成長してきたのである。

おつぎは一八歳になった。つまり年頃になったのである。『土』は村の若い衆がしきりに夜ばいをかけ、それをおつぎが心待ちにしている様子をこまかく描き、次のように要約する。

「勘次がどんなにやかましくおつぎをおさえてもおつぎがそれで制せられても、…すべての村の若者が女をねらおうとする時はずいぶん執念《しゅうね》くそれはちょうど…」（一一）餌を狙う鶏のようなものだと書いている。

盆踊りの夜、勘次とおつぎは村の社に行く。太鼓が鳴り人々は輪になって踊る。踊りの輪が崩れて人々が散乱する。その時一人の若い衆がおつぎに近寄り、彼女の髪にさした櫛をひょいと抜きとり混乱した群集の中へ逃げ込み、身をくらました。びっくりしているおつぎを勘次がなぐる場面は有名である。以下。

「人の櫛まあ」おつぎはそれを追おうとして覚えず足を踏み出すと、一歩運んだ勘次の手がむずとおつぎの首筋をとらえた。彼は同時におつぎの小鬢《びん》を横に打った。おつぎがあわてて後ろを向こうとする時、再びはげしく打つ手がおつぎの鼻に当った。おつぎは両手で鼻をおさえて縮まった。女どうしは樅の木陰に身をそばめて手の出しようもなかった。

一つには平生《ふだん》からおつぎに対する勘次の態度を知っていてそこに一種の恐怖を感じていたからでもあった（一三）。


そして勘次はおつぎを蹴倒すのである。

これは『土』における有名なシーンの一つである。勘次の怒りは、親としての怒りか、女をとられた男の怒りなのか、よくわからないところがある。右に引用した文章の最後「一つには…」以下の主語は側にいても「手の出しようもなかった」村の女たちである。彼女たちは、おつぎに対する勘次の態度に一種異様な感じを持っていたということである。

「東隣」のおかみさん

勘次一家は小作人である。彼らの地主は『土』には「東隣」として出てくる。この「東隣」は長塚節の家のことである。もっとも節は〝長塚さんの小旦那〟にすぎず、当主は父の源次郎であった。源次郎はなかなか才覚のある活動家で地主としての富の蓄積のみならず、県政界へも進出し、県会議員や議長をつとめた人物だった。『土』には源次郎らしい人物は直接には出現しないが、警察などにも顔がきく人物として背景に薄くは見える。何かにつけて『土』にしばしば登場するのは「東隣」のおかみさんである。彼女のモデルは源次郎の妻、すなわち節の母である。彼女は、世間知に富み、心根がやさしく、事の理非を諄々と説き、しかも現実的な妥協の方途をも心得た立派な女性として描かれている。おかみさんはまた勘次一家の保護者でもあって、勘次や娘のおつぎの相談に乗り、適切な指示を与える（長塚節にとっての理想的な女性像は、お品と東隣のおかみさんの二人に表現されているように思う）。

勘次にはかねてからやや盗癖があった。ごく小さな盗みはわからなかったり、不問に付されたが、事柄によってはもちろんそうはいかなかった。勘次はある時ある農家の蜀黍（もろこし。とうもろこし）を相当量盗伐し、それを雑木林の中にかくした。被害者はそれを発見するとともに駐在所へ訴えた。犯人が勘次であることはすぐ判明し、村の中は大騒ぎになる。この段階で「東隣」のおかみさんの出番がくる。おかみさんは被害者に会い、事を何とか穏便に済ませようとするが、被害者は首をたてには振らず、怒りをぶつける。おかみさんは当然それを予期しており説得を続ける。以下。

「そりゃそうさね、この前も私《わし》の所で救ってやったのにそれにまたこうなんだから、まあ病気さねこれも、困ったもんだがしかしあれを懲役にやってみたところで子供らが泣くばかりだからね、それにまあほんとういえば一つ村にこうしているんだから先が困り切ってる内に勘弁してやったとなると一生先は身がひけている道理だがそれがいっぱいの罪にでも落としてみると、先では帳消しにでもなったようなつもりでいまいものでもなし、そうすると敵《かたき》一人こしらえておくようなものだしね、人にたたかれたのでは眠れるが、たたいたのでは眠れないとさえいうんだから、なんでも後腹《あとばら》の病めないほうがいいようだがどうだね」（一〇）。

しかし被害者は〝うん〟とはいわない。おかみさんはさらに続ける。

「もっともさねそりゃ、それだが腹の立つ時分は憎いやつだと思っても後悔する時がないともいえないしね、少しのことで二代も三代も仲直りができないような実例《ためし》がいくらも世間にはあるもんだからね」内儀さんはくり返していった。しかし容易に彼らの心は落ち居ない（一〇）。

右のうち前段の「…まあほんとういえば一つ村にこうしているんだから…」はとくに重要である。そこには、〝村の平和を保つためには、少々のことは不問に付する（付さねばならない）〟という本音がよく出ている。本稿では、そのような心意の是非を問うているのではない。日本の村社会にはこうした心意が日常的には強力に働いていたことを指摘しているのである。おかみさんは〝村の平和〟の体現者なのである。

この事件は、おかみさんの指示を受けたおつぎ(勘次の娘)が、盗んだ蜀黍を鬼怒川へ捨て(証拠物件の湮滅。これは『土』における有名シーンの一つ)、「東隣」が被害者に賠償することによって落着した。

「南」の女房

勘次一家は小作農だが、「南」は自作農で養蚕もやっている。勘次らは風呂を「東隣」だけではなく「南」からももらう。勘次一家は「東隣」には敬語を用いるが、「南」との会話は対等である。つまり、経済的な差は相当あるが、身分的には対等あるいはほぼ対等である。

「南」の主人や女房は、「東隣」のおかみさんが目立つ脇役であるのに対し、目立たない脇役である。しかし「南」は村社会におけるヨコの関係を代表する重要な存在である。

「南」の女房の出現の仕方は目立たない。たとえばこうである。養蚕に手をとられて、田植えが少し遅れる。そこで慌てて大勢の手を借りて一気に田植えを進める。「南の女房は仕事の見きわめがついたのでおつぎを連れて、その晩の惣菜《そうざい》の用意をするために一足先へ田から帰った。女房は忙しい思いをしながら麦を熬《い》って香煎《こうせん》(*むぎこがし)も篩《ふる》っておいた」(一四)。

田植えが終わり、手伝いの人々は座敷に上がり祝宴となる。南の亭主が一同に改まった挨拶をし、いよいよ飲み始める直前に、南の女房が突然発言する。

「あれ待ってくんねえか」と内(*「南」)の女房があわてていった。

「おとっつあん、お竈様《かまさま》忘れたっけぺな」女房は竈《かまど》から飯の釜《かま》をおろして布巾《ふきん》を手にしたままいった。

「そうだっけな、ほんに」亭主はいきなり一本の徳利を手にして土間へおりた。竈の上のすすけた小さな神棚《かみだな》へは田からさげて来た一把《わ》の苗が載せてあった。彼はその苗束へ徳利から少し酒をついだ（一四）。

慣習に忠実な女房ぶりとそれには逆らえない亭主や一同の姿が見えるようである。

『土』には「いい」（＊一般用語としては「ゆい」。「いい」はこの地方の方言）についての次のような記述がある。「彼らは相互の便宜上手間の交換をするのであるが、彼らはそれを『いいどり』というている。それでその手間を返すのがいいがえしである」（二〇）。

勘次の家と「南」はゆい仲間であって、ゆい返しに勘次の大豆引きにやってきたのは、南の女房であった。

念仏寮での女房たち

念仏寮とは村人が集まって念仏を唱える村の公共施設である。このあたりでは寮あるいは行屋《ぎょうや》というのがふつうである（全国的にはさまざまな称がある）。現代風にいえば小地域公民館というところであって、事実小さな公民館の前身が寮や行屋であるような事例は多い。『土』には念仏寮とそこに集まる人々についての記述が時々出てくるが、とくに精彩があるのは二日にわたる「お天念仏」（縮めて「おでねんぶつ」という）に寮に集う人々についての記述である。定められたこの日には念仏衆の老人のみならず多くの人々がそこに集い、日の出とともにいっせいに念仏を唱え、やがて飲食を共にし騒ぐ。子供たちも集まり、ご馳走や小遣い銭をねだる。庭はお山廻りというひょうきんな踊りで賑わう。日頃の鬱屈はこの日に思いきり発散される。酔っ払って爺さんの肩にもたれかかる婆さんもいるし、宝引き*という博奕をやる女房たちもいる。『土』は、念仏寮に集まる老人たちの馬鹿騒ぎについて、次のように書いている。

彼らは平生家族に交じって、その老衰の身がどうしても自然に壮者《そうしゃ》の間に疎外《そがい》されつつ、各自はむしろ無意識でありながらしかも鬱屈《うっくつ》してものうい月日を過ごしつつある時に、例年の定めである念仏の日はそういうすべてを放つ自由境である。彼らはそこにすこしの遠慮をもっておらぬ。彼らは冬季の間を長い夜の眠りに飽きつつ寒さにいじめられていた苦しさを、もう空のどこにかその勢いを潜めて躊躇《ちゅうちょ》しているはずの春に先立って一度にとり返そうとするもののごとく騒いで騒いでまた騒ぐのである（一二三、傍点木村）。

*『土』には宝引きについてのこまかい説明があるが、文章だけではわかりにくいので『大辞林』（三省堂。初版）の図入り説明をもって替える。「ほうびき〔宝引き〕正月の遊びとして行われた福引の一種。多くの縄の中から、橙《だいだい》の実が先端についている縄を引き当てた者に賞品を与えた。また、直接縄の端に金や物を結びつけた。のち金銭を出す賭博も現れたが禁止された」。

図7　宝引き（『大辞林』）。

『土』が描いているのは、お天念仏の日に念仏寮でおこなわれている村の女たちによる小博奕であって、縄の先には「どっぺ」（一厘銭を三寸ばかりの厚さに束ねた錘《おもり》）であり、これを引いた者が勝つ。

労働と家事に追われている女房たちも、時にはこうして破目を外していた。事実にもとづくこのようなシーンを作品の中にいきいきと再現させることは、おそらくはすぐれた小説家のみにできることなのであろうが、歴史の全体性を認識したいと心がける歴史家にとっては、このような細部への関心もまた必要であろう。

「まち」の娘たち

「まち」は晩秋、水田の収穫後におこなわれる村祭りで、場所は鎮守の社である。これは村をあげての祭りだから、総代たちは羽織袴で儀礼をつとめる。四斗樽の甘酒がつくられる。乞食が集まってくる。商人たちが店を張る。村人は晴着を着て神社に集まる。国生の鎮守は現集落の東端にある桑原神社である。入口の鳥居から本殿まではやや長い参道があり、境内の敷地も広いから、相当な人数が集まれる。『土』はこの「まち」における娘たちの姿を次のように描いている。

目に立つのはやっぱり女の子で、粗末な手織りもめんであってもメリンスの帯と前だれとが彼らを十分に粧《よそお》うている。十ぐらいの子でもそれから二十《はたち》になるものでも皆前だれを掛けている。前だれがなければ彼らの姿は索寞《さくばく》としてしまわねばならぬ。彼らは足に合わぬ不恰好な皺の寄った白い足袋《たび》をはいている。遠国の山から切り出すのだという摸疑《まがい》の重い台へゴム製の表を打った下駄《げた》を突っ掛けている者もある。彼らはその年齢に応じて三人五人と互いに手をひきながら垣根のそばや辻《つじ》の角《かど》に立っていては思い出した時にそこらここらと移って歩くのである。彼らはただ朋輩《ほうばい》とともに立っていることよりほかに「まち」というても別に目的もなければ娯楽もないのである。それで彼らは少しでも違った出来事を見のがすことを敢てしないのである（一五）。

さしたる娯楽がないここでは、盆踊りや「まち」での祭りは、誰にとっても大きな話題であり、楽しみであった。娘たちがそれ相応に着飾って神社に集まるのは当然である。『土』が描いたユニフォームのような娘たちのよそおいは、現今の成人式における娘たちのユニフォームとよく似ており、こういうことは変わらないものだとの思いを深くする。彼女らはもちろんそれぞれの家の娘なのだが、二〇世紀初頭の村社会にあっては、同時に村の娘でもあった。

瞽女《ごぜ》とその一行

『土』には瞽女も登場する。瞽女の一人が巫女となり、口寄せをする場面については前述した。『大辞林』の説明を見よう。

「ごぜ〔瞽女〕〔盲御前《めくらごぜ》の略〕盲目の門付《かどづけ》女芸人。鼓・琵琶などを用いて語り物を語ったが、江戸時代以降、三味線の弾き語りをするようになった」。

『土』における瞽女は、口寄せをする巫女（瞽女の一人）に勘次が死んだお品の呼出しを依頼する部分が中心だが、村へ入ってきた瞽女についての一般的な説明も次のようになされている。

図8　瞽女（『大辞林』）。

村の者はだんだんに瞽女《ごぜ》の泊まった小店の近くへ集まって戸口に近く立った。戸はことごとくあけ放って障子もはずしてある。瞽女は各自に晩餐《ばん》を求めて去ったあとであった。瞽女は村から村の「まち」を渡って歩いて毎年泊めてもらう宿についてそれから村じゅうを戸ごとに歌うて歩く間に、ところどころで一人分ずつの晩餐《ばん》の馳走《ちそう》を承諾してもらっておく、それで彼らは夜の時刻が来ると、目明きの手引きがだんだんとその家々に配って歩く。そうしてはまた手引きがそれを集めて打ち連れて帰って来る。目の不自由な彼らはようやくのことで自分の求める家に着いても板の間の端などにぼっさりとして膳の運ばれるのを待っているので一同の腹が満たされて再び杖《つえ》にすがるまでにはめんどうな時間を要するのである（一五）。

これでわかることは、瞽女は複数であること、眼の見える手引きがいること、彼女らは村の小店に泊まっていること、小店を拠点にして村中を戸ごとに歌い歩くこと、夕食は手引きがかねて頼んでおいた家々にそれぞれの瞽女を連れて行って食べさせること、などである。

国生から遥か南、武蔵国葛飾郡一之江新田〔現東京都江戸川区一之江〈東京湾のごく近く〉〕田島家文書〔都指定文化財〕の中には瞽女の泊りやその費用について記した文書が三点残っている〔天保十五年〈弘化元＝一八四四〉万延二年〈文久元＝一八六一〉、文久二年〕。それらを概見すると、泊りは村内に割当て、費用は村入用として書上げられていることがわかる。瞽女を素気なく追払い、彼女らを死に追いやることは、社会慣習としては禁止されていたのである。

『土』の瞽女一行は二〇世紀初頭の国生村における姿であり、右の一之江新田よりも五〇年以上後のことだが、瞽女を囲む人々の姿には荒々しさや冷たさが見られない。

女の飴屋

『土』における、みすぼらしい女飴屋の姿は印象的である。時期は鯉幟りのひるがえる五月である。長塚節はどのような目的でこのみすぼらしい女性を『土』に登場させたのか。妻お品に先立たれた勘次は女飴屋の歌う「ままよう、ままようでえ、ままあな、ら、ぬう」をいつしか口ずさむようになり、口軽な村の女房たちに、〝勘次さんはあれ〔飴屋〕に恋いこがれているのかね〟などと陰口を叩かれるが、そのような意味で彼女が出現してくるのではなさそうである。多分長塚節自身が彼女の姿や歌に強い印象を受け、別段の目的もなく登場させたのであろう。それにしても、この部分の叙述が与える印象は強烈である。『土』は次のように書く。

そういう青葉の村から村を女の飴屋《あめや》が太鼓をたたいて歩いた。あき屋ばかりの村を雨が降らねば女は端から端と歌うて歩く。勘次が歌うたのはその女の歌である。女は声を高く歌うてはまた声を低くしてその句を反覆する。その歌うところは毎日ただこの一句に限られていた。女は年増《としま》で一人の子を負うている。鬼怒川を往復する高瀬舟の船頭がかぶる編笠《あみがさ》を戴《いただ》いて、洗いざらしの単衣《ひとえ》を裾《すそ》は左の小褄《こづま》をとって帯へはさんだだけで、飴は箱へ入れて肩から掛けてある。暑い日は笠の編目を透《とお》して女の顔に細い強い線を描く。女の顔はやつれていた。子はおおむね眠っていた。耳もとで鳴る太鼓のやかましい音とおふくろの歌う声とがいつとはなしに誘ったのであったかもしれぬ。首はむしろ逆さまにたれて額がいつでも暑い日に照られて汗ばんでいた（八）。

　行き違う女房らは額に照られて眠っている子を見ていたいたしいと思うのであった（八）。

　この女飴屋がどこからきて、どこに行くのかを村の者は誰も知らなかった。やがて梅雨の最中になると「女のきたなげなやつれた姿は再び見られ」なくなる（八）。

『土』は主として村の中を描いた作品である。しかしながら、瞽女たちのように村々の「まち」を目当てに移動する人々、赤児を背負い、太鼓を鳴らして歌を歌いつつ、一人で村々を歩きつつ、子供たちに飴を売りそれでささやかに生活する女性、彼女の背中の子を「いたいたしいと思う」村の女房たちをも描いていることを銘記したい。

その他

『土』に登場する女性は他にもいる。お品の母と勘次の姉おつたである。

卯平は女房が病気中にまだ幼児であったお品の母（後家）と知り合い、やがて男女の関係になり、卯平の女房が死ぬと入夫したのである。お品の母は非常にまずしかったが、「からだのどこにかやわらかな様子」があり、それが卯平の心をひいたのだった（二四）。

おつたは勘次の姉であり、「下の方」（一〇）に住んでいる。下の方とは鬼怒川沿岸の低地（『土』の舞台である国生は台地）のことであり、明治四十三年秋の大洪水により散々な目に会う。勘次とおつたは何となく気が合わず、よそよそしいところがある。おつたの舅は鬼怒川に落ちて死ぬ。おつたと舅の仲はとても悪かった。おつた夫婦には盲目の息子がある。その息子が二七歳になり嫁がくることになり、彼らの住む借家の保証人になってもらいたいと勘次に頼むが、彼は断る（一九）。おつた夫婦には娘もいた。夫婦は娘を一五〇円で女郎に売ってしまう。娘を売った金を持って帰る道すがら亭主はしゃも賭博に引っかかり七〇円の損をする（一〇）といったていたらくである。

以上が『土』（岩波文庫で本文三七八頁）に登場する女性群像である。彼女らの身分や貧富はさまざまだが、いずれも無名の庶民である。彼女ら相互そして彼女らとこれまたさまざまな男性たちがさまざまにからみ合いつつこの小説はきわめてゆっくりと展開する。事件らしい事件は、勘次のささやかな盗みと火事ぐらいのものである。『土』は無名性と無事件性に貫かれた作品であり、そのことによって、歴史の基層についての正当な認識をもたらさずにはおかない。ここでは、歴史の基層にはこういう女性たちがそれぞれの気持ちを抱きつつ生きていたのだ、ということを書いてみた。

5　花火をあげる人々

私にとっての花火

私の父木村林平《りんぺい》（一八八六～一九四五）は茨城県結城郡石下《いしげ》町大房《だいぼう》の農家の三男、私はその林平の三男である。

大房は鬼怒川下流左岸にあり、その対岸やや北方に小説『土』で知られる長塚節（一八七九～一九一五）の村国生《こつしょう》がある。父は節より七歳若いが、幾分かは彼を知っていたようである。晩年の林平が、鬼怒川の川原で、並んで座っている私に〝あっちが長塚さんの村だ〟と腕を上げて教えてくれたことが忘れられない。

私は東京東端の小松川という町で生まれ育ったが、当時の父は東京ガス会社の集金人—書記補—書記であり、勤勉かつ謹直で質素な生活ぶりであった。他方では琵琶の師匠でもあり、そのうえ肖像画を頼まれて描いていた。

思いがけないことに、その林平がかつては花火好きの少年だったという。木村千恵子『ある家族の近代』（日本経済評論社、二〇〇〇年）に次のような記述がある。

林平は小学校を出て以来、家の仕事を手伝っていたらしいのだが、ある時「そんなに花火ばかりに夢中になってちゃ仕方あんめなあ、東京さでも行け」ということになったのだという（一〇四頁）。

このあたり（茨城県・県西。東は筑波山西麓、西は現利根川と江戸川との分岐点のあたりまでの平野）ではかつて花火が盛んだったことは、うっすらとは知っていたが、それが父に直接つながっていたとは思わなかった。

一九七八年からほぼ一五年間、茨城県・県西において村落景観ならびに村落生活についての共同研究を実施したことがある（木村礎編著『村落景観の史的研究』一九八八年、同『村落生活の史的研究』一九九四年、いずれも八木書店）。その一環として一九八九年夏、猿島町（茨城県猿島郡）において、町内各坪ごとに存在している公民館（四〇か所。いずれもかつての寮）についての大規模な調査を実施した。各公民館にその小地域の人に集まっていただき、館内の各種資料を拝見したり、話をお聞きしたのだが、その中には花火についての話が時にあった（こちらで花火を主題にしたわけではない）。当時の私の

写真4　沓掛香取神社蔵の花火大筒、直径50cm・長さ420cm／直径36cm・長さ380cm（『猿島町史』資料編近世〈1995年刊〉）。**花火筒は各所に残っている。**

調査ノートには次のような記述が散見される。

・根古内公民館―「花火で身上つぶした」。
・西村公民館―「西村でも花火をやった」。ヤゲン（*薬研）もあり。八寸玉の筒が香取神社に残っている。香取神社に奉納。口上を述べる。今でも時々やるが、それは花火師がやる。沓掛地区全体（*西村は沓掛地区の一部）でやる。沓掛の花火として有名だった。一〇年ぐらいやったという。

ノートには書いてないが、花火をあげる前に村（*坪のこと）の若い衆が花火筒を担いでデモをしたという話も印象に残っている。花火で財産をつぶした話は、根古内以外でも聞いている。花火には一種の魔性がひそんでいるらしい。

永井荷風「花火」は（「大正八年七月稿」）は花火を題名とした作品として著名である。この作品は花火について正面から描写したものではなく、花火に仮託しつつ忌むべき政情や世相についての感懐をもらしたものである。この作品の書き出しは次のとおり（岩波文庫本）。

午後の箸を取らうとした時ポンと何処《どこ》かで花火の音がした。梅雨も漸《やうや》く明《あ》けぢかい曇った日である。涼しい風が絶えず窓の簾《すだれ》を動かしてゐる。見れば狭い路地裏《ろぢうら》の家々には軒並《のきなみ》に国旗が出してあった。国旗のないのはわが家の格子戸《かうしど》ばかりである。わたしは始めて今日は東京市欧洲戦争媾和《かうわ》記念祭の当日であることを思出した。

午飯をすますとわたしは昨日から張りかけた押入の壁を張ってしまはうと、手拭で斜《ななめ》に片袖《かたそで》を結び上げて刷毛《はけ》を取った。

そしてこの花火に触発されて、彼がこれまでに見聞した数々の事件に思いをはせ、感慨にふける（特に幸徳事件についての感慨は有名）。

この作品の最後は次のとおり。

花火は頻《しきり》に上がってゐる。わたしは刷毛《はけ》を下に置いて煙草を一服しながら外を見た。夏の日は曇りながら午《ひる》のまゝに明るい。梅雨《つゆ》晴の静な午後と秋の末の薄く曇った夕方ほど物思ふによい時はあるまい……。

荷風は何かにつけて上がる花火をとおして、政治や行政による祝祭の行事化（個人・地域の娯楽や祝祭を離れた）を見ているようだし、そのつど掲げられるようになった国旗をとおして、国家権力による人心の統一化と干渉を見ているように私は思うが、彼があげた事例とそれについての感慨を紹介することはこの仕事ではないので省く。

「花火」において私が気になるのは、花火の音を聞きつつ（昼間だから見ているわけではない）次から次へと感慨（この場合は主として世相に関係する感慨）が湧き出してくるというそのことである。

花火の上がる直下にいる時は、その大きな音に驚き、そのきらびやかさに眼をむくだけのことだが、やや遠くで見たり聞いたりする花火には人をある種の感傷に導く作用があるらしい。花火には、身上をつぶしかねない魔性や人をして感傷的な物思いに誘い込むような魅力がどうもあるらしい。

花火などというものは、いってしまえば無用の浪費にすぎない。無用の浪費の最たるものは花火だともいえるだろう。しかし、そのような花火になぜ人は魅力を感じ時には熱中するのかということも時には考えてみたい。

それを考えていくと一つの重要な結論に到達するはずである。それは人間の生活（精神的なことをも含む）に必要なものは、衣食住や仕事だけではなく、遊びつまり無用な事柄への関心や熱中だということである。

花火をとりあげている本稿の趣旨は、個人や集団における無用事の持つ意味について考えてみたい、ということにある。人生や社会は無用事で満ち満ちているのであって、これについての考察は、人文学としての歴史学（これもいわば無用の学である）にとって必須のものといってよい。

本稿の意図は右のようなところにあるが、そうした意図の具体化は他日を期する他ない。現在できることは、筆者たる私の力量に規定されてのごく平凡な記述だけである。

以上は、花火についてなぜ書くのかについての弁明である。

花火の伝授

『平凡社大百科事典』（一九八五年）によると、現今のような花火の起源は火薬の発明以後であり、一四世紀の後半イタリアのフィレンツェに始まるとされ、ヨーロッパに広く流布したのは一六世紀。一七世紀には花火の学校があったそうである。日本では、天文十二年（一五四三）におけるポルトガル人による鉄砲伝来以後のことである。江戸時代における花火禁令（後述）の初出は慶安元年（一六四八）だから、火薬伝来後一〇〇年で禁令がでるほど一般化していたことがわかる。

駿河国駿東郡大御神村（現静岡県駿東郡小山町の一部）には花火関係の史料が多く伝存されており、その一部が『小山町史』第二巻近世史料編Ⅰ（小山町史編さん専門委員会、一九九一年）に掲載されている。

その一つは、「文政元寅歳神無月（＊十月）秘法花火伝授控　駿東郡下小林邨（＊村）住日吉氏豊次郎富昌」という帳面であって、そこには、各種花火における成分調合の割合が書いてある。その冒頭は次の如し。

りうし玉　玉火ノ玉法

一拾匁　焔硝ゑんしやう

一弐匁　琉黄ゆわう

一五分　灰はい

一壱匁弐分松脳せうのふ

是ハ茶麦のり酒ニ而煉《ねる》

以後ずっと続き、最後が「間《あい》の柳《やなぎ》」となる。「りうし玉」から「間の柳」まで二九種類ある。末尾には水銀や明礬《みょうばん》の用い方についての説明がある。水銀の使用法については「右は極秘法也」、明礬については「口伝也」とある。

右の文書は、下小林村の日吉豊次郎が大御神村天野氏に与えた秘伝書である。

また、喜葉軒士好という人物が天野氏に与えた荻野流花火の印可状ものっている。以下（読み下し）。

荻野流

火術の儀御執心により、初伝の分つぶさに免許せしめおわんぬ、いささか他言有るべからざるものなり、

喜葉軒

文政五年　　　士好（花押）

午八月

駿州大御神村

天野佐三次殿

花火の術は、他に話してはならない秘伝であった。

花火の術は秘伝だから、これを正規に学ぶためには師匠に神文（弟子入りに当たっての誓約書）を入れなければならない。

嘉永元年（一八四八）吉久保村の四名が「天野老君」へ神文を入れた。二六年前の文政六年に喜葉軒士好から印可を受けた天野氏は嘉永元年には師匠として出現している。神文を一通だけ示す（読み下し）。

規定神文の事

一無類花火口訣伝の儀は、国家安全五穀成就のための無二の神教也、右の御伝授下し置かれ候上は、御法式を堅く相守り、御伝授の儀たとえ親子兄弟たりとも他見致すまじく候、もし相背くにおいては、大小の神祇の御罪をこうむるべきもの也、神文儀定によって件の如し、

嘉永元年　　　駿東郡吉久保村

申ノ八月吉日　　　文左衛門（拇印）

大御神村
天野老君

これによると花火の伝授は「国家安全五穀成就のための無二の神教」ということになっており、いかにも大袈裟だし、もったいをつけている感じもある。しかしながら、永井荷風がずっと後年に「花火」で指摘したように国家や領主の祝祭に当たっての花火という傾向は、すでに早くからあったのかもしれない。国家や領主とは関係なくハレの日における花火という習慣は多分早くから成立していたのだろう。

それにしても、右の神文のようないかめしさでは、花火の一般的普及は容易ではない。花火を業とする花火師のような人々にとっては右のような荘厳化は必要だったろうが、一般人にとってはそれは不要であり、もっと気易くあげられるものでなければならない。そうでなければ、少年木村林平が花火に夢中になることはできなかったろう。

木村千恵子『ある家族の近代』には、一八九六年（明治十二）に生まれ、茨城県南部の土浦で少年時代を送ったある老人の回顧談（佐賀純一『田舎町の肖像』国書出版社、一九九三年）の一部が引用されている（一〇五頁）。それによると、この人物が少年時代に熱中した花火とは次のようなものだった。

…今考えっと、よくまああんなことをしたもんだと思うけれども、硝石《しょう》と硫黄《いおう》と木炭と懐炉灰《かいろばい》を買って来て、これを調合して小さい擦鉢《すりばち》でごりごりと擦ってこさえたんだな。出来上がった火薬を竹筒の中へ入れて落下傘の出る花火を作ったりした。ガンピってゆう紙でこしらえた落下傘に錘《おもり》をくっけて、これを丸めて火薬の入った竹筒ん中へ押し込んでね。観世縒《かんじんこより》ん中に火薬を入れて導火線にして、これに火をつけてパッと逃げるんだ。そうすっと、シュッシュッと燃えてパーンと火薬が爆発して、ずいぶん高く落下傘が上がって落ちてきたっけな。どこまで上ったかなんて、みんなで競争したりしていた。…

これならば、やる気があれば誰でもできる。木村林平もまた、こんなことに夢中になっていたわけである。

在方の花火には、少年でもできる花火（それでも非常に危険ではある。彼らはそのスリルがたまらなかったに違いない）、より上級（とはいっても幾つかのランクはあろう）の青年たちによる花火、そして花火師による花火とさまざまな階程があり、時処位に応じてそれぞれの花火が上がっていたのである。それがしだいに制限され、現在では花火師だけが上げ、人々は見るだけの存在になってしまった。

幕府触書にみる花火の禁令

『御触書集成』は江戸幕府の法令を集めた本である。編纂の時期により、寛保・宝暦・天明・天保に区分され、たとえば、『御触書寛保集成』のように年号を付して呼ばれる。

公刊本（岩波書店）は全五冊（「天保」は上下に分冊）に分かれ、その本文頁数は四九三一、すなわち約五〇〇〇頁におよぶ膨大なものである。各巻に収められている触書の概数は「序言」によれば次のとおり。

寛保＝「凡そ三千五百余通」。
宝暦＝「凡そ二千余通」。
天明＝「凡そ三千余通」。
天保＝「凡そ六千六百余通」。
計一五、一〇〇余通。

『天保集成』は天保八年(一八三七)までを収めている。

この膨大な御触書集成の中には「花火之部」という項目がある。各集成における「花火之部」所収触書の数と年代を左に記す。

寛保集成＝一一通。他に「諸商売之部」において他の事項と併列しているもの一通。「雑之部」に入っているもの二通。計一四通。それらの発令年号と数は、慶安一、寛文三、延宝二、元禄二、宝永二、享保二、元文一、寛保一。

宝暦集成＝計二通。いずれも宝暦年間。

天明集成＝六通。宝暦一、明和一、安永四。

天保集成＝一〇通。寛政二、享和一、文化二、文政五。

つまり『御触書集成』には総計三三通の花火禁令が入っている。

最初の花火禁令は慶安元年(一六四八)六月のものである。これは全三条から成り、前の二条は「町中盆之灯籠」を質素にせよ、但し大名衆が御城様(将軍)へ奉呈する灯籠は金銀箔をつけてもよいとの規定で、最後の第三条が花火禁令である。以下(読み下し)。

一町中にて鼡火りうせい其外花火の類仕るまじき事、但川口にては各別の事、

これは江戸市中への町触れである(前条には「御城様」の語もある)。火事を恐れての禁令である。「川口」とは大川(隅田川)の川口であろう。そこならば昔も今の火事の恐れは少ない。これ以後の花火禁令の多くは、町場における火事の予防を主旨としており、(いかに火事が多かったかがよくわかる)そのことは当然だから、以下では省略し、それ以外の気がついたことを簡略に指摘する。

・寛文十年(一六七〇)七月―「花火売」の禁止。

・延宝七年（一六七九）六月―「花火振売」の禁止。
　＊花火が行商人によって売られていたことがわかる。
・元禄十一年（一六九八）六月―花火を店で売る者がいた。これを禁止。
・享和二年（一八〇二）―この時期になると「近頃在方ニおいて大造（＊たいそう）の花火これあり」という状況が発生していたことがわかる。「大造の花火」についての禁令は文化二年（一八〇五）にも出ている。しかも「在方において」とあることに注目したい。花火の流行は町場だけではなく「在方」にも及んでいた。在方では町場ほど火事の心配はない（ただし幕府焔硝蔵近辺は別）のだから、「在方においても、みだりに大造の花火たて候儀無用たるべく候」とあるのは、奢侈禁令の一種と見られる。花火禁令が、火事予防だけのものから奢侈や遊興の禁止を含むものへと移行しつつあることが、右の文言から読みとれる。

いうまでもないことだが、花火禁令が慶安年間以降ずっと出続けていることは、人々の花火愛好が止まなかったからである。江戸城の各曲輪の周辺でも花火がしきりに上がっていたようである。町々の辻でも禁令をくぐって花火をやっていた（鼠花火程度のものなのだろうが）。

御触書集成における三二通の花火禁令は町場における花火の危険を示すだけではなく、その盛行をも示している。

在方における花火の禁令

下野国都賀郡大川島村（古河藩領。現栃木県小山市の一部）に残る寛政二年（一七九〇）三月二十九日付の古河藩地方役所からの廻状には同藩における花火禁令が書いてある。以下（読み下し）。

流星花火等の火業、これまで苦しからず候処、以来無用に致し候様仰せ出され候間、左様相心得、

申すべく候、廻し残しなく早々相廻シ留り村より役所へ相返すべく候、以上、
（寛政二）三月廿九日　地方
役所

（『小山市史史料編・近世Ⅱ』）

この文書の解説によると「流星は花火の一種で、流星のように曲線を描いて光りながら流れ落ちる花火をいう」。この花火についての禁令はきわめて多い。それは、失敗すると発火状態で落ちるからであって、今でも稀にそれがある。古河藩では、この禁令以前は、流星花火も「苦しからず候」であったが、この令によって禁止された。理由はわからないが、多分何かの事故があったのだろう。

武蔵国葛飾郡駒形村（天領。現埼玉県三郷市の一部）では、天保七年（一八三六）五月、代官伊奈半左衛門役所からの花火禁令に対し、百姓・年寄連名（印）で請書を出した。（『三郷市史』第二巻近世史料編Ⅰ）。以下に記す（原文）。

差上申一札之事

於在々、花火立間敷旨、前以御触有之処、近来大造之花火立候者共も有之趣相聞、以之外之事ニ付、近来関東筋違作打続、百姓とも困窮之申立も有之砌、別て遊興ヶ間敷花火抔相立候儀は不届之事ニ付、家込之場所は勿論、縦耕地川中等ニても決て花火立間敷旨、小前末々迄不洩様急度可申渡候、若心得違之族有之候ハヽ、差押置可訴出候、右被　仰渡之趣急度相守可申候、依之御請

一札差上申所、如件

天保七申年五月　武州葛飾郡駒形村

百姓（一二三名）

年寄（二名）

伊奈半左衛門様

御役所

天保前・中期は冷害による凶作が続き、多くの人々が飢えた。天保八年（一八三七）二月には大坂で大塩平八郎の乱が起きるほどの状況だった。"こういう時期に大造の花火をあげるなどとはもっても外だ。以後どこでも花火をあげてはならない"というのが右の主旨である。これは火の用心のための禁止ではなく（それについての言及はまったくない）、花火を"遊興がましき"ものとして禁止しているのである。

"大造な花火""遊興がましき花火"、こう並べると武蔵国葛飾郡あたりの（広大な水田地帯）花火が天保期には遊興化してきていることがよくわかる。こうした状況が明治期にも引きつがれるわけである。

『村史　千代川村生活史』第四巻近現代史料には、下総国豊田郡本宗道村（現茨城県結城郡千代川村の一部）が明治十六年（一八八三）十月十二日下妻警察署長に提出した花火打上げ願いがのっている。その大意は以下のようなものである。

宗道村の村社宗任神社の正遷宮に当たり、十月十日に二三八本の花火を打ち上げることについては、過日下妻警察署に届け出で許可を得ていたが、当日は全部を打ち上げきれず二〇本が残ってしまった。これを永く残しておくと火難等の恐れがあるので本日（十二日）午後打ち上げてしまいたい。

下妻警察署はこれを許可した。

右のやりとりからわかることがいくつかある。
①村社の正遷宮という重要行事には花火をあげる（花火の行事化）。
②行事化された大規模な花火には警察の許可が必要。
③当時の打上げ技術では二三八本の花火は一日では上げきれなかった。
④残りの二〇本の花火の大きさも文書に書いてある。それは、八寸口＝一、六寸口＝七、五寸口＝五、四寸口＝五、三寸口＝二であった。大小各種の筒をずらりと並べて打ったのである。筒口が大きくなるにつれ、筒そのものも長くなるから、八寸口だと三メートルを多分越えるだろう。壮観というべきである。

花火不法打ち上げ一件出入

花火はつまりは遊びである。しかしそれが大規模になれば行事を装飾する格好の手段になるし、示威にもなる。したがって時と場合を間違えると思わざる騒動にもなる。以下に紹介するのはその一例である。時は天保六年（一八三五）八月、場所は武蔵国埼玉郡砂原村（『越谷市史』三　史料一）。

これは無法な花火を役所に訴えたものだが、関係者についての言及は止め、事柄の内容だけを以下に紹介する。長い文章だが、この文章がもつ臨場感を尊重して、読み下してみよう。

恐れながら書付を以て御訴訟申上げ奉り候

（関係者名略）

右訴訟人万平・兵四郎申上げ奉り候、去る二月中相手清兵衛親利七居宅より出火に及び、折節《おりふし》西風烈しく当村へ飛火し、私共居宅を始め都合家数拾軒、其外堂社七か所類焼仕り難渋至極罷り在り候、然る処右清兵衛儀いかが相心得候哉、去る七月中旬以来たびたび若者共呼び集め、自分居村において大花火相催し騒ぎ甚しく候に付、若し手過ぎにて出火に及び、またぞろ類焼仕るべきやも計り難く迷惑の旨を以て、花火相止め呉れ候様相手清兵衛はもちろん、佐吉一同へ再応掛合い仕り候処、其節〻品能挨拶致し候のみにて前同様止める事を得ず、あまつさえ当月廿四日暮六ッ時頃より鐘太鼓にて人寄いたし大花火相催候由に付、私共罷り越様子見届け候処、右清兵衛重立ち、其外名前存ぜざる者四五人にて長さ五尺位丸さ三尺位と見請け候花火筒凡そ弐拾本余立並べこれ有り、既に打揚候躰に付差留候所一円取敢（合）ず、却て悪口申しつのり、其上花火筒を投げつけ捨置き難く、右仕末相手の内佐吉方へ掛合に及び候へども、まことに以て取敢ず、勝手次第に致すべしなどこれを申し、よんどころなく引き取り候あとにて、右花火同夜九ッ時頃まで打揚げ、折節風模様悪しく、炎焼火私共村方へ散りかかり、これにより銘々居宅屋根へ登り、ようようの儀にて相防ぎ候ほどの次第、この上何様の不法相働き候や計り難く、片時も安心相成りかね、難儀至極仕り候間、是非なく今般御訴訟申し上げ奉り候、なにとぞ御慈悲を以て相手一同　召し出され、前書不法之始末御吟味の上、以来右躰花火相催さざる様、仰せつけられなし下し置かれたく、ひとえに願い上げ奉り候、以上、

花火による飛火で類焼家屋等が出てもやめなかったというのだから、役所に訴え出るのは当然である。

彼らの花火への打込みようはものすごいものであって、夕方六時頃より鐘太鼓で人を集め、深夜一二時頃まで上げたのである。「名前存ぜざる者四五人」がいた。村人ならば誰かはすぐわかるが、そうでなければわかるはずがない。この「四五人」は多分花火の同好者だったのだろう。花火の愛好者は諸方におり、彼らは連絡を取り合い協力して大花火に興じていたのである。花火の筒がおよそ二〇

本も並んでおり、なかなかの壮観であった。〝やめてくれ〟と頼んでもいっこうに取合わず、かえって筒を投げつける始末だった。

天保の頃の江戸近郷の村々にはこういう花火熱狂者が相当多数いたと考えられる。この事件は花火打揚人の親、五人組総代、扱人等が「詫証文」を入れて落着した模様である。

花火をめぐる諸問題は多様かつ多数であるに違いない。本稿はそれらの中から、私の手に合いそうなものを適宜ピックアップしただけのものである。それにもかかわらず書き手としての私は、〝人間というものは何と因果なものか〟と長大息せざるを得ない。〝どうして人間はこうも無用なことに熱中するのだろうか〟、〝人間には遊びがつきものなのだ〟、〝遊びが度を越すことは往々にしてあり、そうなった時の人間は始末におえなくなる〟といった想念がどうしても頭をよぎる。

花火（だけではないが）への関心や熱中をとおして人間精神のありようを考察することは、人間とは何かという古くからの難問に答えるために有益であるに違いない。同じことは人間の学としての歴史学についても当然いえるはずである。「無用」についての探求は、人間そのものや歴史学にとって必要であり、それは重要なことなのだ、ということである。

第二章　村人の学び

学ぶという行為は、人間の成長にとって不可欠である。教えるという行為は社会の性格によってその方向性が規定される。学びや教えの形・気持ち・態度等はさまざまだが、本章では以下の五事例について書いてみた。

1　大学幽学のもとに集う人々

ここでの主題は大原幽学その人ではなく、彼の門人たちである。彼らはどういう気持ちで幽学のもとに集まってきたのか、何を学んだのか、門人たちにとっての幽学とはどんな人だったのかといった類いのことがここでの問題である。

2　幽学没後の性学——変質、分裂、そして再建

大原幽学在世時のことは割合よく知られているが、その没後についてはほとんど知られていない。幽学没後、彼の高弟遠藤良左衛門が教主となり、遠藤没後は石毛源五郎がその地位につき、その後は八石《はちこく》性理学会として現在に至っている。この稿では、その遠藤・石毛時代に焦点をあて、幽学没後における教学の変質を考察している。かつて『大原幽学とその周辺』において変質過程をざっとではあるが検討した私は〝思想の運命〟とでもいうべきものに深い感慨をもったことがあり、ここではそこに焦点をあてて書いてみた。

3　「柴崎往来」の世界

寺子屋についての研究はきわめて多く、その中には教科書（往来物）の研究ももちろんある。本稿での主題はとくに地理教育である。寺子屋の師匠たちは子供たちが心得るべき地域範囲をどの程度の広さとしていたのか。それは私が漠然と考えていたよりもずっと広く、私は自分の不明を恥じた。また寺子屋で学ぶ態度やしつけについても若干言及した。

4 「学校沿革誌」が語る日本の近代

小学校には学校沿革誌的な書類が必ずある。その様式・内容・精粗等はばらばらだが、中には学校創立以来の主要事項を編年的に丹念に書いたものがある。学校の沿革誌だから当然その学校の経歴に関する事項(人事異動や行事等)が記述の中心になるが、それでも天下国家的な関心やそれとの具体的なかかわり方を書いている事例もある。本稿では所定の事項を定めて、それについての学校と天下国家とのかかわり方を概観してみた。

5 国民学校の時代

近・現代の初等学校の名称は伝統的に「小学校」だが、一九四一(昭和十六)～四七年の六年間(いわゆる一五年戦争期の後期から敗戦直後)は「国民学校」といった。これはいわゆる軍国主義教育の最末端を担った機関として教育史上著名な存在である。私は一九四一年九月～四三年三月の間、つまり足かけ三年、満一年七か月の間、千葉県印旛郡の辺鄙な村の小さな国民学校の代用教員(助教→初等科准訓導)をしていた(満一七歳から一九歳)。本稿は、そうした自分の経験と若干の公刊史料にもとづいて書いたものである。

1 大原幽学のもとに集う人々

ここでの主人公は大学幽学ではなく、彼のもとに集まってきた門人たちである。しかも門人たちの身元調べではなく、彼らは幽学のどこに惹かれたのか、幽学から何を学んだのか、理解の仕方はどうだったのか、といった、どちらかといえば明快にはつかまえ難く、上手には説明できない性質の、つまりは人間の内面に関する問題を中心に置く。

まず、このような問題に関連する私の主要なこれまでの作品を以下に掲げる。
・「性学思想の受容と変質—大原幽学と門人たち—」(『明治大学人文科学研究所紀要』第一七冊、一九七八年)。
・「大原幽学の思想(一)—若干の前提—」(津田秀夫編『近世国家の展開』所収、塙書房、一九八〇年)。
・「大原幽学の思想—体系と核心—」(芳賀幸四郎先生古稀記念『日本文化史研究』所収、笠間書院、一九八〇年)。
・「性学の思想」(木村礎編『大原幽学とその周辺』所収、八木書店、一九八一年。『木村礎著作集Ⅸ』名著出版一九九六年に再録)。
以上は拙論のみであるが、幽学の思想についてはもちろん先行研究がある。それらについての研究史については、木村礎編『大原幽学とその周辺』の「序章　展望」の一部としてすでに書いているので、ここでは省略する。

繰返すが、本稿は、幽学門人に焦点をあてて彼らの考え方や意識のありどころを探ろうとするものであって、こうしたタイプの研究はこれまでにはあまりないようである。

しかし右のような課題に直入する前に、平凡ではあるが若干の前提が必要である。

大原幽学の生涯についての素描

大原幽学(一七九七年〈寛政九〉~一八五八年〈安政五〉)の出自ははっきりしない。彼の門人たちの間では、幽学は尾張藩の家老クラスの家に生まれたとされていたが、これには明確な証拠がない。しかしながら彼が武士の子であったことはほぼ確実である(私は尾張藩の下士の出ではないかと推定している)。一八歳の時幽学の表現によれば

「漂泊」の旅に出、主として西国各地を巡歴して見聞を広めるとともに、その間、易学等の素養を身につけた。彼の教化活動の開始は一八三〇年（天保元）の八月からで、場所は信州上田・小諸地方。評判がよく、翌年一月からは多くの（といっても数十人程度だったろう）入門者があった。幽学のもとに人が集まるのを怪しんだ上田藩は探索を開始し、七月には幽学のもとへ人が寄合うことを禁止した。

幽学は上田・小諸地方にいること一年でこの地を去り、江戸に赴きその周辺を見物して回った。三浦半島の浦賀に遊んだ時、対岸の房総半島に鋸山という名山があると宿の主人に教えられ、海を渡って上総の百子《ひゃくし》村に上陸した。この偶然が以後における房総（とくに下総）地方と幽学とのつながりの最初である。以後彼の足どりは徐々に北上し、やがて東は下総銚子周辺、西は同成田周辺の間を活動の中心地域とするようになった。結局は、両者の中間（銚子寄り）の香取郡長部村（現干潟町の一部）の名主遠藤良左衛門（熱心な性学〈幽学の教学〉信奉者）屋敷地の裏山の幽学居宅（現存、国史跡）に定住して活躍するようになった（居宅ができて、家移りの儀式をおこなったのは一八四三年〈天保十四〉五月下旬）。

この前後からの幽学の活動はまことに目ざましく門人が激増した。幽学生前の神文（門人になる時の誓約書）は計六二七通に及んだ（ただし女性の神文はない。これは社会的制約のためであって、実際には相当数の女性門人がいた。女性門人の活動は性学の大きな特色である）。

門人の増大につれて、改心楼という大きな教場を遠藤家の裏山に作った。これは台地上の建物だから、長部村に入ってくるとひどく目立った。ここに多くの人が寄合うのを幕府役人に睨まれ、幽学は幕府勘定所の裁判にかけられた。この裁判は長期にわたり、性学の人々はこれを後年「七ヶ年の厄難」と呼ぶようになった。

判決は、長部村の改心楼、荒海村の教導所の破却、先祖株組合（後述）の解散、幽学押込め、幽学の教導活動の事実上の禁止等であった。「押込」は江戸小石川にある御家人高松氏（幽学の後援者）宅でおこなわれたが、それが解けて長部村へ帰着したのは一八五八年（安政五）二月十五日、そして三月八日未明自殺した（切腹）。六二歳だった。

仕法が先か、思想が先か

大原幽学において喧伝されているのは、その仕法つまり農村を荒廃から立ち直らせ安定させるための実践である。その主要なものを以下に掲げる。

○先祖株組合―有志が集まって組合を結成する。組合員は金五両に相当する耕地を出資し合い、その耕地から生まれる利益金を積立てる。利益金は組合員の家が傾いた場合の支援金になる。この仕法は、幕末期における経済関係の変動にもまれて不安定化する社会にあって、家の永続を期するための施策であった。幽学その他主要門人を審査した幕府勘定所の役人には、この施策が何を意味しているか最初はよくわからなかったようだが、結局は不届きなものとして解散を命ぜられた。多分、耕地（検地帳という幕府の定めた公簿に記載されている）の農民による共同管理というこの施策の根底にある考え方が忌諱に触れたのであろう。なお、この仕法は大原幽学を語る場合必ず出てくるもっとも有名なものである。

○消費物資の共同購入。

○年中仕事割の作成―農作業の計画性を高めるため、幽学が希望者の家ごとに作成したものである。これも有名。

○長部村の改心楼、荒海村（成田の近傍）の教導所―これらは裁判の結果破却された。

○耕地整理―長部村のうち字八石《はちこく》の地にある谷田の交換分合と区画整理をおこない農耕に便ならし

めたこと（現存。国指定史跡）。
○長部村住居移転―台地上やその麓に雑然と群がっていた屋敷地を二戸ずつセットにして各谷田の縁に引き出したこと。
○田植えの指導―これまで漫然と深く挿していた田植えを、正条植えおよび浅植えに改めたこと。
○肥料の指導―効能の高い良質の堆肥の作り方を教えたこと。
○宿内集落の設定―宿内《しゃくうち》というのは長部村の西にある鏑木村地内の字である。そこには浅い谷田を前面に控えた整然たる小集落が現存している。これは幽学の指導により設定された見事なものである。
○家屋の普請―幽学が指導した質実・堅牢・合理的な家屋の普請。性学普請と称された。性学服というものもあった。

性学仕法は右のように目に見える事物だけでもまことに多面的なものである。この他、女性教育や子供教育、会合のやり方等、事物以外の仕法もまたさまざまに創造された。なお、これらの仕法は村単位で実施されたわけではない。幽学の門人（道友）はそれぞれの個人と家（女性門人は神文は入れないが多数いた）であって、したがって各種仕法の実施はそれぞれの個人や家にまかされた。長部村やその南の諸徳寺村ではほとんどすべての村民が門人であったから村ぐるみの形をとったが、これは少数例である。

これらの仕法の実施年あるいは創始年の大体はわかっているが、そのもっとも早いものは、天保七年に幽学が門人に示した「性学同門中子孫永々相続講」についての案文である。これとても先祖株組合そのものの規約ではなく、その前提となったとされる積立金についての案文である。しかしながら、これをもって各種仕法の先駆とすることはできるだろう。したがって、各種仕法の最初を天保七年に置くことは許されてもよいことである。

ところが、それ以前の文政十年（一八二七）から天保六年（一八三五）の神文が一九二通もある。幽学生前の神文総数は六一七通だから、その三一パーセントが仕法開始以前の神文なのである。一九二通の内訳は易道＝三一（一六パーセント）、人相＝一一八（六二パーセント）、神宝秘事＝一（〇・五パーセント）、祈祷法＝一（〇・五パーセント）、性学は四一（二一パーセント）。つまり天保六年までの幽学の教学は、易と人相が中心だったのであり、性学は副次的であった。性学神文の初出は天保四年の五通であって、以後同五年一〇通、そして六年に二六通と激増する。この時期における易と人相の神文数は計一二七通であって、同時期の性学神文数計四一通の三倍である。両者の関係は天保七年に入ると劇的に逆転する。天保七年の易と人相は計一〇通、性学は計三三通、翌八年は易・人相計九通、性学は三五通となる。そして、天保九年以降すべてが性学神文になる。

つまり、上田・小諸の門人はもちろん、天保七年以前の門人はすべて、幽学の考え方や教え方に魅力を感じて入門したということである。思想が先、仕法は後なのである。もちろん、各種仕法が活発に展開されるようになってからも、彼の思想や教え方、そしてその人柄に惹かれて性学信奉者になる人々は多かった。

幽学の思想とはどういうものなのか

幽学は自らを「不学」としていた。しかしながら彼は『微味幽玄考』という主著を始めとして、さまざまな文章を残した。それらを通観していえることは、彼が経典の一部を丸暗記してもったいらしく説く道学者では決してなかったということである。彼の何よりもの特徴は、世界観や人性観といった、いわば哲学的思考から実践知を導き出すその全過程がしっかりとつながっていたことである。これは、まったくの不学ではとても望み得ないことである。

幽学の主著『微味幽玄考』については中井信彦による解説がある（日本思想大系52『二宮尊徳・大原幽学』岩波書店、一九七三年）。この解説は、書誌学的考察を中心とした着実な研究である。『微味幽玄考』の前提としての『性学趣意』（天保七年。『大学幽学全集』千葉県教育会編、一九四三年）という短編が書かれているが、この短編から『微味幽玄考』に至る間には題名の変更を含むさまざまな試行錯誤があり（写本も多様である）、中井はそれらを丹念に検討した結果、幽学は『性学趣意』成立以後も考察を重ねて逐次成稿し、嘉永五年（一八五二）頃を最終稿の成立時期と見、これを岩波本としていわば定本化したのである。私は中井の検討に敬意を払い、その所論に従う者である。

中井は幽学の思想の中核に座しているものは何かについても重要な発言をしている。そのまま以下に引用しておく。

「幽学の思想は、『微味幽玄考』の冒頭数行にとどまるといっても過言ではないと思う。最終稿の表現に従えば、それは次の通りである。

夫、性の大ひなるや、天地の和則性、性則天地の和にして其尽なる者也。…蓋し人は天地の和の別御霊の長たる者故、天地の和の万物に之き及ぼす如くの養道を行ふこそ、人の人たる道とす。

其本は君臣・父子・夫婦・昆第・朋友のうちに有て、末四海に及ぼす事に至る。

人間の本性は、天地の和に等しく、万人に所与のものである。従って、天地の和が万物に行き施《およ》ぶと同様に、人間の本性が万人に通い合うとき、そこに真の成長と秩序は成立する。それは面接的な狭い人間関係から始まって、普遍的な関係に及ぶ、というほどの意である」（岩波思想大系本四七五頁）。

中井が指摘した『微味幽玄考』の冒頭はその前提である『性学趣意』の冒頭すなわち、「夫性の大ひなる者譬ふるに物なし、其故如何となれば、性者則天地の和になるたる物にして則其侭也、則其如く也」(『大原幽学全集』)に酷似している。『微味幽玄考』の基本的思想は、すでに天保七年には固まっていたといってよいのだろう。『微味幽玄考』の冒頭引用部分には「別御霊」という用語が出てくる。これはいうまでもなく神道用語である。こういう用語を含んではいるが「天地の和即性、性則天地の和」として、自然としての天地と人間の性とを同質のものとしているところはやはり儒学を基本としているといってよい。両者の関係を「則」として結んでいるところは禅的な感じもある。

幽学の教学は神儒仏の混合だということがいわれてきたが、それらが乱雑に混合しているという意味であればまったく正しくない。たしかに彼は神道的な色合いの濃厚な文章を「三福対」と称される作品の第一幅として書いている。これは天照大神や八百万の神々についての文章である。しかしながら、これは彼の書き残した多数の文章の中では例外的なものである。

彼の教学の中心はあくまでも儒学である。そのことは彼の教学が易から発していることからも当然である(易学→儒学を中心とする性学)。ただし彼は、神道や仏教を排撃することはなかった。このあたりが彼が学者的ではなく世俗的な親しみをもって人々に迎えられた理由ではないかと思われる。またこのことが神道・仏教・儒教さらには土着的な民間信仰の混在を意に介しない精神世界に生きていた一般民衆に心安さを与えたのかもしれない。

幽学の書は門人の家々に数多く残っている。その中には易や儒教の古典からの引用が非常に多い。たとえば「積善之家必有余慶」は、周易上経の、「夫孝徳之本」は「孝経」の、「慎其独」は「大学」、「誠自成」は「中庸」からの引用である。幽学が没した安政五年三月八日からあまり離れないある日、門人が集まって、幽学の書がどこにどの程度残っているかを調査し、その当座の結果を「遺書授名録」という文書に仕立てた（遠藤家文書。現大原幽学記念館蔵）。その詳細は省くが、その時の判明数は計二三五本、そのうち「積善」は九一（第一位）、「夫孝…」は六四（第二位）、「慎独」は一三（第四位）であった。これだけで計一六八本（全体の七二パーセント）に達していた。三位は「会席議定」の四九であって、これは性学の会合に当たっての心得（むだ口をたたくな、一人でまくしたてるな等々）を記したものである。その数の多さからして、小グループごとに会合、討論がなされていたことがわかる。その場合には必ずこれを掛け、幽学先生在席のつもりで会合を開いたとのことである。

幽学の思想において著名なのは、「中庸」第一章の「天命之謂性、率性之謂道、修道之謂教」（「天命これを性と謂い、性に率《したが》うこれを道と謂い、道を修むるこれを教と謂う」）のように「之」は「これ」と読むのが普通なのだが（この読みだと「天命」は「性」と同格になる。以下同）、幽学にあっては「之」を「ゆく」と読むことである。つまり、「天命のゆくを性と謂い」のように読む。これだと、天命が生成して性となり、性にしたがって生成したものが道であり、道が生成して教になるわけである。つまりこの場合の「之（ゆく）」は生成を媒介する概念、運動概念、転化を媒介する発展概念なのである。

幽学の教学並びに実践的な仕法全体から受ける印象が動的なのはこの「之（ゆく）」の哲学の故かもしれない。

この項の最後に、彼の実践哲学の基本は何であったのかについて記す。私はそれを「孝」に置くものである。彼が壮年期に活動した東下総地方は、北は利根川、南は九十九里浜に挟まれており、河岸や浜が商品流通の拠点になっていた。流通を担う旦那衆に寄生する博徒やそれに憧れる若い衆が次から次へと発生してきてもいた。利根川河岸の笹川繁蔵と九十九里浜の飯岡助五郎の対立抗争は「天保水許伝」としてよく知られているが、大原幽学は彼らと同時代に双方の中間にある長部を中心に活動していたのである。

この地の商品流通は大都市江戸との関係において成立っており、その流通が農村経済をうるおすということはほとんどなかった。それどころか、この地の村々は商品経済に巻込まれることによって、かつての経済的均衡を失い貧窮化していき、潰百姓が続出した。そのような状況を幽学は眼前に見ていた。百姓の潰れを防止し、それによって村の安定を期することが領主にとっても村役人にとっても重要だったが、領主は総じて無能であり、村役人たちはやる気はあっても方策を知らなかった。こうした状況にあって幽学やその高弟遠藤良左衛門（長部村名主）らの活動が生きてきたのである。

性学仕法としてもっとも著名な先祖株仕法の目的は潰れ百姓を防ぐことにあった。潰れを防ぐためには亭主の健康と勤勉だけではなく女房の働きや知恵もまた必須である。また子供がしっかり成長して家を継げるように教育しなければならない。性学における女性の重視（女大会の開催等）や子供教育の重視（子供大会の開催。また子供を同門の家に預け合う換え子の実施等）等は性学の大きな特徴として重視されなければならない。そして、それらを包括する思想が「孝」であったのである。この場合の「孝」は儒教的諸徳目の単なる一つであったのでは決してなく、荒廃の現実に対峙し得る強力な実践哲学だったのである。

人々は幽学の思想のどこにひかれたのか

幽学において、その思想と仕法とを媒介するものは「孝」であったが、幽学はそれだけを紋切り型の教条として説いていたわけでは決してなかった。彼の教学においては空理空論ではないものが随時随所に発揮された。

「義論集」という本がある（『大原幽学全集』および前掲日本思想体系52〈岩波書店〉

所収)。これは幽学と門人、門人と門人、幽学や門人と性学に批判的な人々との討論や意見を記したもので、ごく一般的な村人が多数出現してくる珍しい本である。編纂は天保十四年(一八四三)。幽学の高弟遠藤良左衛門が「序」を書いている。ただし、この序の文体は他に残っている農民的な遠藤の文体とは大きな差があり、遠藤の意を受けた誰かが書いたものと考えられる。本文の文体もまた序の文体と同一の部分が多い。したがって、序を書いた「誰か」と本文の大部分を書いた「誰か」は同一人と考えられる。その「誰か」を特定できないのが残念である。なお「義論」とは主として〝よい論〟の意であって、現在用いられている「議論」の意ではない。ただし、時には議論風な場合もある。以下にその若干を例示する。大意を採るに止め、しかも現代文風に直す。

本多元俊という門人がいた。彼は長部よりだいぶ西方の成田近くの長沼村の人で、後年、近隣に名医としても知られるようになった人である。以下はその元俊が若い時に語ったことである。

元俊 自分の隣村のある人が来て言った。

「ある日あなたの先生の大原とかいう者の話を聞いたが、自分には納得できないことが多い。そのわけは、彼は〝人間の性は善だから強悪無道の者であっても、道を以て化する時はその強悪者が義者になることがある。だから一事を以て見離してはいけない〟と説いていた。これは、孔子の言に背く私論である。(また彼は女性や子供の教育を重視しているようだが)これは孔子の女子と小人は養い難しとの教えを否定するものではないか。また大原は〝性の理は微妙で知識だけでは体得できないとか、易の理を知らなければ偏ることが多い〟とか言っている。あなたは何のためにこんな人に学んでいるのか」

自分(本多元俊)は答えた。「書を読んで偏らないようにするためだ」

或人はまた言った。「書は何のために読むのか」

自分は答えた。「修身斉家のためである。しかしややもすれば偏ることが多い。それなのに大原先生に一日学べば、他に三年学びたる如く理を得る」

或人はいった。「それでは大原に何日学んだのか」

自分は答えた。「当春（天保五年）よりおよそ五日だ」

或人は言った「それでは一五年学んだと同じだ。自分の問いに皆答えられるか、どうだ」

自分は答えた。「何ということを言うのだ。あなたは老大、自分は若年でしかも愚かだ。どうしてあなたの問いにいちいち答えられようか」

とはいっても、元俊は屈したわけではない。彼は微笑しながら答える。「性は善なのだから、女子や子供も和したって不思議ではない（「和」は難しい概念だが、安定した秩序の中に統一融合されるというほどの意）。君子は四海すら和するといった。自分は愚か者ではあるが、よく反省しつつ「誠自成」（まことを以てすればおのずから成る）」して事に当たれば、五人か八人程度の家内の者を養うことは困難ではない。孔子が女子や小人は養い難しとおっしゃったのは、彼らをその器量に応じて活かせということなのだ。それなのに大原先生が勝手な説をとなえているとは何事か」（以下反論続く）。

本多元俊は後年、性学門人の中にあって「先生」ともいわれるようになる（その場合は幽学は「大先生」となる）。遠藤と並ぶ高弟であって、「学頭」的地位にあった人である。右の討論は「或人」の教条主義的批判を若年ながらも断固としてはね返す見事なものである。若い本多元俊が幽学から受けた感銘は「義論集」の諸所に出てくるが、あと一つだけ引いておこう（以下は原文のまま）。

俊子（本多元俊）曰、太田（錦城）・亀田（鵬斎）の大先生達は、小子如きの非レ所レ知也。然ども、大原先生は口に出だすよりも行ひ宜し。亦人々の其心の有所によって、其行く末々迄の和と不和とを知る事鬼神の如し。

右の討論の時期は多分天保五年（一八三四）、時に幽学三八歳、元俊二四歳。元俊は医学を志す知的志向の強い青年であって、すでに長沼村周辺の知識人との交遊があった。だからこそ、幽学や元俊を批判した「或人」も村々の中にいたのである。その元俊が幽学に接して得た深い感銘は、幽学が、いささかも教条主義的でないこと、および「口にだすよりも行ひ宜し」かったことであった。幽学の教説は常に実践と結合していたのである。

匝瑳郡飯倉村（現八日市場市の一部）の人琁蔵（性は椎名）についてはすでに書いたことがある（木村「大原幽学門人椎名琁蔵と性学飯倉組」〈『史潮』新二〇、一九八六年。木村礎著作集Ⅸ『大原幽学と門人たち』に再録、名著出版、一九九六年）。江戸後期の椎名家は琁蔵を襲名していた。本稿での琁蔵は四代目である。彼の生年は天明六年（一七八六）だから幽学より一一歳年長である。彼が「義論集」に登場する天保五年（一八三四）には、四九歳になっており、この四年後没した。琁蔵は飯倉村の中農兼石工、そして寺子屋の師匠でもあった。彼の悩みは教えている子供たちの賢愚や性質がまちまちで同じようには扱えないことだった。

琁蔵は幽学に問うた。「子供らの中には愚かな者もいるし、勝手気侭が甚だしい者もおり、彼らを他と同じようには扱えない。どうしたらいいでしょう」。

先生は答えた。「教えている時の子供らの様子を具体的に述べてみなさい」。

琁蔵。「目の前のことに夢中で私の言うことをまったく聞いていないとか、ただ頭をかしげるだけです」。

先生。「頭をかしげるだけの子や夢中の子には、顔を柔和に言葉静かに、お前はこれこれをどう思うかと問うことですね」。

琁蔵。「愚かな子に強く言えば、口を閉じて赤面するだけなんです。気侭な子をきつく叱れば逃げるのです。うまくやるにはどうすればいいでしょう」。

先生。「愚かな子に強く言うから赤面するのだ。こんな子供を教えるには、ただ柔らかに、そんなことでいいと思っているのかと問えばいい。また、勝手気侭の強い子をいましめるとはどういうことだ。ただただ柔らかに、私のいうことを守れば偉くなるぞなどと言えばよい。愚かな子にはおまえもいいところがあるなどと言えば、うれしくなっていうことを聞くものだ」。

この問答において幽学が言っているのは、子供らには柔和に静かに接せよ。強制や馬鹿者呼ばわりをするなといったことである。琁蔵はこれらを肝に銘じて彼の寺子屋を運営したに違いない。その後の彼と彼の後継者たちはいずれも性学の熱心な信奉者であり、しかも寺子屋を開いていたのだから。

また、鏑木村（長部村の西。ごく近い。現干潟町の一部）の豪農平山氏は、「自分の田地の小作人が隣村に多数いる。近年人気が悪くなって、富める者をそねんだり憎んだりして、不正の者（具体的には小作料を払わない者の意であろう）が多い。富める者は自分一人ではないので（社会一般にそういう気分がみなぎっているので、といった意のやや屈折した表現なのだろう）何ともやりようがなく困っている」といった愚痴とも相談ともつかない話に対しても幽学はまともに返答している。その大意は〝彼らに慈恵を加えれば、小作人たちもその恩義を感じ、自然と忠僕になるだろう〟といったことである。両者の討論は平山氏の「自分は三〇歳の今になって、書を広くみる暇もなく暮らしてきたことに気付いた。今後は中庸を心のより所にして、世俗を易る（かえる）ことを専ら学ぶことにしよう」の言をもって終わっている。幽学は「中庸」をもって自らの心法を強固にし、それによって世俗と相対することを奨めたのである。

門人の目に映じた幽学の教え方と人柄

「義論集　序」の冒頭は幽学と門人との関係を示すもっとも有名な部分である。幸いにしてこの部分はわかりやすいから、原文のまま左に引用する。

大原うし、人を道《みちび》くに、初め一とせ二年の中は、必先情を施して其情の能通る時に至りて後、理を学ばしむる也。しかして専ら理ばかり学ぶこと亦二年三とせ、其うちになを〳〵情を施されて、先生にあふ時は一度々々に心胖《ゆたか》に快く、唯穏に成りて、其あふ度に理の知れること、真の闇の夜に足本手本にともし火をかゝげたるが如く也。爰に至れば、其知れたる限りを行ひ勤る事を専ら習はしむること、或は一とせ或は二とせなり。又其行ひを能勤る事に至れば、猶々理を深くさぐらしむ。理を深く広くさぐる事に至れば、師も亦深く悦び楽めり。

幽学と門人たちの親密な関係をよく描写した文章である。とくに説明するようなこともないが、門人たちにとっては幽学の「情」が嬉しかったに違いない。まず「情」に感じ、ついで「理」にめざめる。そして「情」と「理」の相互作用によってさらに人間性が高まるのである。幽学に会い、彼と話すことによって、まっ暗闇に手本足本が灯火で明るくなるような感じになる、というのはいわば極限的な表現であるが、彼らは多分、かつて幽学のような人に出会ったことがなかった、と感じたのであろう。

「聞書集」という素朴な名を持つ本がある（『大原幽学全集』所収）これもまた幽学や門人たちの言動

を綴った本である。この本では「義論集」の乙に澄ましたような文体ではなく、日常のしゃべり言葉が基調になっている。もちろん下総方言も多く出る。何よりもの特徴は女性が少なからず出現してくることである。ここでの幽学は自らを「おれ」と称し、相手を「手前等」と呼んでいる。門人の中に入って立ち話をしているような感じの部分もある。「聞書集」における幽学は「義論集」におけるような、柔和で諄々とさとす人間ではなく、ズケズケと物を言い、それによって門人と融和しているような人間として立現われている。

彼は、時には非常に厳しい態度を見せた。彼の厳しさについての話も幾つか残っているが「大原幽学先生ノ伝ニ付一般の知及バザル件ゝ、塚本日省氏へ通知すべき談片ノ目次並ニ寫本類」（千葉県香取郡山田町府馬宇井氏文書）という長々しい表題を持つ短い文章の一部を以下に記す。「一、本宅へ宇井出羽本多元俊合宿臥褥中ニ両人間答ノ折、先生起出両人ヲ殴打シテ訓戒セラレ（タル）段、一、元俊茶ノ湯ニ屈託セシ折モ、五人会合ノ席上ニテ先生鉄槌ニテ茶碗打割リ、破片ヲ列席ノ者ニ分配セラレタル段」。いずれもかの本多元俊が幽学に殴られたり、大いに叱られた話である。これは「義論集」に出現する元俊がずっと年をとってからのことである。元俊は年とともに趣味の広い人間になり、茶道や華道にも通ずるようになった。それを怒った幽学は茶碗をかなづちで割ったというのだから、居合わせた五人はビックリしたに違いない。元俊は殴られてもいるが、その理由はわからない。彼は前述のように後年「学頭」と呼ばれた人物であり、門人中屈指の知識人だった。また、幽学が自殺直前に、しんみりと若い時の旅の模様などを語った相手はこの本多元俊だったのである。

門人たちにとっての幽学は、大体において優しく、時にはとてもこわい人でもあった。また、武士出身なのに別段威を張ることなく、門人たちの中に入って隔意なく「おれ」とか「手前等」などと話し合う人でもあった。彼のイメージは、その晩年の悲劇の故に、ともすれば重く暗くなりがちだが、日常的には明るく、調子を合わせることにも長けていたようである。それは彼の旅行記を読めばよくわかる。まるで弥次喜多のようなこともあったのである。幽学には複雑な多面性が内包されていたが、本質的には柔和な人だったようである。

門人たちによる受容の仕方

「義論集」や「聞書集」は、門人たちが見た幽学像や性学門人同士の交流の模様を示している。「義論集」は全体としてとり澄ました知識人的な印象が強く、「聞書集」は一般農民によるザックバランな言動の披瀝といった趣が強い。門人たちにとっての幽学は、ある人にとっては「義論集」的であり、他の人にとっては「聞書集」的であった。幽学という人物は一人なのだが、相手によってその人間像や言動の受止め方が違うのはやむを得ないどころか当然である。幽学や門人たちの言行録は他にも残っているが、それらはおおむね「聞書集」的なものである。

これらはいずれも幽学生前または没後の編纂物であるが、わずかではあるが、性学の会合に当たっての問答の原史料が、信州小諸に残っている（小山家文書）。前述のように小諸は上田とともに幽学が教導活動をおこなった最初の地である。幽学がこの地を去った（天保二年八月）あとも、幽学と小諸・上田の人々との間には交遊があり、それは幽学没後の遠藤時代まで続いた（遠藤時代の文書あり）。

以下に示すものは八枚の附木（杉や檜の薄い小片で、燃えやすく、火を移しとる時に用いる）に書かれている性学会席における問答である（時期および出題者不明。ただし幽学自身ではあるまい）。最初の一枚に「和と申事は」とあるから、「和」とは何かというのが出題である。それに対する答えを原文を維持しながらも若干の修正と追加を加えて掲げる。

①あまたの人の顔を見て悪しと思うねん（念）無きを第一と心がけること（左平次）。
②人にいけんされる事を善と思ふて、其善を受けてつとめたならば、其人又心よく思ふてしぜんと和するに成べし（七五郎）。
③あの人この人と無…誠尽…たらよかろう（と）存候（平二郎）。
④実信みたさす（乱さず）、身を捨衆人へ誠を尽す事のみ（織太郎）。
⑤猪太郎伝右衛門両人又十日之間けん悪いたし候間…御見察可給候（両人）。
⑥我意（を）捨形気ニ随ひ善をよろこふ（不明）。
⑦たれの云事成（言うことなり）ともちへ（い）たらハ和せよふと思ふ（不明、織太郎代草）。
⑧…居る事に…兎ニモ角ニモ…セたら宜敷候故…（不明）。
（横山十四男・青木歳幸「活動の開始―信州上田・小諸の門人たち―」〈木村礎編『大原幽学とその周辺』七三頁〉）。

何という率直さ。彼らにとっては、幽学が『微味幽玄考』に述べているような「和」の哲学などは馬耳東風であり、どうでもよかったのである。事は幽学においても表面的には大体同じだったはずで、「和」の哲学そのものを後景に退け、それから発する日常道徳を主として説いていたのではないだろうか。そうでなければ多数のごくふつうの農民や商人が集まってくるわけがない。

⑤は、これまで一〇日も喧嘩していた猪太郎と伝右衛門の両名が会席へ出席し、喧嘩していたために双方共に答えられず（なにしろ出題は「和」なのである）「御見（賢）察給うべく候」とほうほうの体であやまっている。

小紙片に書かれた答案もある。やや長いので附木には書ききれなかったのだろう。出題は「之」である。「和」ならば何とか書けるが「之」となると難しい。答えは以下の如し。

之の字の味ひヲ磨物ニ縦（たとえる）砥ニ小刀を当（て）水を掛、静が善き歟急ぐが善き歟と種々工夫して、漸々其中程ヲ得てとぐ時ハ、砥と小刀と水と手と心との五ツ混ず混る（まぜこずる）時ハ、前〻思事段〻無く成り、只何気無き者也、此混る所則之の字、混るが之の字の味ひと存候」（木村「性学の思想」〈木村編『大原幽学とその周辺』一二七頁〉）。

まことに堂々たる答案であって、前掲「和」の答案に比して書き手のレベルは高い。しかし残念ながらまったく間違っている。「之」はこの答案が記しているようないわば〝渾然一体〟についての概念ではなく、既述のようにAからBへの生成展開運動を媒介する概念、転化概念つまり動きについての概念なのであって、かかるものとしての「之（ゆく）」は性学の特質をもっとも明快に示すものとされている。

このような附木や小紙片を見ていると、師の教えと門人の受けとり方との著しい懸隔に驚かざるを得ない。思想は継受されることによって変質せざるを得ないのであり、多分それは避けられないことなのだろう。

2 幽学没後の性学——変質、分裂、そして再建

大原幽学（一七九四〈寛政九〉～一八五八〈安政五〉）は、幕末の農民指導者として、二宮尊徳（一七八七〈天明七〉～一八五六〈安政三〉）と並んでよく知られている人物である（尊徳ほど有名ではないが、

それでもたいていの日本史辞典には一項目として出ている)。

幽学についての研究はこれまでに少なからずある(ただしこれも尊徳ほどではない)。私もまた一九七一年(昭和四十六)から八〇年に至る一〇年間にわたり幽学関係文書の共同研究に従事した。この共同研究は千葉県香取郡干潟町(この町の大字長部に幽学居宅〈現存、重要文化財〉あり)を中心とする現地研究であり、研究結果は木村礎編『大原幽学とその周辺』(八木書店、一九八一年)として刊行された。この本には「研究史の概観」という一三頁ほどの文章があるから、この稿では研究史的記述を省く。

また、本稿は大原幽学没後についての記述を目的とするから幽学生前についてもすべて省く。信頼性が高くしかも簡便で容易に入手できる本としては中井信彦『大原幽学』(吉川弘文館、一九六三年)がある。

大原幽学とその学統の教学を「性学」あるいは「性理学」という。その性学が幽学没後どう変質していったのか、これが本稿の主題である。幽学没後、性学二代目教主となったのは、長部村名主の遠藤良左衛門亮規(一八一一〈文化八〉~一八七三〈明治六〉)という人物だった。彼については、木村礎著『村の生活史――史料が語るふつうの人びと』(雄山閣出版、二〇〇〇年)の中で「ある老人の逮捕と客死」として簡略ではあるがすでに書いた。そこで指摘したように遠藤時代とくにその晩期の性学は幽学時代とは相当変質してきているのだが、それでも性学集団そのものは幽学時代同様に統一されており、しかも大きくなっていた。

遠藤没後、三代目教主として石毛源五郎(一八三二〈天保三〉~一九一五〈大正四〉)、長部村の北方府馬村〈現山田町〉の人)が就任したが、この石毛の時期に性学集団の対立と分裂という事態が生起したのである。本稿の力点はその石毛時代についての記述にあるが、それ以前の遠藤時代にはすでに変質の徴候がはっきりと出ていたから、まず遠藤時代の性学の特質について述べておくことが必要であろう。

二代目教主遠藤良左衛門時代の性学

遠藤時代の性学については、「ある老人の逮捕と客死」においてすでにざっとしたことを書いている。これを以下にさらに要約する。

①遠藤は幽学のもっとも忠実な門人の一人であり、幽学も遠藤を深く信頼していた。事に当たっては互いに隔意なく相談した。有名な先祖株仕法における遠藤の貢献は大きかった。遠藤は幽学居宅を自宅の裏山につくった。幽学の日常生活における遠藤家の役割は多大であった。

幽学は自らを「不学」としていたが、それでも易学や大学・中庸・論語・孝経についての基礎的教養は持っており、『微味幽玄考』という主著の他に各種の文章を多数書き、これらを門人に与えていた。これに対し遠藤は根っからの農民であり、幽学よりさらに不学であった。しかし、『微味幽玄考』の写本を残しているから、学ぶ意欲は強かったとみてよい。

②遠藤時代の門人数は幽学時代よりずっと多かった。これは、門人募集を組織的に推進したからである。遠方（たとえば小田原や箱根）からの入門者や士族も入ってくるようになった。

③幽学時代にも丹精（勤労奉仕、あるいはそれによって得た金を寄附すること。たとえば縄ないによって縄を売りその金を寄附）や奉公（他へ奉公に出てその給金を寄附）はあったが、それらは遠藤時代にも継続された。

④本部体制が整った。幽学時代にも長部村八石《はちこく》にある遠藤氏宅やその裏山の幽学居宅が性学集団の

中心になっていたのだが、それはあくまでも〝事実上の〟ということだった。それが遠藤時代になると八石の称が一般化した。それはたとえば〝八石のために尽せ〟というような用法で流布した。この場合の「八石」は性学集団そのもの並びにその本部（長部の旧幽学宅には当番が詰めていた模様である。また本部の日記〈「性学日記」〉も書かれるようになった）をさした。「八石」は法人類似の存在に化したのである。

⑤旧幽学居宅裏の台地に大きな教導所や長部西方の小日向の地に修業用の施設を新設した。

⑥教説が土俗化してきた。道歌がしきりに歌われるようになり、宗教性が濃くなってきた。

⑦「三十日修業」といわれる合宿訓練を長部の近くの小日向で実施した。これは読んで字の如く三〇日間小日向にこもり、きびしい相互批判を繰返すことである。互いに水を浴びせかけるようなこともあり、ために死人も出た。

⑧晩年の遠藤は性学の人々から多くの場合「尊父」と呼ばれるようになった。幽学は「先生」あるいは「大先生」と呼ばれていた。

遠藤時代の性学には幽学時代にくらべると右のような特質がある。ひとくちで言えば、土着性と密室的宗教性が濃くなったということである。ただし驚くべき相似もある。それは、大原幽学、遠藤良左衛門いずれもが結局は時の権力に忌避され弾圧されて死んだということである。大原幽学が幕府の嫌疑を受け、長年にわたる裁判に苦しみ、やがて切腹自殺をとげたことは知られている。遠藤の場合はその言動を成立早々の明治政府に探索され、結局、旧幕時代をなつかしむ心情を「朝廷ニ対シ不逞」としてにらまれ、逮捕され、放免後西国への長い旅に出て、近江石部で客死した。幽学と遠藤、互いに信ずること篤かった師弟の死に方は驚くほど似ている。時代というものが、彼ら二人の性学を異なる色に染め上げてはいたが、最後まで二人の心は通じ合っていたのであろう。

菅原兵治による小日向の印象

菅原兵治『東洋治郷の研究』（刀江書院、一九四〇年）という本がある。菅原兵治という名は今ではほとんど忘れられているが、昭和戦前・戦中期には、若い私でも知っている名前だった。この本の末尾の「著者略歴」には「金鶏学院ニ於テ東洋哲学ヲ修メ、現在、日本農士学校検校、大政翼賛会埼玉県支部常任委員、日本出版会書籍部委員」とある。金鶏学院とは当時右翼の巨頭と目されていた安岡正篤の学塾である。私は、一九四二年の秋だったと思うが、草深国民学校の同僚につれられて、東京小石川の金鶏学院に赴き、安岡の講義を聞いたことがある。菅原兵治はその安岡の弟子だったのであろう。右翼といってもいろいろだが、菅原はいわゆる農本主義者であったようで、農士学校という学塾の主宰者であった。

菅原著『東洋治郷の研究』は全八章に分かれているが、その第四章が「大原幽学と中和郷」である。現在の干潟町は、明治中期に成立した鏑木・中和・万歳の三村を戦後に合併した町であって、長部を含む性学の中心地域はこの本が刊行された当時は中和村にあった。「大原幽学と中和郷」は割合長い論文であって、幽学の思想や仕法を概見し、併せて幽学の仕法として設定された宿内集落と、遠藤時代の仕法による小日向集落、双方を巡見しその印象を比較論的に語ったものである。（宿内《しゃくうち》は今も健在、小日向《こびなた》の性学施設は今はまったくなし。しかし菅原が行った時には、形跡は残っていた）。

菅原の印象は宿内については肯定的、小日向については否定的である。菅原は次のように語る。

一、鏑木宿内は大原幽学在世当時、直接指導開村したものであるのに対し、小日向の方は二代教長遠藤祐規（亮規）の開村指導に係り、三代教長石毛規方（源五郎）の経続《(ママ)》指導に係る。

二、鏑木宿内には施設設備に於て殆んど必要以上と思わる、ものが無い。――極めて尋常《あたりまへ》であるが、これに比すれば小日向の方は特殊な施設設備を見る（一八四頁）。

「特殊な施設設備」とは何か。その主要なものは遠見台、行屋（修行所）、「土堤」の三つである。菅原は遠見台につき次のような説明を与え、図を示している。

遠見台といふのは該部落の東端に在る高さ四十尺程の四角梯形に築いた台で、恰度城の天守閣を思はせるやうなものである。……教主が八石から来る日になると部落の人は早くからこの遠見台に上って八石の方を望み見て居り、其姿を見ると走って修行所に入り、火鉢やご馳走の準備をなし、其帰りにも亦此処に上って姿の見えなくなるまで見送りをさせられたものだ。そして甚しきに至っては往復の途中に於て、施しをすると称して金品を撒き与へ、これによって民衆の心を収めやうとまでするに至ったといふ（一八七―一八八頁）。

写真5　小日向にあった遠見台の写生画（菅原兵治『東洋治郷の研究』刀江書院、1940年）。

たしかにこれは仰々しすぎると言わねばなるまい。菅原が小日向に赴いた当時、この遠見台はほぼ原形のとおり存在していた（今はない）。

次に彼は「行屋跡」について語る。行屋《ぎょうや》とは村民による念仏などの宗教施設や集会所に対してつけられていた名称である。これについては、菅原の時期にはすでに建物はなく、林の中に六、七間四方位の区画があり、それが建物の跡だった。六間四方としても、相当大きな施設（標準的な村の行屋は二間×三間あるいは三間四方程度）といわねばならない。そしてその周囲に「十尺位の土塁」が築いてあったという。これも相当な高さである。この行屋は修行所とも呼ばれ、人々はここにこもって修行した。

菅原はさらに続ける。「次に小日向に於て私共の目に止るものは土堤である。屋敷の周囲、畑地の周囲等に一見城郭を思はしむるとでも謂ひたいやうな堤防がうづ高く続いてゐるのを見る」（今はない）。この高い堤防を見た菅原は、性学の人々の信念がいかに熱烈なものだったかがよくわかり「一面敬服に堪えぬものがある」としながらも「然し一面又深く考へてみれば、此処にも已に必要以上の形式を誇らうとする偽飾の萌の現れて居るのを認めざるを得ない」とするきびしい評価を与えている。

言ってしまえば菅原は、大原幽学が設計した宿内において、平明な開放性を見出し、遠藤良左衛門が設計した小日向において、一種の異様さと「偽飾」性を感じとったようである。彼がどの程度の時間をかけて中和村、ことに宿内と小日向（長部の八石周辺も歩いたに違いない）を歩いたかはわからないが、上記のような小規模な村落景観の観察をとおして、その景観が内包している独特の歴史性をえぐり出したことには驚かざるを得ない。さすがに農士学校検校だけのことはある。

以下の記述は主として、木村礎編『大原幽学とその周辺』所収の「性学の分裂と再建」（木村礎筆）による。

三代目教主石毛源五郎

幽学没後、誰を性学教主にするかについてはまったく混乱がなく、衆目の一致するところとしてごく自然に遠藤良左衛門が二代目教主に就任した。

明治六年八月二十二日遠藤は近江石部に客死したが、その後継者として石毛が三代目教主の地位についたのは、翌七年七月十三日であった。一年近くかかってようやくきまったということそれ自体に教団内部のきしみが感得される。

石毛は当時四三歳の働き盛り。大原幽学が自殺した時には二七歳だったが、幽学直門ではなく、遠藤の門人である。石毛は近江石部において遠藤の死をみとった一人でもあった。遠藤は石毛を愛し、石毛は遠藤によく仕えた。性学組織の拡大（入門者の増加）や丹精奉公の強化の功労者でもあった。

それにしては石毛の評判はよくない。その代表として、反石毛派の「性理教会々員」高木千次郎が明治末年に書いた「幽学の死後に於ける門生の状況」（田尻稲次郎編纂『幽学全書』、同文館、一九一一年）の一部を左に掲げる。

幽学の死するや遠藤亮規其業を継て第二の教主となり教義の伝播に勉め江戸根岸、相模国小田原、近江国石部に支部を設けて講莚を開き教義の拡張を図り、明治六年亮規病没し石毛源五郎襲て第三の教主となれり、然るに源五郎なる者性極めて狡獪徳を以て衆を率ゆるを得ず、教徒中石毛派非石毛派を生じ両々相対して譲らず非常の軋轢を生じ教義頗る振はず殆んど収拾す可からざる非運に陥れり……（中略）源五郎は夙に教主たらんとするの野心を抱き長州の士白神義春、幕臣宮田正之、伊藤隼等新に入門せし人々を自己の味方に引入れ私に党を結び亮規の死するや他に徳行篤実にして第三の教主たるべき者数多有るに拘らず自ら立って第三の教主となり、先輩を敬遠し幽学の教義を滅却し名を教会に藉て自ら為にする所あるの証拠歴然として蔽ふ可らざるに至れり。抑々源五郎は幽学直門の士に非ずして亮規の時身を土工に起し入門せし者にて素養ある者に非ず、随て至誠の観念を欠き道の何たるを解せず俗念充満し只名利是れ随ふの一小輩にして而かも巧言礼色以て人を瞞着するの才に長じたり（後略）。

＊「近江国石部に支部を設けて…」を遠藤時代のこととしているが、これは石毛時代のことである（石部は遠藤が死去した地）。

以下こうした文章が延々と続く。石毛に対するむき出しの憎悪に満ちた文体である。間違いもある。「身を土工に起し」とあるが（若い時はそういうこともあったかもしれないが）、彼は明治十三年当時府馬村において一町三反余を所有するれっきとした中農である。

また、白神・宮田・伊藤等の神文（入門誓約書）入れはいずれも石毛の教主就任後であり、彼の教主時代に彼らが大いに活躍したことは事実だが、彼らが石毛を教主に押し立てるに当たってどれ程の力量を発揮したかは疑問である。

高木の右の文章は、石毛には元来人格的欠陥があるのに、策を弄して教主になった、と言っているようにみえる。そういうことがまったくないとは言い切れないが、この場合はやや不自然である。

石毛家に残る文書の中には、当然のことながら高木の右の文章とは異なる性質のものがある。（表題も筆者も記してない。石毛の死についても書いてあるから、大正四年以降のもの）。左に掲げる。

…百ヶ日目（遠藤没後の——木村、以下同）、長部村隠居（遠藤氏宅）にて御葬礼式実行す、（翌七年）七月十三日遠藤尊師御出立以来石毛尊師其費用之始末をなす、愈々御相談（誰を三代目教主とするかについての）となりし処三ヶ村（長部・諸徳寺・十日市場）始古く学ぶ人々の意見は、此上は迚も行れぬと云、石毛尊師にハ、遠藤尊師より伝へられたる道流の本意もて成か成ぬか勤め見度との御意見、遂に石毛尊師に負はされると御相談極りぬ

これによると「古く学ぶ人々」（幽学直門の人々。いずれも老人になっている）は、〝もうダメだ。続けてはやれない〟という気分になっており、彼らの中から次の教主を立てるという雰囲気はなかったら

しい。そこで石毛が、〝自分にやらせてみて下さい〟と発言しその結果として石毛にきまった、という。「遂に」という表現は、石毛発言をめぐって、相当な討議がなされたことを想像させる。石毛源五郎が三代目教主に就任した事情としては、高木の激越な文章よりも、この石毛家文書の方がわかりやすい。高木の文章のような状態が生起したのは石毛就任から間もなくのことであった。

対立そして分裂

石毛の教主就任後、性学集団ことにそのトップ層の亀裂が文書として表面化したのは明治十年四月ときわめて早かった。それは「示談大趣意」という表題で、石毛源五郎・鈴木英三・遠藤良輔（良左衛門の子）・菅谷幸左衛門の四人が連名して神道第三部引受大教正稲葉正邦にあてたものである。これによって、石毛・鈴木らのいわば石毛派と、遠藤・菅谷らのいわば反石毛派の対立が「示談」によってひとまず回避され、以後「同心協力」することにしたという趣意がわかる。石毛派は八石教団の借金（遠藤良左衛門の逮捕から石部における死去までの経費を中心とする借金。明治十二年末には約一万九〇〇〇円に達した）を返済するために、門人に対し「丹精勤方」（主として縄ない）を激しく実施させた。それが遠藤良輔らには「諸事過激」としか思えなかったのである。〝過激だ〟〝否そうではない〟とする論争はかねてからあり、それは続いていたのだが、お互いは同志なのだから示談にして以後同心協力しようというのがこの「示談大趣意」の骨子である。つまり、問題を内包したままの示談であって、これでは対立がいつ表面化してもおかしくない。

石毛派（新派）と反石毛派の対立は理論面（後述）のみならず行動面でもエスカレートし、さまざまな集団的暴行事件が長部とその近隣において繰返されるようになった。裁判沙汰になった暴行事件についてはその事件の概要がわかるが、省略する。裁判沙汰にならない事件もあったろうから、両派の暴力的対決は大変なものだったに違いない。中には一つの家で一方が石毛派、他方がその反対派といった悲劇も生じた。

新旧両派対立の思想的根底

新旧両派の対立は丹精（労働奉仕）や借金返済の方法の差異だけではなかった。また、暴行事件のエスカレートは理屈というよりは憎悪の情念の爆発といってよいだろう。このような目に見える対立の底には、あるべき性学の理念についての考え方や感じ方の差、ややもったいらしく言えば理論的・思想的差異があったはずである。

そのような思想的差異のポイントをありありと示した討論集がある。その名を「性理学実行評論」（明治十年十一月「百部ヲカギリ活版」。『幽学全書』所収）という。

論争を仕掛けたのは旧派の山崎衡。この人は明治五年九月教部省の役人（権大録）として性学の教理や修行形態等を検査し（「教部省検査書」）、性学を教部省傘下として公認させた人物である。答えたのは旧幕臣の伊佐岑満（新派）、小冊子にまとめたのは旧幕臣の伊藤隼（新派）。両者の討論は理性的であり、問題の所在をよく示している。以下に問答の若干を例示的に記す。彼らはいずれもなかなかの学者であって、難解な部分があるから、文章をそのまま引用することはやめ、適宜大意を採ることとする。

山崎　あなた方は、（あまりに過激で）道を失っているのではないか。親子夫婦朋友等の一般的な人倫を私情とし、（性学の）道を重んじて人倫を軽んじているのではないか。事物を賤んで心のあり方だけを論じているのではないか。道のためには父母妻子の饑寒を顧みず、君長国土の制令にそむくことをも恐れないのではないか。

伊佐　われわれが人倫を私情として見ているというのは間違いである。われわれが努力しているのは、ただ惑溺の愛情に陥らずに人倫を保つことである。節を失うなどとおっしゃるが、それは僻見である。またわが仲間のうち妻子を飢餓におとし入れたり、君長国土の制令に背いた者はいない。

山崎　あなた方は約束を守らず、訴訟をしきりに行うことなど友誼を失い朋信を誤っている。身代限りを命ぜられても、借金を返済するのは道に非ずとして監獄に入れられることを恐れない。

伊佐　一時的な失策はあり、これは責められても止むを得ない。しかしながら負債の償還については「…婦女の身を以て一昼夜に二千余尋の縄をなひあぐる…」などの努力は、まさしく朋友の信義を失わない努力ではないか。

山崎　（以下は「農桑の本務」についての見解で、とくに重要だから原文のまま引用する）。「…産業を修むるを以て身家を利するとなし、農桑の本務を軽賤し、法度事物を慢視し、其極や以て信義を失ふを遺れ倫常を軽んずるを思はず、眼前を離れ遠大を期すると言て負債積で丘山の如く、艱蹇重なりて嵯峨に似たり」。

＊ずい分難しい表現のようだが意味はよくわかる。つまり〝君たちは農桑の本務を軽んじ、現実離れしているのだ〟ときめつけているのである。これに対して伊佐はどう返答するのか。

伊佐　「人産業なくして世に立つべきの理なし、只修むる所は産業を主とせず道義を重ずるにあり…若道義を重ぜず産業をのみ執着すれば只利にのみ趨て其極言べからざるに至る、世人の形跡をみて知るべし、我輩深く此に見あり、依て愈々勤る所道を修る為に産業を勤るなり」。

＊伊佐は山崎の「農桑の本務を軽賤」批判に対し、いや軽賤するわけはない。「只修る所は…」として切り返した。この「只」の持つ微妙かつ絶妙な論理の転倒を見よ。これは日本語による反論術の典型である。

右の討論によって、石毛派（新派）と反石毛派（旧派）との思想上の差異はほぼ明らかになったと思う。石毛派の考え方は著しく精神的で宗教性が高い。このように強烈な非世俗性（理念性）はこれまでの性学にはないものであって、その故に「新派」と呼ばれたのであろう。これに対し旧派は日常性が高い。それは「農桑の本務」の重視によく出ている。始祖大原幽学は農業指導者としても優れていた。二代目教主遠藤はその晩年には「尊父」になってしまったが、農民的な土着性は死ぬまで保持していた。

石毛時代における性学の激変には、石毛源五郎の個性が大いに物を言っている。しかしそれだけではなさそうである。莫大な負債の処理という難問を石毛は抱えていた。そのためには、丹精縄ないの強化しかなかった。強化、より一層の強化、そのエスカレートが石毛の変貌をも昂進させたのかもしれない。石毛時代の「神文」入れは非常に少ない（明治六〜三十七年の間に一八八通〈初期に集中〉。遠藤時代は一一一通。なお幽学時代の神文は性学の他に易や人相を入れて計六一七

写真6　滋賀県石部町に残る性学の跡(2001年)。**「八石教会所へ是ヨリ三町」と刻まれている。「八石」は元来下総香取郡長部村の字であり、そこに性学の本部があった。その称をそのままとった施設が石部にもあったことがわかる。石部には、これ以外の性学史蹟が他にも残っている。**

通）。しかしはっきりした特徴がある。それは士族が一九名もいたことである（東京府士族＝七、静岡県士族＝一〇、山口県士族＝二）。多くは旧幕臣だが、新旧両派の対立抗争に当たって新派の戦闘隊長として大活躍した白神美春は旧長州藩士であった（どのようないきさつで性学に入ってきたかは不詳）。彼らはいずれも知識人でもあり、農桑の仕事とは元来縁遠い人々であった。彼らの存在は農民が圧倒的な性学集団において異彩を放ち、影響力を持ったろうと推測することは許されるであろう。

明治十七年、東京根岸に教会出張所が建てられた。ここに東京在住の旧幕臣や家族がしきりに出入りした。石毛は主として八石の教場にいたのだが、東京根岸にもしばしば赴いた。根岸の「八石教会」に集う人々の生活は異様であった。ちょんまげを落さず、肉食せず、どこへ行くにも人力車・馬車・鉄道を利用せず、わらじ・脚絆で専ら歩いていたという（『荒川区の生活と福祉』〈荒川区福祉事業史刊行委員会、一九六三年〉）。根岸は石毛を中心とする反文明のとりでの観があった。

石毛とて元来は府馬村の農民であり、「農桑の本務」をまったく忘却してしまったとは考えにくい。しかしながら、結局はそれから離陸してしまったようである。

石毛の追放と性学組織の再建

石毛は結局敗北し、八石を追放された。

明治三十八年（一九〇五）三月二十五日、旧派の主要メンバーが集まり、八石教会を法人化するための会合を開いた。この日の議事は役員選出であり、二〇人の評議員が選ばれた。この会はいわば旧派の結集大会であり、石毛及び主要な石毛派は当然外された。これに対抗して石毛もまた総会を招集した。石毛はこの自らが招集した総会において不信任を決議された。石毛は敗北したのである。それでも彼は八石の本部に住んでいたが、明治三十九年一月七日、ついに本部から追放され、ややあって東京へ去った。大正四年（一九一五）三月十二日、石毛源五郎

写真7　大原幽学記念館（千葉県香取郡干潟町長部、1996年3月開館）。

は先師遠藤が客死した近江石部の性学施設で、その波瀾にみちた生涯を閉じた。八四歳。石毛の活動の痕跡はかすかであるが、今も石部に残っている（写真6）。

旧派によって再建された八石性理学会の創立（財団法人認可）は明治四十年二月であり、現在も活動を続けている。

思想の運命

冒頭に記したように、大原幽学それ自身は、まずは著名な人物である。ところが幽学以後となるとほとんどの人は何も知らない。もちろん知らなくともいっこうにかまわない。しかしいったん知ってしまうと、幽学―遠藤―石毛の三代の間にずい分変わるものだとの感慨をおさえられない。

幽学・遠藤・石毛の三人のうち幽学は創始者であり、遠藤は幽学の後継者、石毛は遠藤の後継者である。彼らそれぞれが生きていた時代は異なっており、時代が変われば地域の生活構造は変化するし、それにつれて人々の生活意識も変わってくる。したがって、彼らが三人三様であるのは異とするにたりないということもできるのだが、それにしても変わり方が激しい。思想の運命とはこういうものなのだろうか。

3 「柴崎往来」の世界

『柴崎往来　付 近隣村名』と私

『柴崎往来　付　近隣村名』（立川市教育委員会、一九八四年）という一〇〇頁余の冊子がある。これは東京都立川市柴崎にある諏訪神社蔵の「柴崎往来」と「近隣村名」とを併せて一冊にまとめたものである。「柴崎往来」原本の完成は寛政元年（一七八九）、著者は諏訪神社宮司宮崎主膳。主膳は寺子屋の師匠でもあったようで、教科書原本としてこれをつくったらしい。「近隣村名」もまた寺子屋の教科書である。作者、刊年等の記載はないが、「柴崎往来」の筆者宮崎主膳が寛政元年からそう遠くない時期に作成したものなのだろう。

柴崎村は現東京都立川市の中心部にあり、江戸末期の村高一一三九石余、戸数二四八の大きな村であった（「立川地域史史料としての柴崎往来」〈伊藤好一〉同書五頁）。村の南を多摩川が東流し、北は渺茫たる西武蔵野であった（現在は住宅地化しているが面影は残っている）。

「往来」一般についてのもっとも簡潔な解説を求めれば「往来物　平安後期から明治初年にかけて使用された庶民用の初級教科書。往来とは書簡往来の意で…」（新版角川『日本史辞典』）といったところになろうか。中世の「庭訓《ていきん》往来」はことに著名。近世にはきわめて多数の往来が作成され、その編者は文人、手習い師匠（寺子屋師匠）が多かったという。近世の往来は大体において、地誌型、年中行事型、農業型の三種に大別されているようだが、この「柴崎往来」は地誌型を基本としつつも、他の二種の性質をも併有しており、「地誌型の往来としてはかなり異色のもの」とされている（諏訪神社蔵「柴崎往来」解説〈若杉哲男〉同書一〇八頁）。

この『柴崎往来　付　近隣村名』に出てくる地名には私が若い頃（一九四九年〜六〇年）文書調査のため歩き回っていた場所と重なるものが若干あり、とても懐かしかった。しかも懐かしむだけではなく急速に奇妙な記憶がよみがえってもきた。それは小学校五年生になった時（一九三四年四月）のことである。当時の小学校では五年生になると地理（日本地誌）と国史（日本歴史）が新たな科目として加わる。私はその地理に深い感銘と心躍る喜びをおぼえたのである。

私は東京の東部、小松川という町で生まれ育った（東京府南葛飾郡小松川町、現東京都江戸川区小松川）。そこは西は中川、東は荒川放水路（現荒川）に挟まれた輪中のような低地帯で、そこが私の生活の場だった。時には友人と共に歩いて近くの町に行くことはあったが、汽車に乗るのは、夏休みに父や母に連れられて、その実家のある茨城県や栃木県の小さな町へ行く時だけだった。つまり、私は小松川の町は知っていたが、その遙か彼方にさまざまな事物が存在していることを実感としてはもっていなかった。

それが、地理という課目の出現によってガラリと変わった。教科書、地図帳、先生の上手な説明、それらにことごとく感銘を受けた。山脈というものがあり、どれどれは火山脈でどれどれは然らず。大小の川があり、阪東太郎、筑紫次郎、四国三郎という別名を持つ大河がある（面白いのでたちまちおぼえた）。鉄道が至る所を走っている（線名や始点終点をおぼえる）。海があり、湾があり、半島がある。そして町がたくさんある（小松川だけではなく、どんな遠くにもある）。場所により特産物というものがある（母が実家からもって帰る干瓢はその一つ）。私はその一々に驚き、納得し、感銘を受けた。国史の方は遠い過去のことで、目には何も見えないから、即物性の強力な地理ほどの感銘は受けなかったが、想像する楽しみはあった。それでも感銘の全体量は地理の方が遙かに大きかった。

地理の教科書はなんべん読んでも面白く、ついにはそのほとんどを暗記してしまった。国史の方はそれほどではなかったが、クラスメートは〝地理や歴史ならば木村にきけ。先生の次は木村だ〟ということになった。一学期の通信簿を開けた時、わが眼を疑い、こすった。甲がずらりと並んでいたのである（評語は、甲、乙、丙、丁）。それまでの私の成績は乙が過半で、甲と丙が一つ二つあるという程度（中の下ぐらいか）だったから、甲が中心で乙がちょぼちょぼ、丙はなしというのでは驚くのが当然である。私だけではなく母親もビックリした。地理や歴史につられて他の課目もついでに上昇してしまったのである（私が学校の成績がよかったのは、この小学校五・六年の時だけである）。

電車に乗ると、母親に連れられた小さな子が駅名のひらがなを大きな声で読んだり、母親に次は何だとしきりにたずねている姿をよく見掛ける。このような素朴な地理的関心は子供の時から早く芽生えるもののようである。そういう状態に気づいた大人たちは、次々と教え、それらの結実として寺子屋師匠による地誌性の強い「柴崎往来」や「近隣村名」の編纂という事態が生起してきたのであろう。地誌性の強い往来物や手習本としての近隣地名の書き上げは、周知のように『柴崎往来』だけではない。

ここでの主題は、寺子屋の教科書としての「柴崎往来」や「近隣村名」等に表現された地理意識（空間意識）の性質につき、若干の例示をおこなうことにあるが、これらは寺子屋の教科書、手習本として編纂・利用されたものなのだから、まず寺子屋そのものについて触れておくことが必要である。とはいっても、これも周知のことだが寺子屋についての研究は非常に多く（その成立、分布、大小、師匠、子供、教科書等々各般にわたる）、それらについての解説はここでは不可能だし、主題との関係でいうとあまり意味あることでもない（膨大な研究史や解説がある）。したがってここでは寺子屋についての記述をそこで学ぶ「態度」だけに限定する。どういう態度が要求されていたのかということである。現実としては、要求されている態度とは逆の場合が多かったと考えねばならないが、要求された態度にふさわしく行動するよう修正されたに相違ないから、要求そのものに時代の性格や時代を越えた本源的なものが内包されていると考えた方がよい。

寺子屋は初歩的とはいえ知的教育機関である。とはいっても、知的教育を受ける側に、受けるにふさわしい態度ができていなければ、知的教育機関そのものが成り立たない。つまりしつけや作法の問題である。寺子屋でのしつけとはどんなものだったのか。

寺子屋でのしつけ

『小山市史』（栃木県）史料編・近世Ⅱには「（年月不詳）寺子屋掟書」がのっている（小山市下国府塚岸家文書）。

全一七条に及ぶ長いものなので、大意を汲むに止める。（かっこ内は木村の注）。

①一朝五ッ時（午前八時頃）には来て、相互に礼儀を正しくして、手習いを始める前の準備をせよ。

②一手習を始める時は線香を立て、無言でいること。

③一晩方になって塾を退出する時は硯箱や手習草子をしまい、一老（年長のリーダー）が順に呼出し一人ずつ帰す。もちろん互に礼儀を乱してはいけない。途中で遊んだり水浴をしてはいけない。早く家へ帰って御両親や兄弟に挨拶をすること。

④一手習道場（寺子屋）へ遊び道具や絵草紙または銭などは持ってきてはいけない。高声・高笑・悪言・無礼・淫らな言葉などすべて無益な口をきくな。荒々しい立居振舞をするな。

⑤一お客様が御出での時は銘々挨拶せよ。御帰りの時も同じ。決て無礼なことがあってはならない。

⑥一清書直しの節は一人ずつ出てきて、うやうやしい態度で添削を受けよ。素読の節も同様に心得、傍らで邪魔になるような読みをしてはならない。
⑦一筆・墨・紙等を大切にせよ。楽書きなどはするな。
⑧一机・文庫・手本幷草紙等を足で踏んだりまたいだりしてはならぬ。
⑨一年長者である老分や目付役の申す事にそむいてはならぬ。
⑩一内外共に喧嘩口論や掟に背いたりする者や偽りをいう者がある場合には、目付役の者はえこひいきせずに、(師匠に)申し出でよ。
⑪一御両親に対し万事不孝の儀がないようにせよ。(両親に対し)不法があれば私がきびしく叱り、処罰する。
⑫一千字文を書く時は、毎日参拾四度ずつ習え。これを欠いた場合はきびしく処罰する。
⑬一素読は毎日八ッ時(午後二時頃)より始めよ。
⑭一清書は九ッ(正午)過より書くようにせよ。猥にしてはいけない。
⑮一すべて物を取り替えたり、くれたりもらったりする事は法度だからするな。このことは老分の者は別してよく心得よ。万一内証でもらったりくれたり取り替えたりして、それが分かった場合には、双方共にその品を取り上げ処罰する。役についている者は重く処罰する。
⑯一何事によらず内外のこと善悪ともに私へ申し出でよ。万一遺趣遺恨を含む者があれば、私がよく考えてきびしく取り計らい、以後そのようなことがないようにする。
⑰一何事によらず私へ隠して、御両親へ勝手なことを言って師匠を批判する者が以後出たならば、きびしく吟味の上、ただでは済ませない。

右の条々は、男女共に当塾における書席作法であるから、いささかも背いてはいけない。必ずよく心得よ。以上。月日

なかなか厳しいものである。このとおりになっていれば掟を出す必要はないわけだから、この寺子屋の日常は、子供たちは放っておけばガヤガヤと騒ぎ、部屋の中を駆け回ったり、いっこうに熱心ではないなどのことが多かったのだろう。それでも、この掟に示されているあるべき規範や言動は筆子たちにとっても正当なものとして受けとられていたに相違ない。わかっていても守れない、ということは常にある。誰一人として、この掟の正当性を疑う者はこの時代（年号はないが、江戸時代後半の文章である）にはいなかったに相違ない。この掟はそのような意味で時代精神を表現しているといってよい。

次に「文政二年（一八一九）十二月　童子教訓万家至宝集」（「どうじきょうくん、ばんけしほうしゅう」と読むのであろう。『壬生町史』資料編近世八一七頁。壬生町は栃木県下都賀郡。壬生町の本丸二丁目興生寺文書。興生寺は寺子屋）を見よう。やや長文なので部分的な引用に止める。そう難しくはないので、原文のままとする。ただし、一部にふりがなを付する。

童子教訓万家至宝集

抑《そもそも》筆学の道ハ人間万用を達す根元なり、依て無学無筆の輩《やから》は終に盲目木石の名を得て一生の苦労不自由にして、於諸席辱《しょせきにおいてはずかし》められ、老後の悔何を以て是を諭《たと》ふべきや、此故に幼少の時より貴賤男女に限らす、手習物読等を励へき事宜《むべ》なるかな

として、まず筆学の重要性を説き、次いで寺子屋に学ぶ時の態度をごく具体的に記す。

朝早くおきて手を洗ひ、天道天神・師匠・父母を拝し、髪結ひして、手習に参るときハ、父母に

対して告知《つげし》らせ、又帰宅の節も同然たるへし、先稽古所へ参り、師に向ひ手をつき機嫌を伺ひ、只今参り候由一礼を述《のぶ》へし、宿にて用事等有之、遅参いたし候節ハ、其旨相断《あいことわり》申へし、夫より兄弟子等へ無礼無之挨拶有へし、其上机を直し、座を構へ、水を入墨を摺、こころを鎮め気を調へ、友達の交り無礼を働かす、仮初《かりそめ》にも雑談下作なる物語致へからす、平常の言葉つかひ睦《むつまじ》く、慇《いん》懃《ぎん》にして師の教へ定法の趣き堅く相守り、他ハ十字を習ハ、己ハ百字をも学ふへきと心得る事肝要なり、

そして、態度の悪い筆子については、次のように活写する。

無精もののくせとして、立《たっ》たり居《すわっ》たり、筆の袖《軸》を噛ミ、高咄《たかばな》し大笑ひ、戸障子を破り、柱を汚し、壁を崩し落書、或ハ机の上にて紙を剪《きり》さき、幾度となく、湯茶を飲、大小便に立出、或者不宜《あるいはよろしからざる》語り告口、相弟子の仇名を呼ひ、根問陰言詞（くどくどと質問したり、陰口をきく、という意か）、咎め悪口其外謀計を以て、我身の悪事を隠し、都《すべ》て他人の理を非になし、剰《あまつさ》へ師の仰を不念《ねんぜず》却而《かえって》掟をあさむき、兄弟子の指図を用ひす、気随気侭耳《のみ》に時を移し、悪行の所為、心ある児童ハ身を省ミて、恐れ慎無へき事なり、惣して何事によらす売買遣りとり、貰ひ替堅く遠慮尤もなり、筆紙等放埒に遣ひ、白紙反枯に至るまて、猥りに費なる儀無用の事、墨水をこほさぬよふに心を附け、硯箱文庫《コ》の内取散さす、奇麗に取仕舞可申、

まだ、延々と続くのだが、もういいだろう。寺子たちの悪さを描く右の部分は奇妙にいきいきしている。寺子たちを叱っている師匠の声が聞こえるような描写である。

前掲の「掟」とこの「至宝集」は、文体こそ異なれ、内容には似ている部分が多い。寺子屋の現実とはこういうものだったのだろう。しかし、そうであってはならず、こうあるべきだとする理念は、

建前としてではなく、現実的なあるべき規律として厳存していたようである。ここに規定されている規律は、言葉ではなく、態度であり、行為である。師匠は知識を教え込む前提として、知識を学ぶ態度や行為を正すことが絶対必要だとの確信をもっていたのであろう。寺子屋は制度ではないのだから、世間常識に支えられた師匠たちの右のような確信と明確な態度がなければ、そもそも寺子屋そのものが存在し得なかったはずである。寺子屋は、このような眼には見えないものの、確実に存在する関係（人間的、社会的）によって、広汎に存在することが可能だったといえるだろう。

以下地理の話に移る。

「近隣村名」の世界

柴崎村「近隣村名」はまず「柴崎の邑里に十八の字在り」として、村内の字名《あざ》（小名。小地域区分名）を西から順に記している。その面積は東西三丁（一丁は一〇九メートル）、南北三一町。柴崎村ほどの大村になると、自村内の字名を知ることがどうしても必要だった。続いて「村名尽し」となる。これからが本文である。

まず「西は」として近隣の郷地村から書き出し、順次秋川・五日市方面、青梅方面への村名を記し、さらには西多摩山間地帯の村々に至っている。また八王子の一部も入っている。合計五三か村。

次は「南の方は」としてまず日野、八王子、町田から稲毛に至る。この稲毛は現川崎市内である。合計六四か村。

最後は「東の方は」であって、府中、調布、狛江等を経て新宿（内藤新宿＝江戸市中の西端）に至る。合計は「三十余ヶ村他」とある。

北についての記載がないのが不思議である。たしかに柴崎村の北方は一面の武蔵野新田が広がっているが、その北端はいわゆる狭山丘陵である（柴崎村と狭山丘陵南麓の村々との直線距離は七〜八キロメートル。晴れた日には視認できる）。この台地麓には古くからの村々が連なっているのだから、書いてあってもよさそうに思うが、そうなっていない。理由はわからない。

柴崎村の「近隣村名」の指示にしたがい、それを二〇万一地勢図にざっと落としてみると図9のようになる。「近隣村名」における方向別村名合計は、西＝五三、南＝六四、東＝三〇余他であって、総計一四七余。これを大ざっぱに一五〇か村とする。一五〇というと大層な村数であって、寺子たちはこれを書いたり覚えたりするのに苦労したに違いないが、この地図に含まれる範囲は、江戸時代の呼称にしたがえば武蔵国多摩郡のほぼ四分三程度（北多摩の一部、南多摩、西多摩のほぼ全部）、それに同橘樹郡のほぼ全部を併せた広がりを持っている。「天保郷帳」によれば、多摩郡全体の村数は四〇三、橘樹郡のそれは一二八、したがって地図の範囲内にあった村は大体において四〇〇前後と考えられる。したがって「近隣村名」における村数総計を一五〇とすると、記載されている村数は全体の四〇パーセント弱ということになる。つまり、この「近隣村名」は、それぞれの方向における村名のすべてを網羅しているわけではなく、筆者による選択がなされているのである。編纂者である寺子屋師匠にとっては、各方向にある村々を完璧に網羅する必要はなく、大体のことが寺子にわかればよいのだから、こうした選択がなされるのは当然である。このことは他の場合にあっても同様であろう。

慶応二年（一八六六）四月「四郷村名」（『小山市史』史料編・近世Ⅱ所収）は、現小山市内ではあるがＪＲ小山駅の北方約五キロに位置する小薬郷中村を起点にして村名を書きあげたものである。これも前掲柴崎村「近隣村名」同様方角ごとに書き分けている（図10）。

東は結城方面（四〇か村）、西は栃木から富田方面（一三か村）、南は間々田から古河方面（三六か村）、北は壬生から鹿沼方面（三五か村）、計一三四か村となっている。南方面では小山が入っていないが、

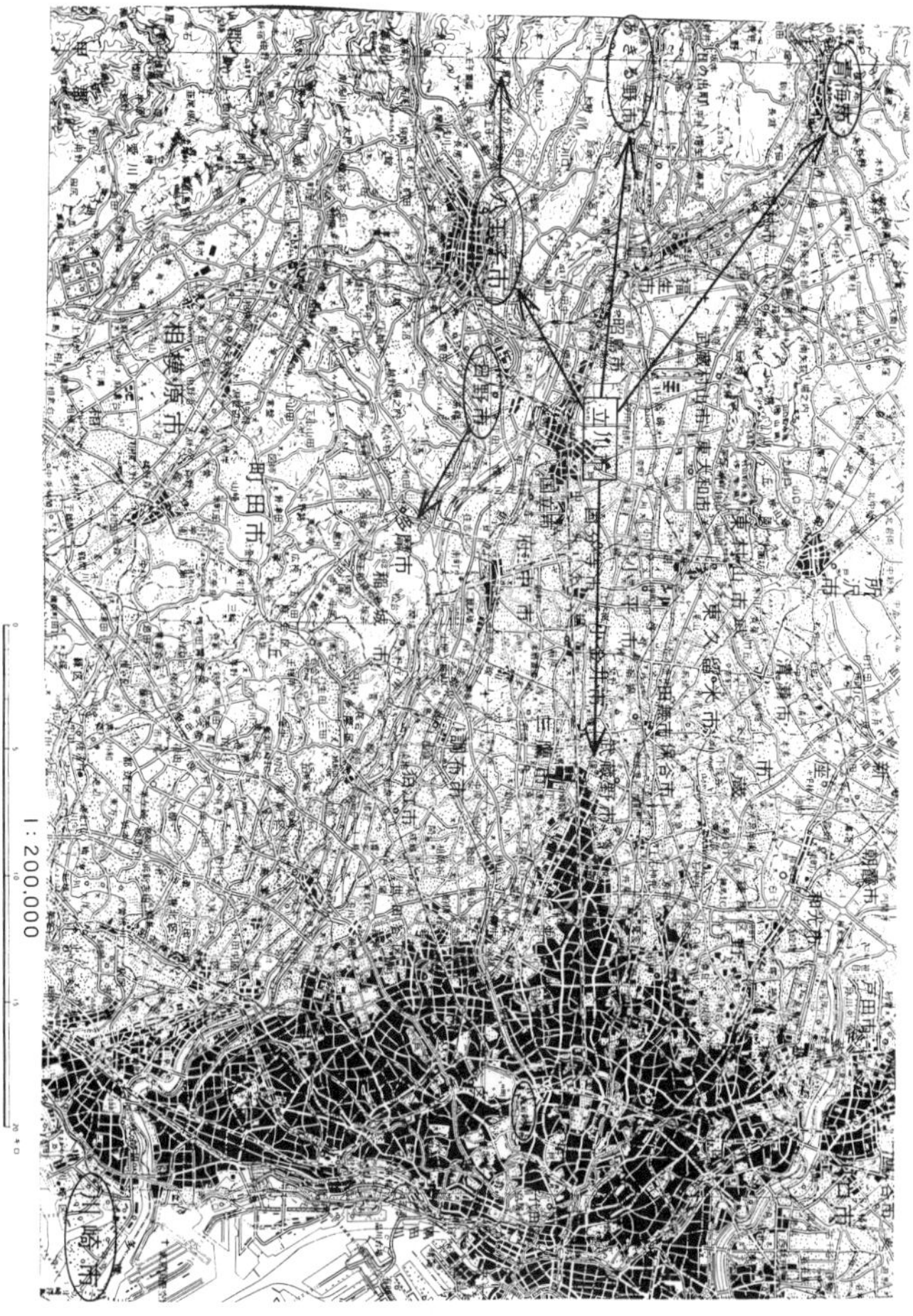

図9　柴崎村「近隣村名」のだいたいの範囲。（20万分の1地勢図「東京」）。

これは当然のこととして落としたのであろう。また北については、鹿沼へのびる線については記しているが、宇都宮へのびる線については記載がない。これは多分小薬郷が持つ諸社会関係が稀薄だったことを意味するのだろう。

年不詳「手習本雑集　村名集」（『壬生町史』資料編近世所収）は壬生町の本丸二丁目興生寺文書であ

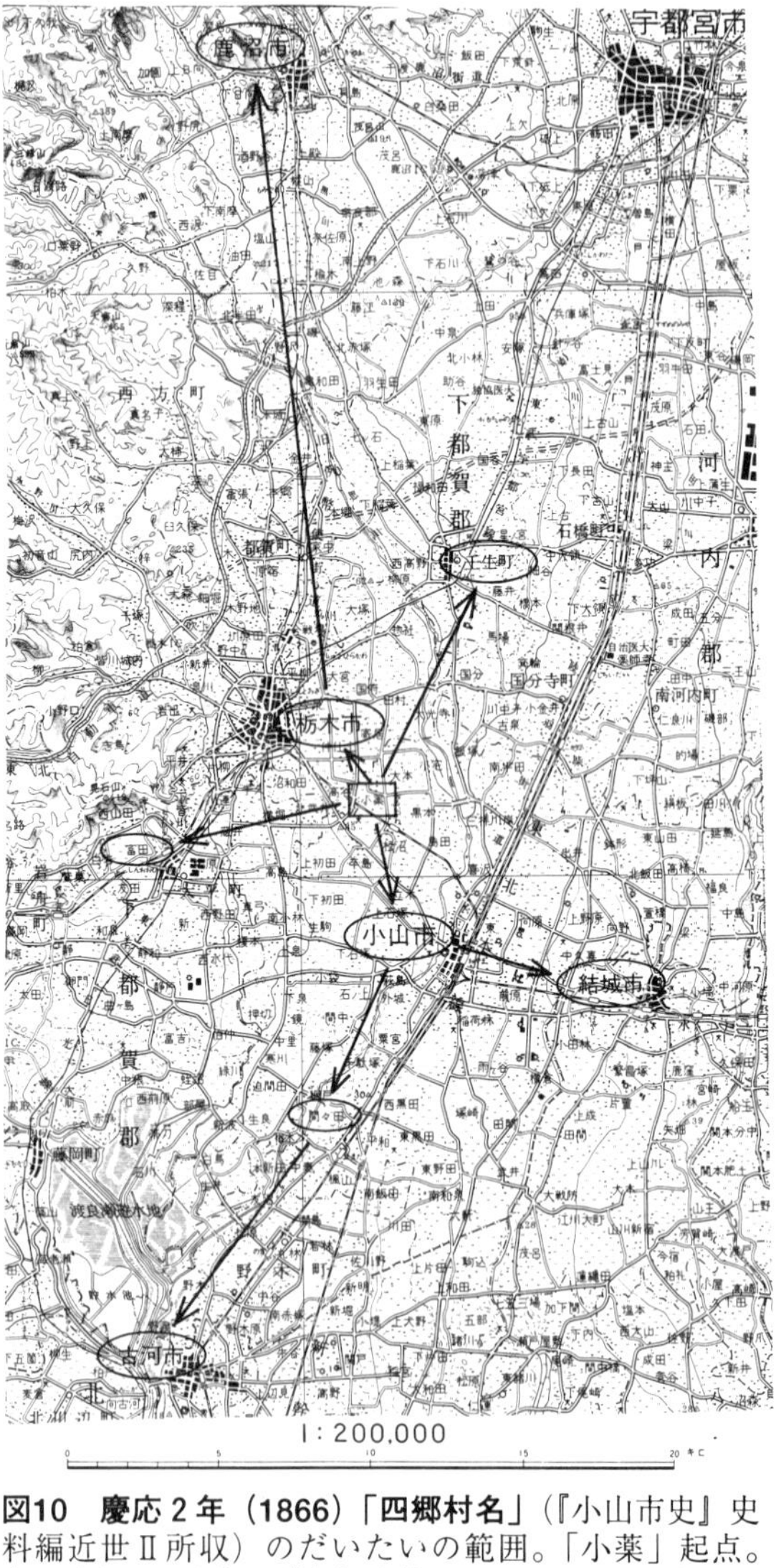

図10　慶応２年（1866）「四郷村名」（『小山市史』史料編近世Ⅱ所収）のだいたいの範囲。「小薬」起点。（20万分の１地勢図「宇都宮」）。

る。壬生は小さな城下町（鳥居氏　譜代　三万石）である。その本丸に近い場所の寺院が寺子屋だった時期につくられた「村名集」だから、壬生を中心にしていそうなものだが、そうではなく、壬生の町から八キロほど北の藤江を起点としている。この「村名集」には方面指示がないが、その大体の範囲を二〇万分一地勢図で示しておく（図11）。「村名集」が示している範囲は非常に広く、北は日光、南は江戸である（とても地図には入りきれないので矢印で示す）。日光道中や例幣使街道が大きな意味を持っていたことがはっきりわかる。

たとえば南については「小山・間々田・野木・古河・土井大炊（頭）守様御老中御勤役被遊御城下也、中田・栗橋船渡有、御関所御番仕、幸手・杉戸・粕壁・越ヶ谷・草加・千住・江戸」と書き連ねているが、これらはすべて日光道中（奥州道中）の宿駅である。南方の最後は江戸であり、続けて「此末相知レ不申」となり、〝したがってこれで終わりにしたい〟となる。江戸は親しい地名だったが、それから先との関係は疎遠で、別段の関心はなかったのだろう。

この「村名集」に記された村数は一五三である。柴崎村「近隣村名」では約一五〇、前出『小山市史』の「四郷村名」では一三四である。地域性はそれぞれ違っているのに、寺子屋師匠が書上げ寺子たちに書かせたり覚えさせたりした地名の数は、一五〇前後と大体は一定している。これが子供たちの限界だと師匠たちが考えるようになっていたのか、それともまったくの偶然なのか、面白いことである。

子供たちは、このような教材によって、自分の生きている世界が、自分の村や隣りだけではないことを知ったに違いない。そして師匠に教わった一五〇前後の村名の名を徐々に覚え込み、それらが、自分たちにだんだん近づいてくることを感じとったに違いない。

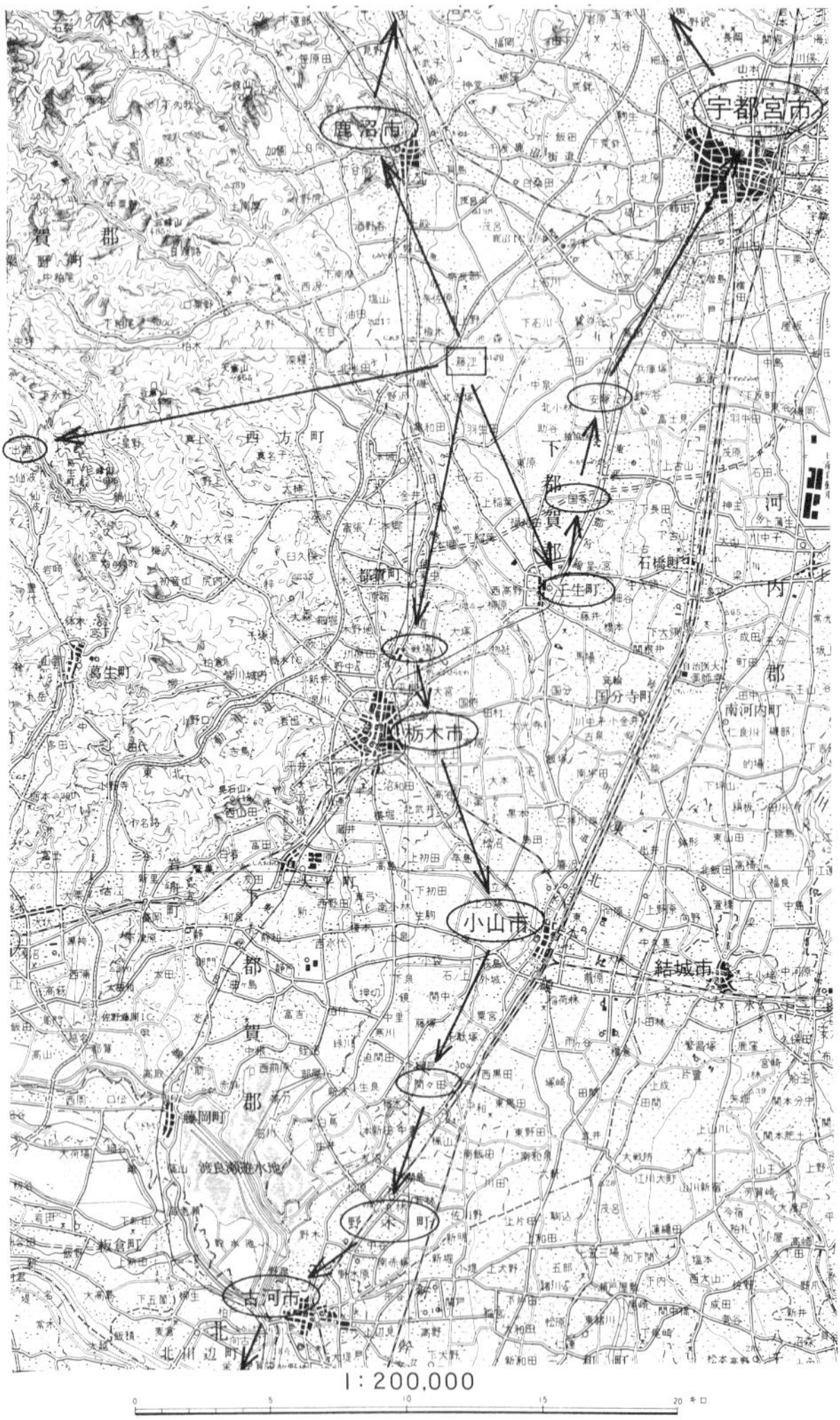

図11　年不詳「手習本雑集　村名集」（『壬生町史』資料編近世）のだいたいの範囲。「藤江」起点。（20万分の１地勢図「宇都宮」）。

「近郷名物記」の世界

『壬生町史』資料編近世には、「安永八年（一七七九）十一月　手習本『近郷名物記』」という文書がのっている（八一九頁。本丸二丁目、興生寺文書）。これはその名のように、その村々の名産を列記しただけの簡単なものである。冒頭には〝近隣の名物のあらましを申し述べましょう〟、末尾には〝右の外きりがないので略します〟とあり、往来物の形式をとっている。記されている地名とそこの名物は約一二〇。農産物が多いが、それが圧倒的というほどではなく、さまざまな名物（特産品）があげられている。まっ先にあがっているのは、「佐野天明之鍋釜」であり、次いで「舘林足袋、足利之雪踏」となる。

全部で約一二〇項目ある。それらすべてをあげることもあるまいから、以下に、私の理解できる範囲で、しかも農産製品（農作物、農産加工品、主原料が農産物）を除いて、地名共に記す。

・佐野天明の鍋釜。
・舘林の足袋。
・足利の雪踏《せった》。
・県《あがた》の馬口労《ばくろう》（馬口労が多い村という意か）。
・山川の馬守《まご》（同右）。
・大月の鏡石。
・相生の沙綾《さや》。
・忍山の温泉。
・多田木の鰌《どじょう》。
・鵤木《いかるき》の紺屋。

・稲田の伯楽（馬を御するのが上手な人。馬口労と同意）。
・常見の傘張。
・小生《ぼ》川の疵《きず》薬。
・塩嶋の鯉鮒。
・加子の鎌。
・荒萩の相撲（草相撲の中心村なのだろうか）。
・上野の胃薬。
・高橋の鍬。
・川崎の大工。
・小泉の土鍋。
・小曽根の指物。
・足次の筆。
・土橋の燈籠。
・赤生田の猿引（猿つかいの一座がいたのだろうか）。
・堀込の茶釜。
・大嶋の桜。
・川沼の膏薬《こうやく》。
・岩船の石臼《うす》磨（こういう職業があった）。
・寺岡の御くじ。

・小中の血薬（血止薬の意か）。
・出流原の石灰。

ずいぶんいろいろな名物があったものである。子供たちは、こういう知識によって、村々には同一性とともに相当な差異があることをおのずから学んだにちがいない。もちろん社会的分業などという言葉は当時は誰も使わなかったが、それが意味する内容、つまりたりないものやことはお互いに補い合うといった関係をおのずから会得したにちがいない。

「柴崎往来」の世界

最初に触れた「柴崎往来」に戻ろう。『柴崎往来　付　近隣村名』の末尾にある若杉哲男の解説によると、「柴崎往来」は次のように構成されている。

冒頭に、	柴崎の由緒と地理・地勢	十行
正月	年始の礼・七種の糝《しん》・夷《えびす》講の農具改	十行
二月	初午の稲荷の祭	六行
三月	上巳の雛遊と鶯の囀・燕の舞吟	六行
卯月	杜鵑の初音・花祭・川除工事・種蒔	十行
五月	端午の節句・田植・畑作物・女子の養蚕	二十四行
七月	七夕の星祭・土用干・孟蘭盆・施餓鬼会・諏訪神社の神事	五十三行
八月	（標示は無いが、九丁表一行の）とり入れと代官の検見・年貢納め	十五行
九月	重陽	一行
十月	亥の子の祝い（公方・大名の行事とその濫觴）・刈上げの節句・庶民生活	

　の苦しさと心構え・女の機織仕事　　三十行
十二月　年越の行事・借金とりと借金払い　　三十一行
まとめとして　学文のすすめ　　三行
計百九十九行にわたっている。

「柴崎往来」はたしかに右のような順序で書いてある。したがって、右の解説だけを見ると、この往来が、この地方の年中行事だけを書いているような感じを受けやすい。しかし、書き方はきわめて地誌的なのである。たとえば七月の諏訪神社神事の項を見よう。そこには一連の神事のあと相撲がおこなわれる。その書き方は次のとおり（原漢文。ここでは読み下す）。

　次いで相撲、南は日野の桐山、高幡道角八王子の花車、瀧・高月の荒者、柚木・小山・木曽・小野路・関戸・稲毛・相模の剛の者、大山の小天狗など力瘤をうちすり、足拍子を踏み立ちならぶ、東は当所（柴崎）の大鉄鎚、郷地・福嶋の小鉄鎚、築地・中神の塩釜、砂川の小松風、小河の玉椿、谷保の荒車、本宿の捻《ねじり》鉄、府中の高砂を先として、隣郷の血気の者鬼嶋の連までも聞きて打ち馳せ集まり、鬢鬚《びんしゅう》を撫で上げ、齗《はじし》を鳴らし臂を張りあたりを睨みて扣え候躰は、あっぱれ希代の見物事に候、

これは各地から草相撲が集まり、居並んでいる模様の描写だが、集まってきた力士（相模国からも来ており、世に知られた行事だったようである）たちの名に地名を冠することによって、この往来における地誌性が発揮されている。

「柴崎往来」の書き出しそのものはきわめて地誌的なものであって、これが以下の文章を規定しているという言い方もできる。以下に掲げる。

当柴崎はわずか千石に満たずといえども自由の地に候也、昔立川宮内殿御住居の由緒を在名に呼び来り候、前は東海に臨み早く朝日を受け暖く候、潮の満乾往来の遅速は候得共、河舟運送之便よく候、後は子聖妙見大嶽の名山を負い、加護により、疫癘傷害の流行の煩いも稀に候、左は渺々たる武蔵野にて秣刈敷貯えやすく、右は玉川惣門の渕にて、鵜飼河狩の輩、網をおろし釣を垂れ、上鮎鮭鱒等を取り上げ、これを売買仕ることに候、

地理的条件と生業とが結びついた見事な地誌叙述と言ってよいだろう（もちろん現在とは大いに異なっている）。

『柴崎往来　付　近隣村名』の冒頭に「立川地域史史料としての柴崎往来」を書いた伊藤好一は、「柴崎往来」の記事と関連する他史料とを併せて検討した結果、「『柴崎往来』には、各種往来物から取入れたであろう往来物として当然取上げられるような説明が見られるとともに、なお柴崎地域に当時おこなわれ、見られたであろう諸事象が少なからず述べられていることを確かめ得た」とした。つまり地方色がはっきりしているということである。そのうえで伊藤はこの「『柴崎往来』が、既成の往来物の持ち得ない、地域のテキストとしての性格を持つ」ともした。

伊藤はさらに問う。寛政期（一七八九〜一八〇〇）ともなれば、さまざまな往来物が流布していたはずだ、それなのになぜ宮崎主膳は「柴崎往来」を書いたのだろうか。これは急所をついた問題提起である。宮崎主膳は「柴崎往来」を執筆せず、流布している一般的な往来物を用いても寺子屋師匠は十分つとまるはずだから、彼がわざわざ「柴崎往来」を書いたのには理由があるに相違ない。このことにつき伊藤は次のように書いた。「もしも主膳の考えの中に既成の往来物ではあきたらないものが芽生えていたとしたなら、地域的な往来物を作って、これを学ばせることでそのあきたらなさを満すこ

とができると主膳が考えたとしたなら、その主膳の考え方の中に、現代の教科書を考えるわれわれに、何がしかの示唆を与えるものがありはしまいかと考えるものである」。つまり、主膳の内面における地域の独自性への認識や感覚の高まりが、彼をして「柴崎往来」を書かしめたということなのであろうが、同感である。また、子供には身辺かなことから教えた方がよいという人間の年齢成長に即した考え方の成熟ということが寺子屋の普及とともに経験的に理解されるようになってきているのではないか。江戸後期ともなると、そういう人間観（ここでは子供観）が成熟しつつあったのではないか、ということもある。

以上、寺子屋における空間認識のあり方を軸として書いてみた。

4 「学校沿革誌」が語る日本の近代

すべての小学校には歴史があり、なんらかの記述された「歴史」をもっている。その記述のスタイルはさまざまであり、名称にも多少の差がある。代表的な名称は「沿革誌（史）」である。『藤沢市教育史』（神奈川県）史料編第六巻（藤沢市教育委員会、二〇〇〇年）は約一〇〇〇頁におよぶ大冊であるが、そのうち解説六七頁を除いた大部分を市内一四校の沿革誌にあてている。この巻の解説（高野修）は詳細かつ有益なものである。

学校沿革誌とは何か

以下、主として高野の記述にしたがいこの帳簿の由来等につき略述する。神奈川県において、各小学校は学校沿革誌を備えなければならないと規定されたのは、明治三十二年八月における「小学校設備規則」の改正第一六条「小学校ニハ左ノ表簿ヲ備フヘシ」の中に、学校の備えるべき帳簿の一つとして出現したのが最初である。高野は奈良県についても例示し、「やはり、このころ（明治三十二年）に、全国的に学校沿革史が作成されつつあったとみてよいのではないだろうか」とした。

沿革誌が国の法令の中に登場したのは、明治三十三年八月における（第三次）小学校令の施行細則においてである。これ以降、沿革誌は法令によって各学校において必ず作成すべきものと規定された。しかしながら、その形式や記載内容の濃密についての指示はなかったから、各学校による差は小さいとはいえない。もちろん、学校の創立、教員、生徒数、校舎等々学校を形成する根幹については共通している。

昭和十六年四月より施行された国民学校令の施行細則が翌年二月に改訂された時、学校が備えるべき帳簿の二番目として学校沿革誌があげられている（これまでは七番目）。しかもこれは他の六種類とともに永久保存文書に指定された。

大戦終結後、学校教育法が制定された（昭和二十二年。現在に至る）。その施行細則第一五条には、「学校において備えなければならない表簿は、概ね次の通りとする」とあり、小学校令や国民学校令を踏襲する文章になっており、その内容も前令と大差ないのだが、それらの中に「学校沿革誌」はない。つまり落とされたのである。しかしながら右の施行細則には「概ね」とあるから、これら以外の帳簿をつくってもいっこうに差支えないわけである。東京都では、「施行規則に規定するもののほか、次の通りとする。」として「学校沿革誌」をトップに掲げている（「東京都公立学校の管理運営に関する規則」第二七条）。神奈川県では東京都のようなことはなく、学校沿革誌は公的には追放された。だからといってなくなったわけではない。『藤沢市教育史』史料編第六巻には、戦後の状態についての多くの記載がある。法令からは消えても事実としては消えなかったのである。歴史についての記述は個人や集団の記憶にとって、重要なことであるらしい。

二つの学校沿革誌（史）

藤沢市内の沿革誌だけではなく、全国的には多数の沿革誌が残っている。私の手許には二つの沿革誌（コピー）がある。

一つは「沿革誌　宗道小学校」で、表紙は黒いボール紙、書名、学校名共に活字である（宗道小学校特注か）。本文用紙は学校名の入った罫紙、筆記用具は筆と墨、見事な楷書である。丁数は約二八〇、頁数にするとその倍。学校創設を明治二十一年とし、その時点から記述を開始し昭和十七年に至っている。編年体で書かれており、昭和四～十二年分が欠けている。

他の一つは「沿革史　保存年限永久　石下町立玉小学校」とあるもので、表紙はふつうのボール紙、表紙の文字は達筆な墨書、本文用紙はふつうの罫紙、最初の方は墨書（楷書から行書、そしてペン書き）。丁数は三五五。明治二十二年の町村制実施（玉村が成立）による玉小学校の創設から昭和四十八年におよんでいる。編年体。

いずれも編年体で書き継いだ分厚いものである。記載内容はもちろん、学校運営に関すること（教員の異動や出張その他学校に特有なさまざまな行事）が圧倒的なのだが、双方ともに学校以外のことも記しており、学校行事の中にも時代特有のものが入ってきている。

宗道小学校のある宗道は、江戸時代の村（旧村）で、鬼怒川の大きな河岸があった所である。明治二十二年、周辺の村を併せて、「明治村」としての宗道村となり、昭和三十年に西の大形村、東の蚕飼村と合併し、現在では千代川村の一部となっている。

玉村はその宗道村の南隣である。「明治村」としての玉村は、その北部に位置する二つの旧村が宗道に合併され現在は千代川村の一部を構成している。他の旧村は石下町に合併され、現在に至っている。この学校の「沿革史」の表紙が「石下町立玉小学校」となっているのはそのためである。

分析の手法

宗道と玉、二つの沿革誌（あるいは史。以下「誌」とする）はいずれも部厚い編年体であり、大体において、その記載は綿密である。したがって読み進めていくとおのずから、時代相が浮び上がってくる。そこで、一般的な学校経営に関する記事以外の、時代相をよく表現している記事に注目してみることにした。学校以外の世事に関する記事には時代相を鮮明に写し出す傾向が強いが、学校行事そのものにからむ記述の中にももちろん時代相は表現されている。

結局、私は膨大な沿革誌の中から、時代相をよく反映していると考えた記事をアトランダムにカード化した。言ってしまえば、私の主観によるカード化である。その合計は一一六枚（同じような事項は重複してはとらない）。わずかなものである。しかしわずかではあっても、これらのカードはその内容による区分が十分に可能である。

・教育勅語・御真影に関係するもの（以下「関係するもの」を省く）＝カード一一枚
・天皇・皇族＝一二枚
・国の大事件＝一五枚
・戦争・軍隊＝二四枚
・村の行政との関係＝一六枚
・耕地改良・地方改良＝九枚
・綴り方・童話会＝三枚
・日本主義＝二枚

・経済・交通＝二枚（省略）
・学校雑事＝一九枚（省略）
・その他＝三枚（省略）

このような手法をとった理由は、
①これだけ熱心に書き継がれた沿革史には日本の近代が反映されているはずである。
②反映させている主体は、村の知識人ではあるが、歴史研究者ではない小学校の教員。つまり一般人であり、そうした人々による時代相の把握や認識の仕方には広い一般性があるのではないかと考えられる。

さて、沿革誌はどのように日本の近代を語ってくれるのだろうか。右に掲げたカード順に以下検討してみよう。解説は最小限に止める。難しくないから史料そのものに語ってもらう方が迫力がある。やむを得ない場合は注訳をつける（＊で表示）。

教育勅語、御真影

明治二十四年二月十九日　忝ナクモ教育　勅語　御下賜アリタルニツキ本日奉読式ヲ挙行、主任訓導杉田弥四郎勅語ノ大意ヲ謹解ス、豊田第一高等小学校校長幕田孫作本村役場書記岩本庄太郎臨席ス（宗道）。
同四十一年十一月十四日　戊申詔書謄本御下附相成タリ（宗道）。
同四十二年十月十三日　戊申詔書御発布一週年ニ相当スルヲ以テ午前九時奉読式挙行ス（宗道）。
大正四年十月二十七日　御真影奉迎之タメ児童引率停車場（＊常総鉄道宗道駅）ニ整列ス（宗道）。
同年　十二月二十五日　御真影　御下附ノ通牒ニ接シ、奉安所宿直室ノ準備ヲナス（宗道）。
同二十六日　職員児童御真影ヲ停車場ニ奉迎ス（宗道）。

同十二月二十八日　午前十時村長島田四平校長磯貝秀賢巡査塙猛次郎郡役所（＊宗道にあり）ニ出頭ス

今上天皇　御真影拝載、本村名誉職分会長有志職員児童、校門内ニ奉迎、直チニ奉安所ニ無事御奉安ス（宗道）。

同年同月同日　荒川校長帰校、御真影拝載ノ為浅野村長岡部駐在巡査ト共ニ郡役所ニ出頭、職員児童ハ羽子橋ニ、村会議員在郷軍人及有志者ハ校庭ニ奉迎シ拝載式挙行（玉）。

＊非常なものものしさである。以後「皇后陛下御真影奉迎」（大正五・一〇・二八、宗道）、「両陛下御影拝載」（大正六・一〇・四、玉）、「教育勅語三〇週年記念式」（大正九・一〇・三〇、宗道）、精神作興詔書発布（大正一二・一一・一〇、宗道）、青少年学徒ニ賜リタル勅語の伝達式（昭和一四・八・二五、宗道）。

天皇、皇族

明治二十二年十一月三日　天長節（＊明治天皇）ノ佳辰ヲ以テ　立太子ノ盛典ヲ挙ゲサセラル、本郡教員同盟義会ハ此盛儀ヲ祝シ、兼テ発会式ヲ挙ゲンガ為ニ宗道高等小学校内ニ参集ス、本校職員モ亦第三第四学年ノ生徒ヲ率イテ参列セリ（玉）。

明治二十六年二月十一日　紀元節祝賀式挙行ス（宗道）。

同年四月三日　神武天皇祭（宗道）。

明治三十三年五月十日　皇太子殿下（＊後の大正天皇）ノご婚儀ヲ奉祝ス（宗道）。

同三十六年二月二十六日　小松宮殿下（＊皇族）薨去、御埋葬当日ニ付哀悼ノ意ヲ表センタメ遥拝式挙行セリ（宗道）。

同四十五年七月二十二日　天皇陛下　御大患ニ被為入趣（＊入らせらるるおもむき）児童一同ニ訓話

シテ鎮守社前ニ御軽快ニ趣カセラル、様祈願ス（宗道）。
同年同月三十日　零時四拾三分　天皇陛下　御崩御被遊　皇太子殿下直チニ御践祚神器渡御式ヲ行ハセラル、同時ニ改元令発布、年号ヲ大正ト改ム（宗道）。
同年同月三十一日　天皇陛下　御崩御被遊タルニツキ謹慎ノ誠意ヲ表スルタメ児童一同召集訓話ヲナセリ（宗道）。

＊明治天皇の死去は大事件であった。玉小学校の沿革史には次のように見える。やや長いが全文引用する。

明治四十五年七月二十二日　聖上陛下御悩ミ御平癒ヲ原宿天満宮ニ祈ル（玉）。
同年同月二十六日　聖上陛下御悩御平癒祈祷式ヲ本校内ニ行フ、本校児童并ニ村民毎戸一人ヅツ参列（玉）。
同年同月三十日　午前零時四十三分　天皇陛下崩御アラセラレ、皇太子殿下直チニ践祚　神器渡御式ヲ行ハセラル、右ニ付唱歌講習会ヲ中止ス（玉）。
同年同月三十一日　先帝陛下崩御ニ付喪旗ヲ掲ゲ、児童ヲ召集シ左ノ訓諭ヲナス
一、先帝陛下崩御ニ付深ク謹慎スベキコト
二、殊ニ女性ニ対シ、リボン簪等ノ華美ナルモノヲ用フベカラザルコト
三、益〻身心ヲ健全ニシテ国家ノ為ニ力ヲ尽シ、以テ先帝ノ恩ニ報ヒ、今上陛下ニ忠ナルベキコト（玉）。
同年八月一日　大正《タイショウ》と改元せらる（玉）。
同年同月三日　午後四時哀悼式ヲ行ヒ、先帝陛下ノ御影ヲ拝ス、児童ヲシテ喪章ヲ附セシム（玉）。

同年同月七日　玉村在郷軍人会、奉悼式ヲ校内ニ開ク（玉）。
同年同月十三日　先帝陛下ノ御大葬ニ付、午後四時職員児童遥拝式挙行、同八時ヨリ村民遥拝式挙行（玉）。
同年同月十五日　若宮戸常光寺ニ於テ奉悼会執行、職員并第六学年児童参列、御大葬ノ当夜陸軍大将乃木希典先帝ニ殉死セラル、夫人静子ト共ニ（玉）。
*なお九月十三日、宗道村では「御大葬　遥拝式」を挙行している。天皇と皇族についての沿革誌の記事のうち明治天皇の死去に関するほどのものはない。これは、この時期の日本にとっては大きな「事件」だったのであり、その衝撃はきわめて広くかつ深かったようである。

国の大事件

ここでの「大事件」は明治天皇の死去や戦争以外のものをさす。

明治二十三年十一月二十九日　国会議院開会式当日ナルヲ以テ休校祝意ヲ表ス（宗道）。

*これは第一通常議会（二十五日召集）のこと。

明治四十二年十一月四日　公爵伊藤博文国葬ノ儀仰出サルルニ付キ児童一同ヲ召集シテ同公爵ノ維新ノ功労偉大ナルヲ訓話シテ哀悼ノ意ヲ表セシム（宗道）。

*伊藤がハルビンで暗殺されたのは明治四十二年十月二十六日。

同四十三年九月一日　第二学期始業式ヲ挙ゲ韓国併合ノコトヲ告ゲテ訓示ヲナス、蓋シ八月廿九日ヲ以テ韓国併合条約公布セラレタルナリ（玉）。

*宗道小の沿革誌には韓国併合についての記事がない。こういうことやその逆のことは他にもあるが、いちいち指摘しない。

大正十年十一月五日　原敬首相東京駅ニ刺サル（宗道）。

同年同月十一日　原前総理大臣葬儀ノ為ノ哀悼ノ誠意ヲ表シ休業ス（宗道）。

＊以下は関東大地震についての記事である。宗道や玉は東京の東北方六〇キロ圏内だから多少の被害があった。宗道と玉の双方を掲げる。

大正十二年九月一日　午前八時始業式挙行、当時刻暴風ノ兆アリタレドモ、十時頃ヨリ晴ル、児童ハ午前中退散ス、

午前拾壱時五拾八分（東京天文台時計止ル）、突然ノ大強震職員校庭ニ出テ避難ス、宿直室使丁室傾斜入ル能ハズ、奉安所其他教室ハ被害少シ、村内屋根瓦ノ墜落夥シ、倒壊二　非住家一九アリタリ、児童退散後ナルヲ以テ難ヲ逃レタリ、

帝都并ニ横浜横須賀軍港等千葉埼玉加《（神）》奈川ノ諸県激甚ナリ、帝都ノ大災ハ本村ヨリ火炎々トシテ天空ニ冲セルヲ見ル、一切ノ交通絶エタルヲ以テ詳細不明ナリ、

御真影ハ徹宵奉護セリ（宗道）。

同年同月二日　日曜日、校内外一層注意ヲ払ヒ警戒ス、帝都ノ震害ニ次クニ火災ハ前古未聞、死傷数万、高地ヲ除ク各区ハ全滅ニ期セリト、

村内ヨリ帝都ノ救援趣《（赴）》ク者日一日増加本日モ屋外ニ徹霄ス、

駒井郡視学夜中巡察、注意ヲ与ヘラル、職員室当直室ハ当分奉安所前ニセリ（宗道）。

同年同月三日　帝都ノ火災今尚止マズ、遥ニ火焔ノ炎々タルヲ望ム、

本日ヨリ青年会軍人会消防隊村内ノ警護、避難者ノ救護等東奔西走殆ト徹霄連夜ナリ、本村役場ハ停車場ニ出張所ヲ設置シ昼夜避難者ノ慰問ト警護ニ就ケリ、

本校職員児童交互出張、麦湯ヲ供ヘタリ、本日訓導中島庄一郎出京ス（*東京の災害を見るためであろう）。

本日漸ク常磐線南千住迄開通ス、通信尚不通（宗道）。

同年同月七日　東京外三県下へ戒厳令執行セラレ、本日ヨリ一般入京ヲ禁止セラル（宗道）。

同年同月八日　職員児童ノ慰問袋五拾箇調製、発送方役場ニ依頼セリ（宗道）。

同年九月二十日　震災後本日迄羅災児童ノ入学各学年ヲ通ジテ二十三名ナリ（宗道）。

同年十月一日　「東京罹災小学校ニ寄贈古教科（書）左ノ通リ郡役所ニ届ク」として一〇教科一三二六冊の教科ごとの数をあげている。それによると「国語読本」四五〇冊が最多、「農業」「家事」の各三冊が最小である（宗道）。

右のように、宗道小学校沿革誌の関東大震災の部分は緊迫感があり、しかも役場の出張所を宗道駅にもうけたとか麦茶をだしたとかの細部を描くことによって現実感を高めている。次に玉小学校の沿革史を見よう。

大正十二年九月一日　午前十時始業式ヲ行ヒ児童ヲ解散ス、

午前十一時五十八分大地震アリ、

南北校舎ノ瓦壁等大半崩壊シ柱ノ挫折セルモノ四十本ニ及ブ、村内家屋其ノ他ノ倒壊十余棟ニ達ス、東京横浜市ノ惨害特ニ甚ダシク地震ト共ニ火災起リ殆ト全部ヲ挙ケテ灰侭ニ帰セリ（玉）。

同年同月二日　駒井郡視学戸塚技手震災被害調査ノタメ来校（玉）。

同年同月三日より五日まで　震災被害整理ノタメ臨時休業ス（玉）。

同年同月四日　軍人（*在郷軍人のこと）分会員青年会員消防組員等出勤残存ノ屋根瓦取下シ片付等

ヲナス（玉）。

同年同月六日　授業ヲ開始ス（玉）。

これ以後も若干あるが省略する。宗道小にくらべると淡々とした記述である。

いわゆる「虎ノ門事件」（無政府主義者難波大助による摂政〈後の昭和天皇〉狙撃事件）についての記述は次のとおり。

大正十二年十二月二十八日　帝国議会開院式挙行セラルニ付、摂政宮殿下臨御途中虎之門御通過ノ節不敬漢現ハレシモ御異状ナカリシハ国民ノ欣幸トスル所ナリ（宗道）。

として新聞切抜がはってある

＊事件の勃発は二十七日。

満州における張作霖爆殺事件（昭和三年六月四日）についての記述は次のように間接的である。

昭和三年七月二十六日　在満州守備隊稲葉荘一郎君ヨリ奉天附近ニ於ケル張作林《ママ》氏遭難写真送与サル（宗道）。

満州事変（昭和六年九月）および国際聯盟脱退（昭和八年三月）に関しての記述は次のとおり。

昭和八年九月十八日　満州事変満二周年記念日ニ付、国際聯盟脱退ニ関スル奉読式ヲナス（玉）。

宗道小学校の沿革誌には昭和四年から十三年までがまったく欠けているのでやむを得ないが、玉村の沿革史にはそのようなことはない。不思議なことにその玉村の沿革史には、かの二・二六事件（昭和十一年二月二十六日における軍隊〈千余名〉による重臣暗殺事件）についての記述がない。二十六日にはまったく記事がなく、翌二十七日には「就学児童身体検査ヲ行フ」とあるだけである。

紀元二六〇〇年（昭和十五年、西暦一九四〇年）の祝賀式については、昭和十五年十一月十日 紀元二千六百年奉祝記念式典ヲ行フ、午前旗行列ヲ行フ（玉）。
同年同月同日 紀元二千六百年奉祝式ヲ挙行ス（宗道）。

とあるだけで、政府の意気込みをそのまま反映しているとはいえない。

この時期、日中戦争はすでに始まっており、しかもアメリカ、イギリス、オランダに対する大戦争が一年後には始まろうとしていた。

戦争、軍隊

戦争ならびにそれに関連する記事はきわめて多い。したがって適宜取捨する。

日清戦争については次のとおり。

明治二十七年八月一日 清国ト和親破レ宣戦詔勅発布セラレタリ、生徒一同ニ訓話、国家ノ大事ヲ知ラシム（宗道）。
同年九月 大本営ヲ広島ニ進メ賜ヒタリ（宗道）。
同年十一月二十六日 討清軍旅順口占領ノ公報ヲ見、祝意ヲ表スル為午後休業ス（玉）。
同年同月 都井某徴集ニ応ジ入営ス、職員生徒宗道マデ見送リヲナス、爾后入営者アル毎ニ此例ニヨル（玉）。
同二十八年四月十七日 日清和親条約調印ヲ終ル（宗道）。
同年五月三十日 式ヲ挙ゲテ日清戦役ノ為大纛ヲ広島ニ進メ給ヒタル大元帥陛下ノ御還幸ヲ祝ス（玉）。
同年十月十七日 本村大字原出身故輜重輸卒磯貝某ノ葬儀アリ、本校職員及生徒ハ其殉難者タルノ故ヲ以テ花籠一対紅白旗弐旒ヲ寄贈シ会葬ス（玉）。

＊宗道・玉いずれも落着いた文体である。戦死者には「殉難者」という一般用語があてられて

いる（「忠霊」や「英霊」とは言っていない）。

明治三十二年十一月七日　近衛砲兵一大隊通過、国旗ヲ掲ゲテ敬意ヲ表ス（玉）。

＊「敬意ヲ表ス」という表現には、当時における村民の軍隊に対する敬意と親しみがこめられているように思う。

日露戦争に関する記事は日清戦争に比してずっと多くなる。文体が興奮気味な部分も時にはあり、二つの戦争に対する人々の受け取り方の差異がうかがわれる。

明治三十七年二月六日　動員令アリ、コレヨリ先日露両国ノ国交穏ナラズ風雲頗急ナルモノアリシガ、今ヤ終ニ干戈相見ユルノ止ムナキニ至レリ（玉）。

同年同月九日　我艦隊旅順ノ露艦ヲ襲撃シテ大勝ヲ得タリ（玉）。

同年同月十日　宣戦詔勅ヲ下シ賜フ（玉）。

同年同月十二日　日露交渉破レ国交断絶、十日付ヲ以テ宣戦ノ　詔勅発布セラル、本校ニ於テ奉読式挙行、御詔勅ノ大意ヲ児童ニ訓示セリ、

本月八日九日両日ニ於ケル仁川旅順ノ海戦、我軍ノ大勝ヲ講述シ、一層国家ノ大事ニ際シ尽忠報国ノ念ヲ発奮セシメタリ（宗道）。

同年同月十三日　宣戦詔勅奉読式ヲ挙グ（玉）。

同年三月八日　国庫債券応募ノ件協議ス各職員国家ノ大事ニ付一株ツヽ応募ス（宗道）。

同年同月　軍事国債ヲ募集ス、荒川桜井二氏応募ス（玉）。

同年同月十一日　軍資金ノ一部ヘ金九円四拾五銭児童一同ヨリ献納ノ為メ茨城新聞社ヘ依頼ス（宗道）。

同年同月二十五日　証書授与式ヲ挙グ、時局ニ鑑ミ来賓ヲ招待セズ、勗《ツト》メテ其式ヲ質素ニス（玉）。

＊開戦直後の緊張と慌だしい動きがよく出ている。この戦争が「国ノ大事」であることを誰もが理解していたようである。国債応募に当たり、宗道小では各職員が一株ずつ応募した。玉小では「荒川桜井二氏」が応募した。

同年七月　出征軍人并ニ其家族ニ慰問状ヲ贈ル（玉）。

同年九月四日　我軍ノ遼陽占領ヲ祝ス（玉）。

同年同月同日　我軍遼陽敵城占領ノ公報出ヅ、生徒一同ニ吾軍ノ大勝ノ形況ヲ示セリ（宗道）。

同年同月七日　遼陽占領祝捷会ヲ催ス、組合高等小学校生徒ト連合旗行列ヲナシ村内日進艦乗込海軍兵曹長内田政助戦死ヲ弔問セリ（宗道）。

明治三十八年一月一日　此日旅順守将ステッセル、城ヲ開キテ乃木大将ノ軍門ニ降ル（玉）。

同年同月二日　難攻不落ト誇称セシ敵旅順ノ要塞陥落、敵将ステッセル我乃木軍ニ降服セリトノ一大快報ニ接ス（宗道）。

同年二月二十五日　愛国婦人会ノ募集ニ応ジ職員及生徒ヨリ恤兵手拭一百五十四本ヲ寄贈ス（玉）。

同年同月二十八日　本校職員児童一同ヨリ出征兵士ニ寄贈手拭左ノ如ク陸軍恤兵部ヘ寄贈ス、合計二百六拾三本（宗道）。

同年三月　二日ヨリ随時新聞紙ヲ出征軍人ニ郵贈ス（玉）。

同年同月四日　本校庭ニ於テ旅順攻撃戦ニ名誉ノ戦死ヲ遂ゲタル内田尾十一郎村葬儀執行、職員児童参列（宗道）。

同年同月十一日　奉天敵陣占領公報出ヅ（宗道）。

同年同月同日　我軍奉天ヲ占領ス（玉）。

同年四月四日　傷兵ニシテ兵役ヲ免除セラレタルモノニ　皇后陛下ヨリ襯衣《シャツ》及菓子料ヲ恩賜セラル、即生徒ニ訓告シテ盛徳ノ厚キヲ知ラシム（玉）。

同年同月九日　大字唐崎歩兵一等卒増山恭一郎戦死ニ付村葬執行、職員児童会葬ス（宗道）。

同年同月二十八日　二霊山（＊旅順二〇三高地）戦死者歩兵二等卒中山助次君ノ遺骨村役場ニ到着ス、職員一同有志者ト共ニ其家ニ送リ焼香ス（玉）。

次から次へと戦死者が村に帰る。彼らは手厚く葬られる。彼らの家は若い働き手を失うがじっと我慢する。負傷兵には皇后よりシャツと菓子料が与えられる。生徒たちにはその御盛徳の有難さが説かれる。

そして日本海海戦になる（以下簡略化）。

明治三十八年五月二十七日　此日東郷大将、我全艦隊ヲ以テ露艦隊ヲ対馬海峡ニ要撃シ其十三隻ヲ轟沈シ六隻ヲ捕獲シ世界無比ノ大捷ヲ収ム（玉）。

同年同月三十日　東郷艦隊露国第二第三太平洋艦隊ト二十七日ヨリ対島《(馬)》水道ニ於テ会戦、敵艦ヲ全滅セシメタル振《(ママ)》古未曽有ノ一大快報ニ接セリ（宗道）。

同年同月三十一日　露国第二艦隊司令長官ロヂエストウエンスキイ我捕虜トナレリトノ確報アリタリ（宗道）。

これは掛値なしの大勝利であった。当時の日本人はロシア艦隊の接近を非常な緊張をもって迎えていたのだから、このような完勝は「一大快報」以外の何ものでもなかった（この四〇年後の太平洋戦争末期、日本の連合艦隊はフィリピン諸島レイテ沖海戦において、アメリカ海空軍のために壊滅的敗北を喫する。

これは日本海海戦を裏返したような敗戦であった）。日本海海戦の勝利によって講和の機運は熟した。そして、

明治三十八年六月十二日　米国大統領ヨリ吾ガ外務省ニ宛テ正式ノ日露講和勧告アリタリ（宗道）。

となる。講和条約（いわゆるポーツマス条約）の調印は、この年九月五日のことであるが、これについては宗道小、玉小いずれの沿革誌も書いていない。条約調印後における東京都心を始めとする激しい民衆騒動についてもまったく触れていない。

ずっと下がって満州事変（昭和六年九月〜）については記載がない（玉）。宗道小の沿革誌は昭和四〜十二年の間が欠けている。昭和十二年七月七日のいわゆる盧溝橋事件に端を発した日中戦争（当時の日本名は支那事変あるいは日支事変）についてはどうか。

昭和十二年七月十六日　動員令下ル、小保川中山勝郎氏十七日午後三時三十二分出征ト決定（玉）。

＊細かい時間が書いてあるが、これは常総鉄道玉村駅の乗車時間なのだろう。

同年同月二十日　第一時限、北満北支ノ諸兵ノ武運長久ヲ祈ルタメ各字鎮守詣ズ（玉）。

以後出征軍人を送る記事や戦没兵士の帰村についての記事が頻出する。そして、

同年十二月十四日　南京陥落ニ付、午後一時ヨリ旗行列ヲナス（玉）。

となる。

以後、周知のように戦争はダラダラと続き玉小の沿革史は時折戦争についての記事をどちらかといえば事務的に書いている。日中戦争は、国民の興奮をあまり喚起しない戦争であった。

太平洋戦争（当時の日本名は大東亜戦争）についてはどうか。

昭和十六年十二月八日　一億国民感激ノウチニ宣戦ノ大詔換発セラレ、皇国日本ハ敵米英ト未明ニ

開戦、へ《（劈）》キ頭ノ大戦果アリタルヲ報道セラル、職員児童宗任神社ニ必勝ヲ祈願ス、職員ハ教育報
国ノ決意ヲ新ニス（宗道）。

玉小の沿革史におけるこの部分は、

同年同月四日　部会映画会当校ニ於テ行フ（玉）。
――――（墨で抹消）。
――――（同　右）。
同年同月十八日　「会計事務打合セ」（玉）。となっている。

つまり四日と十八日の間の二行は読めないようになっている。このような抹消は昭和十五年から同二十年（大戦の全期を包括）に及んでいる。そして、最初の抹消の上覧には「註　墨字抹消辞句は終戦後戦前に行われた行事その他思わしからぬ辞句を抹殺したもの」との注記がある。つまり、玉小の沿革史は大戦中にふさわしい言動はわからないようにしてある。したがって原子爆弾や昭和二十年八月十五日の降伏についてもわからない。以下はすべて宗道小の沿革誌による。

昭和十七年二月十八日　シンガポール陥落第一次祝賀日ニ付職員児童生徒役場員道場ニ集合（宗道）。
同年三月十二日　第二次戦勝祝賀日、国旗掲揚、詔書奉読式、戦勝報告並出征兵士武運長久祈願（宗道）。
同年四月十八日　春ノ鍛錬遠足実施シタル所午前八時三十分警戒警報発令セラレ、次イデ零時三十一分空襲発令サレタタメ、各学年共担任職員学務委員役場員協力ノ下ニ適当距離ヲ取リ無事帰宅セシム（宗道。細字にて上欄に書き込み）。
同年十二月八日　大東亜戦争一周年記念日ニツキ左記行事ヲ行フ

一、午前八時青年学校国民学校生徒児童各部落ニ集合シ戦死者ノ展墓並ニ神社参拝ヲナス
一、午前九時村民児童生徒新宗道宗道神社ニ参集シ必勝祈願祭ヲ執行ス
一、午前十時ヨリ午後三時マデ錬成体育大会ヲ開催シ盛会ナリキ

昭和十八年三月五日　故陸軍伍長中島一作君、故陸軍上等兵笠島恒三郎君、故陸軍上等兵内田榮二郎君ノ合同村葬ヲ行フ（宗道）。

それに続いて、

同年同月二十日　昭和十七年度初等科並高等科修了生ニ対シ終了証書授与式ヲ挙行ス（宗道）。

となり、この宗道小学校沿革誌は終わる。したがって、以後における日本軍の敗勢、そして降伏についての記事はない。

村の行政との関係

村の学校は村の行政の一部なのだから、両者の関係は深い。しかしながら学校教育には一般行政にはなじまない部分が多く存在しているから、村の一般行政と学校行政とは分けて考えた方がわかりやすい。それでも一般行政が学校を舞台として実施される場合や学校を通じてそれを周知せしめるようなケースはもちろんある。以下は、村の行政と学校との関係についての摘録である。

明治三十年八月　大清潔（＊大掃除であろう）ヲ行フ、爾後毎歳此月ヲ以テ行フコトトス（玉）。

＊学校独自の日程なのか、村役場が定めた日程なのかわからないが、後者の場合もあり得るので掲げた。

明治四十一年六月十一日　苗代害虫駆除ヲナス（宗道）。

同年八月十九日　大日本通俗衛生講和会開催、聴衆五百余名アリタリ（宗道）。

同四十四年二月二十八日　宗道郵便局ニ電話架設セルニツキ局長小島鶴吉ヨリ本校児童参観可然旨通牒アリ（宗道）。
同年同月二十八日　電話機参観ノ為児童一同郵便局ニ出向、局員ノ説明ヲ聴講ス（宗道）。
＊宗道は鬼怒川の河岸町としてこの地域の中心だった。だから電話が最初に入ったのである。
大正三年十月十二日　小貝川愛国橋架設ニツキ児童遠足見学ス（宗道）。
同年同月十三日　安本県農業技師ノ麦作改良講習会アリ、聴講者二百余名（宗道）。
同十二年六月十八日　害虫駆除施行（宗道）。
同年同月二十七日　朝鮮面吏員郡役所へ事務練習見学ノタメ来村ニ付キ協議アリ（宗道）。
同十五年六月二十七日　（＊郡役所廃止にともなう郡吏員送別会についての本文の上に、茨城県内歴代郡長名ならびに郡役所建物沿革を記した新聞記事切抜きを貼る）（宗道）。
昭和二十九年十月一日　町村合併により玉村は豊田村、飯沼村、岡田村、石下町と合併して石下町となり、玉村立小学校は石下町立玉小学校ト改称。
大字原、大字羽子の二字は分村し、千代川村に編入、学区の児童は年度末まで本校に委託さる。
南校舎（三教室）を千代川へゆずること決定（玉）。
最後の事例は、小学校の児童が分村という村の行政に規定されたことを示している。学校と村行政との関係は常にこれほどあらわではないが、根底的には関係が深い。

耕地改良、地方改良

耕地改良については、その達成が村の大きな喜びであり、それは学校の児童にも及ぶものであったことがよくわかる。
明治三十九年四月十四日　本村及玉村地内ニ竣工セル耕地整理参観ノ為伊古立事

務所ニ職員児童出張深瀬技師の説明ヲ受ケタリ（宗道）。

同四十年六月二十六日　整理耕地方面へ旗行列ヲ為ス（玉）。

＊「旗行列」とはすごいではないか。広漠たる水田地帯を旗をふりふり歩いて行く子供たちの姿が目に浮ぶ。それほどの喜びだったのである。

同年七月一日　耕地整理竣工式ヲ石下興正寺ニ開ク、農商務大臣松岡康毅臨席ノ途次通過セラレタルニヨリ職員生徒門外ニ整列、敬礼セリ（玉）。

＊長塚節（鬼怒川対岸の国生の人）の『土』（明治四十三年）には国生から鬼怒川を渡った主人公の勘次が整然と展開する水田を眺めて驚く場面がある。

地方改良運動は明治末期から大正にかけて展開された内務省（当時）主導による村々の近代化運動である。この運動の範囲は青年会の改組や産業組合の成立等々きわめて広汎であって、二つの沿革誌にもその事実の一端が出てきているが、ここでは左記に止める。

大正二年十二月八日　地方改良講習会出席ノタメ三日間磯貝秀賢（宗道小校長）西豊田小学校へ出張ス（宗道）。

同五年二月　十八日ヨリ三日間地方改良講習会へ校長出席受講ス（宗道）。

同年九月二十一日　地方改良講習会へ職員交互ニ出張講習ス（宗道）。

同年同月　廿一日ヨリ六日間地方改良講習会ヲ石下小学校ニ開ク（玉）。

＊校長が出席するとか、六日間もぶっ通しやるとか、当局者が大変な熱意をもって事に当たっていることがよくわかる。小学校は地方改良運動の先端的な拠点になっていたのである。

綴り方、童話会

玉小学校には、綴り方や童話会といったやや珍しい記事がのっている。

豊田正子著、山住正己編『新編綴方教室』（岩波文庫、一九九五年。ただし『綴方教室』そのものの初刊は一九三七年〈昭和十二、中央公論社〉である）における山住正己の解説によると、手紙や書類を書くための訓練を重視した「作文」から「綴方」への改正は一九〇〇年（明治四十三）の小学令からだそうである。以下に山住の文章を引いておく。

「その（*小学校令）第三条に綴り方が読み方、書き方とともに国語の一分野としてあげられ、『読ミ方又ハ他ノ教科目ニ於テ授ケタル事項、児童ノ日常見聞セル事項及処世ニ必要ナル事項ヲ記述セシメ、其行文《そのこうぶん》ハ平易ニシテ旨趣明瞭ナラシメンコトヲ要ス』と規定された」。「児童ノ日常見聞セル事項」が綴り方の一支柱として規定されたことの意味は大きい。

明治四十四年五月三十日　授業後数日ニ彌《わた》リ職員会ヲ開キ綴方教授ノ研究ヲナス（玉）。

*これは前年の改正小学校令における綴り方の規定を受けてのことと考えられる。それにしても大変な熱意である。以後綴り方教育の重視は玉小学校の伝統になったようである。左記。

昭和四年六月十五・十六日　佐藤校長、浅野訓導水海道へ出張ス、綴方講習会出席ノタメ（玉）。

*校長みずから綴り方講習会に出席している。長期にわたり熱意は持続されていたのである。

また童話会についての記事も出る。左記。

昭和八年十月十二日　童話会ヲナス、午後一時ヨリ「学校ト社会」記者安藤武、尋五以上ニ聴取セシム（玉）。

同十年六月十三日　八木笠雪氏来校、童話会ヲ行フ（玉）。

*童話会とはその名のとおり、童話を児童に話すのだろうが、その終了後に高学年に「学校と

社会」などという話を聞かせるのは奇異な感じがある。時代は戦争へと走り始めており、「社会」などという言葉はやがて禁句となる。

日本主義

綴り方や童話会だけが、この時期存在したわけではない。左翼思想の取締りや日本主義の鼓吹等も当然存在し、力を強めていた。大正十一年六月二十六日には宗道小学校内で、郡教育会の総会等があったが、その時には、文学博士深作安文による、「思想問題ニ関スル講習」があった。「思想問題」というのはこの時期には、左翼思想やいわゆる左翼かぶれを意味し、大正末から昭和初年にかけて若い知識人の間に急速に広まった（日本共産党の結成は大正十一年七月。宗道小における深作の講習の翌月）。

さかのぼって大正六年には弘道会の会合が開かれている。左記。

大正六年十月七日　石下小学校ニ於テ弘道会二十五周年祝賀会アリ、職員出席ス、徳川弘道会長、日南来場ス（宗道）。

＊弘道会は日本主義的色彩の濃い思想団体である。福本日南は著名なジャーナリストであって、「日本新聞」の記者や玄洋社（右翼団体）の機関紙「九州日報」の社長兼主筆として活躍した（『コンサイス日本人名辞典』改訂版、三省堂、一九九〇年）。この時期はいわゆる大正デモクラシーの展開をもって知られているが、それに対抗する意味合いもあって右翼団体の存在が鮮明になってくる時期でもあったことに留意したい。

昭和三年一月七日　皇風会本村創立式挙行ス（宗道）。

＊名称からして国粋的な団体なのだろう。この会のその後はわからない。

印象

本稿の意図は、二つの学校沿革誌(史)をとおして小学校と国家・社会との関係を探ることにある。そのための手法としては、学校経営独自の問題(職員人事、学級数、児童数、運動会、学芸会等々)をも含む全項目をカード化(コンピューター化)し、それを各項目に分類し、その分類項目に含まれる事項の数(総数は優に一〇〇〇を越える)や質を問題にすべきなのだろう。ところが、本稿の基礎は、私の主観により選択されたわずか一一六枚のカードにすぎない。これをもって何事かを論ずることには率直にいってためらいがある。したがって、以下は「印象」である。

最大の印象は国家との関係における記述(意識)の多さである。一一六枚の全カードのうち、「教育勅語・御真影」「天皇・皇族」「国の大事件」「戦争・軍隊」を合わせると六二枚にもなり、当時における国家の重さを否応なしに意識せざる得ない(当時としては、国家は個人や集団の体質そのものの中に浸透してしまっており、国家の重さは多分意識されなかったのだろうが)。

制度としての教育は国家の枠内のものである。そのことは十分承知していても、それだけでよいのかとの思いがどうしてもつきまとう。事実一一六枚のカードの中には「綴り方・童話会」が二枚あった(これとても記述のように綴り方の制度化の延長線上にあった)。その程度でよいのか、ということである。

学校沿革誌にみられる国家の重さは、日本近代における時代精神に規定されてのことであるが、個々の人間を直接の対象とする「学校」にあっては、「国家」だけではなく、もっと「個人」があってもよかった、というのが二つの学校沿革誌(史)を通覧しての強い印象である。

5 国民学校の時代

明治以降現在に至るまで、制度としての初等教育機関の名称は伝統的に「小学校」である。その間にあってわずか六年ではあるが「国民学校」という名称を持っていた時期がある。一九四一年(昭和十六)四月から四七年(同二十二)三月に至る間がそれである。

国家としての日本は一九三一年(昭和六)あたりから戦時体制に入った。三七年には中国との全面戦争に突入し、四一年十二月には中国との戦争を抱えこんだままで、アメリカ、イギリス、オランダとの戦争に突入した(日本名=大東亜戦争。アメリカ名=太平洋戦争。この戦争はヨーロッパにおけるドイツ対連合諸国との戦争と連動し、世界大戦の一翼を形成した。したがって、以下「大戦」という)。

国民学校の開始は四一年四月、大戦の勃発は同年十二月、日本の敗北は四五年八月、国民学校の廃止(小学校へもどる)は四七年三月、つまり国民学校は、大戦期を完全に包括している。国民学校は、日本近代における軍国主義思想と教育を象徴しているといっても多分大きな過誤をおかしたことにはならないだろう。

私は国民学校の教員だった

私は一九二四年(大正十三年)一月東京府南葛飾郡小松川町(現東京都江戸川区小松川。JRの下車駅は「平井」)に生まれ育った。両親は小学校を卒業した私を商業学校に入れてくれた。その学校は平井駅から西へ三つ目のJR両国駅の北、隅田川の東岸に今もある。商業学校(五年制)を劣悪な成績で卒業した私は、学校の紹介で日本橋の薬品会社に就職した（一九四一年〈昭和十六〉三月）。仕事は単調だった。会社には小松川の自宅つまり両親のもとから通っていた。しかしもう一七歳にもなっており、親元から離れたいという気分が強かった。これは鳥の巣離れ現象と同じである。親元を離れるといっても職がなければ生活できない。とつおいつ思案を重ねた結果、代用教員になることに決め、履歴書を持って千葉県の県庁へ行き、視学官と直談した。一九四一年（昭和十六）の夏のことだった。この時期は大戦に備えて徴兵適齢期（二〇歳以上）の青年が大量に召集（軍隊に入ること）されており、ために相当数の欠員が生じていた。私の教員志望は、たまたまそのような時期にぶつかっていたため、視学との一回だけの押しかけ面談で採用された。その視学は印旛郡担当だったので、私は印旛郡の小さな学校に赴任した。正規の教員（訓導）としての資格はなく、訓練も受けてないから、もちろん代用教員（助教）だった。学校名は千葉県印旛郡船穂村草深《そうふけ》国民学校（現同県印西《いんざい》市草深小学校）。赴任したのは四一年八月末だったが、正式の採用は九月一日だったのだろう。一七歳。いくら代用教員でもこれは若い。

船穂村は印旛沼（現在はだいぶ小さくなっている）の西端の北に位置する村で、現在は印西市にふくまれている。印西市の北には利根川が東流し、そこには古くからの河岸木下《きおろし》がある。大まかにいえば、北は利根川、南は印旛沼にはさまれ低い台地と浅い谷田、それが船穂村で、その大字である草深は草深野といわれている広い台地のほぼ南端に位置する。

船穂村には、船穂と草深の二つの国民学校があった。船穂国民学校は役場の側にあり、多くの人々はこれを本校とよんでいた。草深国民学校は本校にくらべるとずっと小さかったが分校ではなく独立校だった。私はこの学校の校庭の一隅にある藁ぶきの独立家屋（教員官舎）に住むことになった。

草深国民学校には初等科（義務制）が六学年（今と同じ）、高等科（義務制ではない。初等科卒業生のうちの希望者が入る）二学年、計八学年がそろっていた。しかし、教員は計四人。つまり一人の教師が二つの学年を担当する複式学級制だった。全校生徒は二〇〇人をやや越えていた記憶がある。私は、赴任した昭和十六年度には三、四年生を、翌十七年度には五、六年生を担当した。

写真8　昭和17年（1942）3月船穂村草深国民学校高等科2年卒業写真（前列右から2人目が筆者）。

当時の写真が残っている。時期は一九四二年（昭和十七）三月。生徒は卒業直前の高等科二年生。腰掛けている四人が全教員。前列右から二人目が私（一八歳）、その左が校長（高等科担任）、さらに左が五、六年担任、私の右が一、二年担任。この時期大いに幅をきかせたとされるいわゆる国民服は校長のみ。

生徒数は一三人。高等科は義務制ではないから、数は小学校卒業時の半分位になっているはずである。一三人のうち男が一〇、女は三。義務制である小学六年生までは男女ほぼ同数だから、高等科へ進学しなかった者の大部分は女性であったことがわかる。洋服と和服の別については男は洋服三、和服七、女は洋服〇、和服三。背後の藁ぶき校舎は明治時代に創建されたもの。一九四二年（昭和十七年）三月といえば大戦の初期で、シンガポールの攻略を祝った直後である。この時期の草深学校は、その一年前に国民学校になったのにもかかわらず、戦時色がほの見えるのは校長の国民服ぐらいのものである。

代用教員（助教）はまったくの無資格者である。いつまでもそれではまずいので、なんらかの資格をとらねばならない。それをとるためには幾つかの講習を受ける必要がある。もちろん私も受けた。講習の場所は、近くでは船穂の北隣の大森やさらにその北の木下など町場の学校である。印旛沼の対岸にある佐倉あるいは成田といった大きな町の学校でも受けた。佐倉・成田への往復には印旛沼の河岸場まで自転車で行き、小さなサッパ船に乗る。沼は今よりずっと大きかったから、風の強い日には、沼の中心部に出ると水が盛り上がって船が翻弄され怖かった。見しらぬ土地での代用教員は淋しく辛い。佐倉で習った音楽の講習はオルガンを弾いたことがない私にはとてもよかった。やがて小学唱歌の楽譜ぐらいは読めるようになり、明治節（十一月三日）等の式日にはオルガンを弾いたものである。

もっとも大きな講習は千葉の県庁でおこなわれた。受講者は非常に多数で、おそらくは県内の代用教員の大部分が集められたのであろう。こういう時は東京から偉い先生がくる。その人が壇上で一冊の本をふりあげ〝この本を読んでいれば間違いない〟と絶叫した姿は、今も私の胸に刻印されている。それは〝時局便乗者とはこういうものか〟という刻印である。本の名は忘れたが、その彼の名は今も記憶している。彼は言論報国会の大物で皇国理念の鼓吹者だった。彼のような人物は大中小を問わず当時は至る所にいたのである。

こうした講習の結果、私は「初等科准訓導」という資格（最低ではあるが）を得ることができた。昭和十六年十二月一日がその取得日である。これはかの大戦突入の一週間前のことである。

私が赴任した一九四一年九月から翌年三月末日までの草深学校はあまり国民学校らしくなかった。

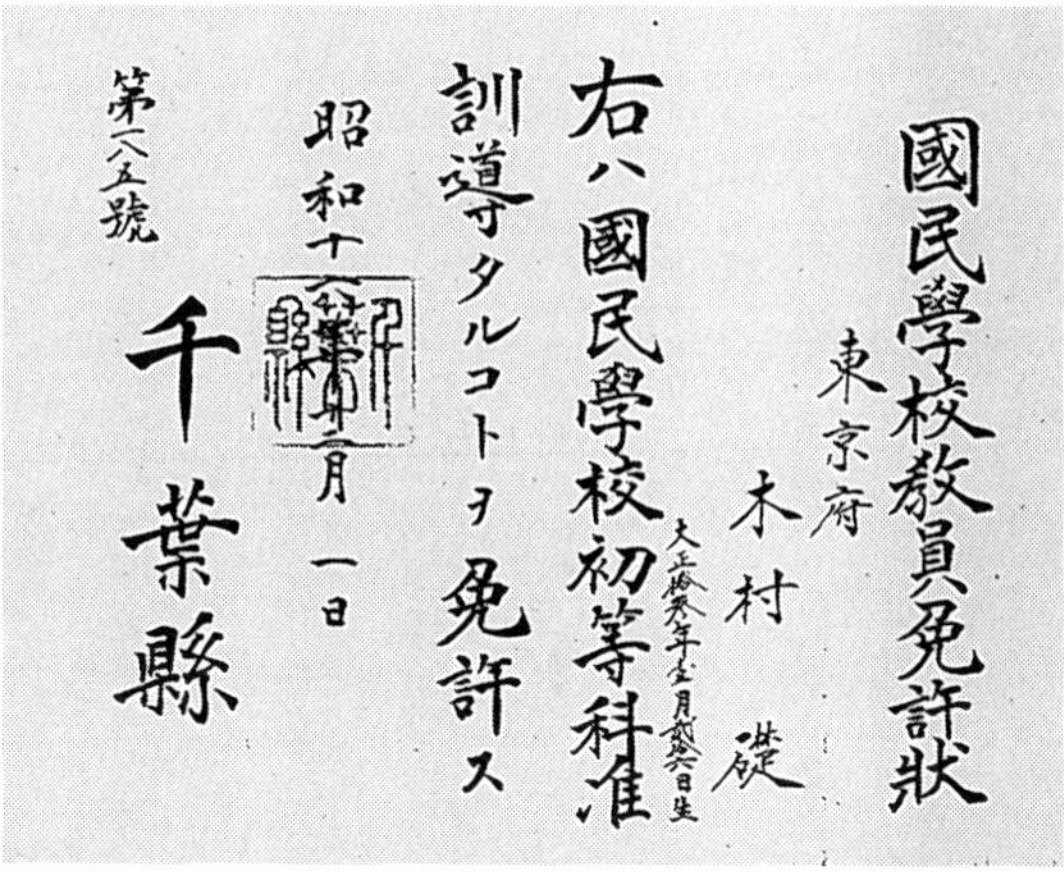
國民學校教員免許狀
東京府
木村礎
大正拾参年六月弐拾六日生
右ハ國民學校初等科准訓導タルコトヲ免許ス
昭和十六年十二月一日
千葉縣
第八五號

写真9 国民学校初等科准訓導免許状（昭和16年12月）。

校長は世間話が好きで、朝、教員の顔が揃うと小さな教員室は世間話でにぎやかになる。その中心は校長で、どこの誰々が何をしたといった世間話を上手にやる。話が面白いのでつい相手になっているうちに始業時間が過ぎてしまい〃あっいけねえ〃と鐘をならすようなことがたびたびあった。年輩の男性教師は温厚かつ寡黙な人で、いかにも田舎教師風、大戦が始まっても平静な日常性を崩さなかった。たった一人の女性教師は一、二年生の面倒をよく見ていた。私は十二月八日の開戦の報を緊張と興奮の中に聞き、生徒たちに、この戦争の意義（もちろんその正当性）について語りはしたものの、自分の職務は生徒たちに読み方や算術を教えることにあり、それによって月給（僻地手当を入れると日本橋の薬品会社よりよかった。五〇円を少し越えていたように思う）を得ているのだと自分に言い聞かせ、未熟ながらも精々努力していたから、とくに時局風になることもなかった。つまり、草深学校は、四一年（昭和十六）四月から国民学校になったにもかかわらず、旧態依然たる田舎の小学校だったのである。

模範的な教師像

こうした状態は、四二年（昭和十七）四月からガラリと変わった。年輩の教師が転出し、若い（といっても私より一〇歳上）教師が当時すでに大きな町場になっていた船橋の学校から移ってきた。そのZ氏には妻があり女の子がいた。私は古いながらも一戸建ての教員官舎をそのZ氏に明け渡し、校舎内の暗くて狭い一室に移った。

草深国民学校の三人の男性教員はいずれも師範学校を出ておらず（こういう僻地の学校には師範学校出は来ないもののようだった。女性教員については知らない）、いずれも代用教員上がりだった。新しく移ってきたZ氏もまた師範学校出身ではなかったが、中等学校出身の代用教員上がりではなく、検定試験によって教員資格を得た人だった。それを知った私は〝よほど勉強したんだな〟と感心した。

Z氏は着任後急速に草深学校を改革した。彼は船橋の大きな学校において戦時下の学校はいかにあるべきかについての訓練を十分に受けてきており、そのやり方を草深に適用した。それはきわめて全体的なものであって、それを一々の要素に分解して語ることはなかなか難しいのだが、それはたとえば次のようなことである。

姿勢を正し、挙措動作を明快かつ敏速にする（タランタランしない）。Z氏と共に生徒を引率して歩いていた時のこと、水溜まりがあったので、それを迂回したところ、Z氏曰〝先生、そんなことしちゃいけませんよ。真っすぐ渡るんです。そうしないと列が乱れます〟。私はビックリしたが、以後は先輩教員の言葉にしたがった。しかしながらビックリしたから今に記憶しているのである。

当時は大戦の最中だから、赤紙といわれる召集令状によって入営し兵士になる人々が続出していた。入営兵士の見送りは盛大にやる。草深では、小高い丘の上にある鎮守の森で兵士を中心に祈願する。その時Z氏は出征兵士を送る辞を述べる者の一人になる。彼の送別の辞は言語明晰で誠心にあふれ、それを聞くものに深い感動を与えたという。これは送別のために日の丸の旗を振って行進した学校の生徒だった人たちがその後も長く言伝えた話である。兵士の送別に当たっては私も鎮守の森へ行っているのだから、Z氏の雄弁を聞いているはずなのだが記憶にない。若僧の私は送別の辞をやったことがない。あまりに若僧なので、そういう大役は回ってこなかったのだろう。

国民学校における錬成

もっともビックリしたのは錬成である。「錬成」とは国民学校時代（ただし敗戦後は除く）に非常にはやった用語で、つまりは〝皇国臣民としてのもろもろの訓練〟のことである。理想としては〝行住座臥すべて錬成〟ということになるが、ここでは学校における体育訓練に限定する。私は小学校・商業学校を通じて体操はまず普通のできだった。それが、一九四二年春以降の国民学校風錬成には面食らった。これは一口にいって、何十人、何百人という多数による整然たる行進と整列である。ナチス時代のドイツ兵士の行進、これはまさに美学的集団行動であって、人心を高揚させた。集団による整一行動には何ともいえない魔性が潜んでいる。

私は町場の大きな学校で、見事な錬成の実施場面を見ていたが、それを草深で実現するようになるとは思っていなかった。校長はそんなことがうまそうな人柄ではなかったし（面白い田舎のおじさんといった感じの人）年輩の先生は黙々としており、大きな声をあまり出さなかった。私は学校体操はもちろん学校教練も受けてはいたが、こういう錬成運動をやらせる立場に立ったことはなく、したがってやり方も知らなかった。

草深国民学校の校庭は規模に見合った狭さなのだが、その中を数十人あるいは全校生徒が上半身裸で整然と行進する。壇上で号令をかけたり、号笛を吹くのはもちろんZ氏である。

下総台地の内陸部はとても寒い。台所で茶碗を洗い、水をよく切らずに棚板に置くと、たちまち凍って茶碗が動かなくなる。関東ロームの表土には霜が高く立つ。生徒たちは上半身裸、しかもはだしで霜柱を踏みくだいていっせいに行進する。小さな女の子もそうする。教員ももちろんやる。若い私は辛抱できた。四〇男の校長は走る時はつらそうだった。何といっても今でも記憶としてこびりついているのは小さな女の子たちの姿である。Z氏が好きでこんなことをやっていたのかどうかは私にはよくわからなかった。よくわかったのは同氏が国民学校というものを一人の教師として体現した存在だったというそのことである。体現させていたものはもちろん国家である。具体的には文部省―県―視学官―校長―教員である。この線に沿わなければ校長も教員もその職を追われる構造になっていたのである。当時の私が、この線に沿って生活していたことはもちろんであって、できないながらもZ氏にならって行動していたのだった。

国民学校とはどんな学校だったのか

国民学校のスタートは前述のように一九四一年（昭和十六）四月一日。その基本精神と具体的構造を規定した条令を「国民学校令」（全五八か条。他に施行細則一三七か条）という。第一条は次のとおり。

「国民学校ハ皇国ノ道ニ則リテ初等普通教育ヲ施シ、国民ノ基礎的錬成ヲ為スヲ以テ目的トス」

「皇国」とは万世一系の天皇が統治する世界無比の尊い国家、との意（そのような国家体制を「国体」といった。「国体」とは国民体育大会のことではなく、日本「独特」かつ「崇貴」な国家体制のこと）である。「皇国ノ道」の「道」とは何か。これは柔道・剣道・華道・茶道等における「道」と同義なのだろう。わかるようなわからないような何とも曖昧でしかも日本人好みの語である。大体の意味は、とるべき具体的な方途、というほどのことなのだろう。「皇国ノ道」と続くと、国体の尊厳を肝に銘じ、天皇への忠節を行動や思想の根幹に置くということになる。

「初等普通教育」。これについては、明治初年以来の試行錯誤によって形成された一定の伝統があり、安定した用語といってよい。ただし、これも「皇国ノ道ニ則リテ」実施することになっている。

「施シ」。教育は国家による国民への施しであって、国民の権利などというものでは毛頭ない。

「基礎的錬成」の「錬成」。これは条令上の表現としてだけではなく、当時は一般社会においても非常に流布した用語であった。多分「錬磨育成」を縮めた語なのだろう。「錬」（金偏）であって「練」（糸偏）ではないから、「鍛錬」の意を持っているに相違ない。きびしくなければいけない、それが「錬成」である。

　第一条は短いけれども、国民学校とは何かを端的に示している。この条文からさらにキイ・タームを摘出すると、①「皇国ノ道」②「初等普通教育」③「錬成」の三つになる。②が存在していることは、今から思うと一種の救いだといわねばなるまい。

　国民学校令は右の第一条以下において、教育年限、教科編成、教育方法、学校行事、団体訓練等多岐にわたる規定があるが、それらはすべて省略する。この条令のもとで草深国民学校で働いていた私としては、自分の小学校時代との差異（その代表は錬成）にとまどいながらも、やることの基本は何といっても読み書きそろばん（算数）なのだから、それをうまくやれるように努力していただけで、「国民学校令」そのものを読んだことはなかった。

＊草深国民学校は複式学級だから、やり方が技術的に難しい。たとえば読み方（国語）の場合だと、三年生は読本を読み、四年生は書き取り（あるいはその逆）となる。算数の場合は三年生は計算、四年生は応用問題となる。

五年生になると地理や国史が入ってくる。これらも五・六年一緒に教えるから、運のよい学年は日本地理→外国地理となるが運の悪い学年はその逆。国史の場合は、天照大神から始まる学年と、織田信長から始まる学年ができる。後者の場合は五年生で信長以下近世・近代をやり、六年で天照大神にもどる。生徒も大変だし、教師も容易ではない。音楽、図画、工作は二学年一緒にやる。体育も一緒にやる。

藤沢市（神奈川県）本町国民学校の教育綱領

『藤沢市教育史』という本がある。その『史料編　第六巻』（市教委二〇〇〇年三月）は市域内の『学校沿革誌』を網羅した本である。解説の筆者は高野修。その解説の中に「沿革誌にみる国民学校」という項があり、そこには同市本町国民学校における教育綱領が紹介されている。これは本町国民学校独自のものである。

「本校ハ国民学校令第一条ノ本旨ニ従ヒ皇運ヲ扶翼シ奉ル国民ノ基礎的錬成ニ努メル」とし、教育綱領をつぎのように規定した。

(1)国体ニ関スル信念ヲ深カラシメ常ニ奉公ノ精神ヲ養フト共ニ之レガ具現ニ努メ皇国民トシテノ自覚ニ徹セシムルコト

(2)敬神崇祖ノ美風ノ助長ニ留意シ信仰的態度ノ養成ト報徳精神ノ実現ニ努メルコト

＊「報徳精神」とは二宮尊徳の教えのこと。彼は相模国（神奈川県）小田原在の人である。

(3)誠実公正ヲ旨トシ勤倹力行共同相助ノ実ヲ致シ自律的並ニ国体的精神ノ涵養ニ努メルコト

(4)具体的実際的ノ知識技能ノ体得ニ努メ国民生活ニ即シタル指導ヲナスコト

(5)体育衛生養護ニ留意シ自覚的合理的ナル鍛錬ヲ施シ益々体位ノ向上ニ努メルコト

(6)児童ノ心身ノ発達、男女ノ特性、個性環境等ニ留意シ之レガ綜合的研究ト注意ノ下ニ指導ヲナ

以下に紹介する。

スコト
(7)児童ニ時局ヲ認識セシメ東亜及世界ニ於ケル皇国ノ地位、使命ヲ自覚セシムルト共ニ国防的ノ錬成ニ努ムルコト
(8)児童生活ヲ校訓（報恩奉仕、真剣努力、堅忍自重）ノ精神ニ帰一セシメ校風ノ振作ニ努メルコト

とある。国民学校の教育目的は、「皇運ヲ扶翼」するための皇国民を錬成することであった。そのためには皇国民に必須な資質が求められた。それが教育綱領に示されているのである（『史料編　第六巻』の解説五五・五六頁）。

この綱領の本質はたしかに解説者の述べているとおり「皇国民」の「錬成」である。しかしながら、この綱領には微妙な教育上の配慮が働いているように思う。

(1)と(7)は「国体」「皇国民」「皇国」であって、時流にまったく適合的である。
(2)は「敬神崇祖」と「報徳精神」であって、これは「皇国」や「錬成」とは直接には結びつかない伝統的なものである。
(3)では「自律的並ニ国体的精神…」とあり、自律が国体の前に置かれている。当時の状況としては「国体的精神」が「自律」より前に置かるべきである。
(5)においては単に「鍛錬」ではなく「自覚的合理的ナル鍛錬」とある。当時の「錬成」を体験している私としては〝無茶な錬成をやるな〟という風に読める。また気ちがいじみた精神主義が重視されていたこの時期にあって「合理的」と書くのは勇気を要することだったのである。
(6)「児童ノ心身ノ発達…ニ留意シ」。これならば、小さな女の子が上半身裸で霜柱の校庭を行進す

るといったことは起るまい。

以上のようにこの教育綱領は、場所こそ違えまったく同時期に、国民学校教師として働き、無自覚に「錬成」に従事していた私に対し、反省を迫る語句が実に多い。この綱領には、皇運の扶翼、皇国民の錬成、戦争への献身等々と、生身のしかも未熟な子供たちと日常的に接している教師としての責任感が明らかに併存している。

なお、本町国民学校ではこの教育綱領の他に教師の「理想ト教養」についても記した文章〈全六項〉があり、その第六項には「児童ニ対シ常ニ垂範的指導ヲナシ児童愛ニ徹スルコト」とある。

行事教育—東京都世田谷区の事例

戦中・戦前は学校行事が盛んだった。ことに四大節（四方拝＝元旦。紀元節〈神武天皇即位を祝う＝神話〉＝二月十一日。天長節〈昭和天皇〉誕生＝四月二十九日。明治節〈明治天皇誕生〉＝十一月三日）は重々しかった。これらの日は全校生徒が登校し、校長による教育勅語の奉読と訓話があった。全員粛然として整列し、勅語奉読中は頭を下げ、クシャミもできない。終わって退場する時は紅白の干菓子をもらう。それが嬉しくて張り切って学校へ行ったものである。

戦争の拡大とともに行事が多くなった。興亜奉公日（日中戦争の開始＝七月七日）を記念して毎月七日。大戦勃発後は大詔奉戴日（天皇による開戦詔書の発布日＝十二月八日）を記念して毎月八日。その他宮城遙拝とか家郷に向かって遙拝等いろいろとあった。

国民学校ではとくに行事の整然たる実行が重視された。『世田谷区教育史』資料編五（『東京都世田谷教委　平成四年〈一九九二〉三月刊）は戦時下の教育史料を集めているが、その中に同区経堂小学校所蔵文書「昭和十七年九月十一日　行事教育要項」というものがある。これは「一、行事教育ノ主標」

を揚げる。

「二、行事教育の計画化」「三、行事ニ音楽ヲ結合ス、象徴ヲ重視スル」「四、本校行事ニ於ケル強調事項」の四項に大別され、三以外の各項には具体的な説明がある。それらのうち一につき以下に全文を揚げる。

一、行事教育ノ主標

施規第一条第六項「儀式、学校行事等ヲ重ンジ、之ヲ教科ト併セ一体トシテ教育ノ実ヲ挙グルニ力ムベシ」ノ精神ヲ具体化スル所ニ行事教育ノ主標ガアル

共同社会ニ於テハ強キ且ツ純ナル感情ノ交流ガ必要デアリ、カヽル感情ノ交流ヲ容易ニ且ツ迅速ニ惹起サセルタメニハ、儀式其ノ他ノ行事ハ欠クコトノ出来ナイ重要ナモノトナッテ来ル

儀式其ノ他ノ行事ニ参加スル人々ハ、自然ニ共同社会ノ一員トシテノ自覚ヲ心情ニ於テ把握スルコトガ出来ル

カヽル意味ニ於テ国民学校ノ行事ガ非常ニ重要視サレルモノト解スル（二五七・二五八頁）。

つまり、「共同社会」の一員にするためのいわば感情的梃子として、行事という形式が必要だ、といっているのだが、整然と統一された儀式や行事は一種の魔力を持っているから、右のような言い方は人間の本質の少なくとも一部分は把握しているといってよいだろう。

時折の儀式や行事だけではなく、毎日の平凡な繰返しもまた人間を操作するための要件になる。同区北沢国民学校では「我校の教育の一端」という文書を昭和十六年七月につくった。その支柱は一、職員朝礼、二、朝会、三、食事の躾、四、清掃事業、五、集団訓練の五つだった（二五四〜二五六頁）。そして最後は次のように結ばれた。「かうした行事が日毎日毎繰返へされます。先生方は、熱と愛のハンマーを力強く打ち振り、打ち下して、純な、清楚な児童達を鍛へてゐます。立派な皇国民になりま

すやう立派にお国の役に立ちます魂の持ち主になりますやう、根気と根気の鎬（しのぎ）を削って戦ってゐます。どうかお家庭でも自分の子さへトップを切ればよいというお考へはお捨てになって、『日本の子供の錬成に』御協力をお願ひします。（黒川）」。

説明は不要であろう。

児童の綴り方から

『世田谷区教育史』資料編五には、一九三七年（昭和十二）三月から一九四二年（昭和十七）三月に至る児童・生徒の綴り方三二一点がのっている。（松沢小学校のものが多い。学年はばらばら）日中戦争開始直前から大戦初期に至るこれらの綴り方には当然のことながら、平和から戦争へという日本全体の動向が反映されている。戦争関連綴り方の初出は、「召集令」（一九三八年三月、六年生）である。「興亜奉公日の私の家」（一九四〇年三月、三年生）あたりからは戦争についての作文が多くなってくる。綴り方の最後は「田中先生のお別れ」（一九四二年三月、四年生女子）である。これは田中先生との別れの悲しみを書いたものである。この作文の全文を掲げる。

田中先生のお別れ

四年佐藤直子

或日の朝礼の後、大はらひがすむと、校長先生がしばらくお話をなさった後に、田中先生をお呼びになって

「エー悲しいことですがいよ〳〵田中先生ともお別れをしなければならない事になりました……

……」と色々田中先生の事をおっしゃってから、先生の武運長久をお祈りする為にバンザイを三唱する事になりました。

「田中先生、バンザーイ」。

「バンザーイ」、「バンザーイ」、「バンザーイ」。私は先生お体を大切にして下さいといふつもりで思ふぞんぶん大声を出して、バンザイを唱へました。田中先生はうれしさうに、にこ〳〵していらっしゃいましたが、バンザイが終ると同時に勇ましいお声で、

「ありがとうございました」。とおっしゃいました。私は其のお声に急に何となく悲しくなり、涙がほゝを伝はって手の上にぽたり〳〵と落ちました。私と同じやうに近くの人はみな泣いゐてました。

私は今まで先生と一しょに遊んだり運動したりしたことを考へるとよけいにお別れがいやになりました。だが田中先生がお国のため私達のために働いて下さるのかと思ふと何となくありがたく、しぜんに頭が下り田中先生にかぢりつきたくなってしまひました。

「あゝ、田中先生は今一生懸命にやってゐて下さるのか」と思ふと又あの黒い勇ましいお顔がみたくなります。

あゝ田中先生……

この作文に満ちているのは少女の悲しみそして涙である。この時代、出征兵士は勇壮に送り出すべきであって、悲しい顔や涙を他人に見せてはいけなかった。この少女は大人社会のそうした建前に汚されていなかったから思いきり泣いた。おかしなことに校長までが「エー悲しいことですが…」と失言してしまった。少女だけではなく「近くの人」もみな泣いた。色の黒い田中先生はこの少女たちとよく遊んだ人だったようである。その時の楽しさを思い浮べて、少女は先生に「かぢりつきたくなって」しまったのだった。

この作文を掲げたのは、「皇国」やきびしい「錬成」の中にも、教師と生徒との平凡な日常性は生きていたということを言いたかったからである。

敗戦と国民学校

皇国民の錬成を主目的とした国民学校は、一九四五年（昭和二十）八月十四・十五日における連合国への降伏と、国民に対する天皇のラジオ放送による降伏の告知（いわゆる終戦の詔書）によって事実上解体した。しかしながら初等機関そのものが消滅したわけではなく、元来の小学校にもどった（ただし、名称だけは敗戦によって形骸化しつつも一九四七年三月まで残った）のである。

この時期国民学校だけではなく、中等学校も大学も大きな混乱に見舞われた。戦争を謳歌し皇国民の錬成に懸命だった教師の大部分が手の平を返すように民主主義を唱え始めたのもこの時期である。

教科書のうち日本の優越や軍国主義を鼓吹する部分に墨が塗られたのもこの時期である。占領軍の忌諱にふれるようなもののほとんどが、かくされたり、廃棄されたり、燃やされたりした。このような急激な変化についてはすでにほぼ語り尽くされた感があるからここでは省略する。しかしながらある学校の『学校沿革誌』の一部分が墨塗りされているのを見たことだけは簡単に書いておく。その学校では明治二十二年以降『沿革誌』を書き継いできており、大戦中もそれを怠らなかったのだが、戦後になって、昭和十六年度から十九年度分に至る間におよそ一〇〇箇所以上の墨塗りをした。また昭和二十年度分については、翌二十一年の一、二、三月の五行しか記載されておらず不自然である。

つまり、大戦の開始も終結もわからないように墨塗りされているのである。昭和二十一年六月二十八日の項に「進駐軍来校ス」とあるからそれに備えてのことかもしれない、といった程度の想像はできるが、要するになぜこのようなことまでしたのかはわからない。はっきりしているのは、その学校の関係者が受けた敗戦ショックの大きさと「進駐軍来校」への恐怖感である。

「小学校は村の宝」

一九九四年（平成六）私が若い時に働いていた草深小学校が一二〇周年を迎えた。私が草深を去り、東京へ舞い戻ったのは一九四三年（昭和十八）三月下旬、その後草深との関係は途絶えていたが、戦後も大分たってふとした機縁で、かつての生徒だった人々に私の消息が伝わり、二度ほどクラス会をやったことがあり、細々とではあるが関係が続いている。そうしたことがあるので、草深小学校は私に一二〇周年の記念品を送ってきてくれた。それは、①「そうふけ　創立一二〇周年記念誌」、②「創立一二〇周年記念　卒業生名簿」、③草深小学校の記念下敷（表は校舎および敷地の航空写真）と校歌。裏には一年生から六年生に至る全校生徒がゆるやかに整列している写真、最後列には教職員が並んでいる。④記念の手拭い、以上四種である。

①には、もちろん私の姓名がのっている。

②には、私が担任だった時の生徒たちの姓名がずらりと並んでいる（不思議な感慨があった）。

③の下敷についていえば、私のいた頃には校歌はなかった。校舎は私のいた頃よりずっと大きくしかも鉄筋である。校庭も遥かに広く、堂々たる独立校の姿を見せている。東向だったのが西向へと変換している。

生徒数は六学年合計で一二〇人前後、私のいた頃は初等科だけで二〇〇人近くはいたろうから、当時にくらべて減っている。学区内が過疎化しているのである。

④手拭は紺地に白抜の文字。中央に校章、その左に「草深小学校創立」右に「百二十周年記念」と大きく白く抜いてある。

一九九五年五月十一日、私は草深小学校へ招かれて行き、講演をした。テーマは「草深の昔」。聴衆の中心は講堂にずらりと座り込んでいる生徒たち。私はとても話しずらかったが、そこは昔とった杵柄で少しずつ調子が出てきた。その内容はまったく省くが、この講演の最後の数分間を、生徒とともに聞いてくれた教職員や父兄たち（その中には私のかっての生徒も二、三人いた）つまり大人に向けて話した。その要旨は、〝わずか一年七か月、足掛け三年にすぎなかったが、その間に痛切に感じたことがあります。それは村の人が何かにつけてこの草深学校を支援してくれたことです。村の人はこの小さな学校を宝物のように大切にしてくれました〟ということだった。まさに「小学校は村の宝」だったのである。講演終了後におけるかっての生徒たちや校長先生（女性）との飲み会はにぎやかで楽しかった。

帰宅後半月ほどたって、私の話を聞いてくれた生徒たちから二六通の手紙が届いた（一年、三年、四年、六年）。その中には、かつて私が草深国民学校で教室や校庭を共にした人々と同じ姓の人々がたくさんいた。この人々の中には多分一人や二人のかつての生徒の孫もいるのであろう。

第三章　書くといういとなみ

なんらかの主題を立て、それについて書くといういとなみは、精神的行為としては高いレベルに属するもののように思う。本章ではそうした性質の事例を集めた。

1 家訓――家永続の願い

家訓を作成して、その遵守を直接関係者や子孫に求めるという行為は事例としては少数なのだろうが、文書は割合残っている。家訓は家永続の熱烈な意思により作成され、子孫もそれを大切に伝えてきたことが、その理由なのだろう。ここで紹介するのはいずれも支配階級には属さない人々の家訓である。それらをとおしてわれわれは生業や立場による遺書内容の差異を知り得ると共に、それらを越えた日本社会共通の伝統的モラルともいうべきものの存在を感じとることができる。

2 さまざまな遺書

遺書には本音が出る。また、個人的な関心事を多く書いているから、よく理解できない部分がある。内容には個人差が大きい。いちばんの利点は、それを書いた人物にとって何がいちばん大事だったのかがよくわかることである。その大事なことには必ず地域性や時代性が反映している。

私における遺書への関心は苅谷又八という人物の長文の遺書（本文参照）を読んでからのことだが、以後、人間精神のいわば本音を知るには遺書がよいと考えるようになり、今に至っている。

3 年代記の世界

もしも、国家社会において統一的な歴史教育というものが存在しなかったなら、人々はどんなふうに歴史を書くだろうか。現代の日本においては、歴史の見方についての差異は当然存在してはいても、どんなことを歴史として書くのかについては大体の合意がある。それは国家・社会としての日本全体の重大事と考えられている事柄を書くという合意である。現在の中学・高校の教科書に書かれている歴史とはそうしたものである。

このような歴史教科書風なものが存在しなかった時代や場所においては、人はどのように歴史（過去についての認識）を書くのだろうか、それがここでの課題である。

本稿にあげた幾つかの事例はそれぞれに差はあるものの、全体に共通している歴史認識の中核には、国家ではなく地域が座している。現代人は歴史というと国家の歴史をすぐ想起するらしいが、これは国家による統一的な歴史教育によって与えられた観念なのである。それとは異なる歴史認識のあり方をここでの事例は示しており、そのことのもつ歴史認識のあり方についての根源的な示唆はきわめて大きい。天下国家を単位とする歴史認識だけが唯一のものではないということである。

4　ふつうの人々の日記が語る昭和の戦争

日記を書く人は多い。古い日記が公刊される事例も少なくない。日記を書くといういとなみはきわめて個人的なものであり、したがってその日記の内容は個人的な独自性を持たざるを得ず、それが持つ社会的広がりはどうしても限定的なものになり、一人の日記だけによる歴史叙述はどうしても単調になる。この欠を補うための本稿の手法は、複数の日記を使用して、所定の事項につきそれぞれの日記がどう書いているかを比較検討することである。事項としては昭和期の戦争およびそれに関係する事件を選んだ。

1　家訓――家永続の願い

『中世政治社会思想』上（日本思想大系21、岩波書店、一九七二年）には「幕府法」「武家家法」「一揆契状」の他に「家訓」「置文」の項がある。

「家訓」の項には「北条重時家訓」（北条重時〈一一九八～一二六一〉は義時の子、泰時の弟）等五種類の家訓、「置文」（守るべき事項を定めた文書）の項には「渋谷定心置文」（定心は重国。鎌倉幕府御家人。置文の成立は寛元三年〈一二四五〉）等一三通がのっている。この「渋谷定心置文」についてはかつて言及したことがある（木村礎「日本における中世人の生活」（『中世史講座』9、学生社、一九九一年。後に木村礎著作集Ⅷ『村の世界　村の生活』に所収、名著出版、一九九六年）。

これらからもわかるように、家訓・置文の類いは古くからあった。これらはいずれも大名クラスの武家において作成されたもので、こうした伝統は近世の大名や武家にも継受された。彼らにとっては「家」の安泰と永続が何よりも重大だったからである。

江戸時代末期の農民指導者で、主として下総国北東地域で活動した大原幽学（一七九七～一八五八）は、「家の永続」を彼の教学の中核に置き、そのために「孝」を重視した。女性や子供の教導に熱心だったのはそのためである。幽学におけるこのような教学の体系は、この時期この地域における潰れ百姓の激増と関係していたことはもちろんだが、潰れ百姓の増加を社会的危機と感得するような意識は同時に家の永続を願う意識でもある。江戸時代を通じて、家の永続を願う意識は、大名や武家だけではなくごく一般的な農家や商家においても成熟の度合いを増していった。

以下に紹介するのは、いずれも農家・商家等いわば一般人の家訓である。もちろん一般人といっても、自分の意思を文章として書き残せる階層は、大体において社会的には中位以上に属するから、すべての階層を網羅するわけにはいかない。しかしながら、上・中位の階層に属する人々の家訓の中に、それぞれの時代に通底する生活感覚や倫理感覚を見出すことは当然可能である。

農家の家訓(一)

能登国羽咋郡町居村（現石川県羽咋郡富来町字町居）に村松標左衛門（一七六二〜一八四二）という人がいた。篤農・本草学者・農学者として知られ、加賀藩当局からも信任された人である。村松家は「天保の頃には高二〇〇石を擁し、多数の奉公人を使役して十数町歩を手作りする豪農」（清水隆久による「解題」）だった。

その標左衛門は寛政十一年（一七九九）から天保十二年（一八四一）に至る四〇余年にかけて、田畑耕作上のしきたりや日常生活上の慣習や注意を書いた。それらを集めたものが『村松家訓』である（日本農書全集27、農山漁村文化協会〈農文協〉、一九八一年）。原文はA4判三七五頁におよぶ。

項目は以下のとおり。

(1)耕稼例（田畑耕作上のしきたり）

＊上段は原文。下段（カッコ内）は清水正久による現代語訳。項目の上の番号は木村。この「耕稼例」は『村松家訓』の中心であって全体の五七パーセントを占める。一月から十二月までの農作業につき丹念に説明しており、いかにも篤農家らしい。前述のように標左衛門は二〇〇石を越す大高持ちではあるが、手作り経営者である。

次いで以下の項目がずらりと並ぶ。

(2)神事例（神事についてのわが家のならわし）。

(3)仏事例（仏事についてのわが家のならわし）。
(4)賀日例并飲食例（祝事および食事についてのならわし）。
(5)家族教誡（家族の日常生活についての注意）。
(6)家持用心（一家の主人たる者の心得）。
(7)農業分量（標準的な仕事の分量）。
(8)宵之分量（夜なべ仕事の基準）。
(9)半宵分量（半夜なべ仕事の基準）。
(10)奴婢業量（男女の奉公人の仕事量）。
(11)田の草の事（田の草取りのやりかた）。
(12)（雑司（仕）の作法）（台所・炊事当番の心得）。
＊底本には題名がないので、別本の題名を採用。
(13)牧童《ムマカヒ》業事の事（馬の世話をする牧夫の心得）。
(14)威儀例（日常生活のしつけ）。
(15)田うちきりの作法（田の耕起のやりかた）。
(16)生業事奴僕例 損益に係りたる事を此条々ニ入る（奉公人たちの仕事のしきたり　損益にかかわることをここに記す）。
(17)稲刈り并稲取扱之事（稲刈りおよび稲扱きのやり方）。
(18)干稲取扱之事（干し稲の扱い方）。
(19)秋庭の作法（秋の稲扱き、籾すり、米ごしらえの決まり）。

以上、まことにこまかい。人間の行動にはこんなにたくさんの規範があるのかとうんざりするほどである。これらのうち「家族教誡」（家族の日常生活についての注意）について以下に紹介する（細部を省略し、大意に止める）。

1 一、火の用心・盗賊・馬小屋の馬に注意。特に火の用心は格別。

2 一、秋の祭礼に当たっては、いっさい奢りがましきことをするな。

3 一、仏事・法事は軽くせよ。

4 一、いろいろな役職につくな。百姓は百姓でいる方がよい。百姓の身分を忘れず綿服を着用せよ。

5 一、利足米は二割から三割まで、金銀銭の利足は一割五分から一割七分までとする。万事あわれみをもってやるように。

6 一、男子は皮付きのはき物をはくな。女子は皮緒に限ってゆるす。

7 一、足袋は奢りになるからはくな。しかし病身者とか老人とかは例外。

8 一、衣服は男女共綿布か麻布にすること。但し場合によっては絹布着用もあろう。

9 一、経済にゆとりがあっても、百姓家に畳をしくことは永代禁止。但し奥座敷に役人様が休まれるようなときは例外。

10 一、酒・豆腐・せんべい等五穀を粉にしたり醸造したりする商品は近隣では売らせないようにすること。

11 一、主人は朝六ッ時には起きること。夜は夜番の者が火を落とすまでは眠らないこと。

12 一、農家にとっては一日の天気が大切だから朝起きたならば門の外に出て、その日の晴雨を考察せよ。

13 一、五常（*仁・義・礼・智・信）を守り、仏法の戒めを破らず、天道に背かないようにすること。

14一、男女奉公人に対しては無慈悲な扱いをせず、わが身を顧みて諸人を心服させる事を第一にしなければならぬ。

15一、世間の交際については、万事約束を破らないようにせよ。借りたものは扇子一本でも必ず返済せよ。

16一、仏神をあがめ、父母国君の四恩を忘れないこと。

17一、夜出歩くことをするな。洪水・大雪・大風等にあうと危険だ。また大道を外れて細かい道に迷うことがある。家来や道連れなどがあっても夜道は危険だ。

18一、碁は知っていた方がよいが、大略だけでよい。これは博奕みたいなもので、農家にとっては忌むべきものだ。道を求め諸学を志す者にとって、これほど障りになるものはない。


右の「家族教誡」は各項の中でも短い方であり、これより長いものも少なくない。その短いものでもこういう具合だから、すべての項目を合わせると、人間生活についての規範は容易ならざる数に上る。ふつうの人間が、これだけの規範を身につけねば生きていけないとすると、やりきれない思いもする。しかし、一方では、これだけの規範を無自覚のうちに身につけているのが当時のまともな人間だったのかもしれない。村松標左衛門はそうした無自覚や無意識を意識的に掘り起こし、それを文章化しただけのことなのかもしれない。人間行動の多面性を文章化することは容易な業ではないということをこの『村松家訓』は示しているのだ、という奇妙な感懐に襲われたことも率直に書いておく。

農家の家訓(二)

武蔵国足立郡芝村の内田氏は、嘉永四年（一八五一）四月に「子孫繁昌手作教訓」を書き残した（『川口市史』近世資料編Ⅰ、一九八五年）。これは全二一か条にわたるものだが、その後文は次のようなものである（読み下し）。

右の二十一か条、四壁に貼り置きて朝夕共に読んで、その旨を相守るべきこと也、われらが親父の教訓と心得ては違うものぞ、皆々古の聖賢の言葉より出たる書也、

嘉永四年

亥四月八日

内田利右衛門倅

兄利八

弟利七

親である利右衛門がこの家訓をつくり、息子である利八・利七に与えたものである。〝壁にはって朝夕読め〟とか〝これを親父の教訓と思ったら大間違いだ。昔の聖賢の言葉なんだからそう思え〟とかなかなか迫力がある。息子たちがこれに恐れ入り、素直に連名しているのもなんとなくおかしい。最初の方は農事についての具体的な仕法であり、いかにも農民的である。途中より世間智的な条々に移る。各箇条の文章が長いので、全文の紹介はやめ、事書的な部分だけを以下に掲げる（読み下し）。

1 一、正月元旦は身を清浄に致し…一家親類始めならびに隣家近家の者を招いて、まず始めに屠蘇を出し御酒雑煮吸物にて目出度悦ぶべき也、

2 一、正月十一日鍬初の言(と)うは社稷神を祭るなり…、

3 一、二月初午は五穀神を祭る也……、

4 一、八十八夜廿日前に種を池溜りへ漬けて籾芽出シ苗間へ蒔き付け、肥は下糞干鰯文蔵藁灰等也…誠ニ米を大切に致すべきこと也、

5 一、畠作物は（以下四三種類をあげ）四季の種々多くして、よろしき地所を見定めて蒔きつけ植え

つけ致すべきこと也、
6 一、田促《(ママ)》テ土肥を付けこみ、是より三十三日過ぎて、烏早稲を植え、始めて此間に麦作を刈取って続けて本稲晩稲つけ致すべきこと、
7 一、その年々に□□て或は旱魃或は水損にて違作の年は粥を食すべしとの御触のこと、ゆめゆめ等閑に存ずべからず、
8 一、虚言は必ず言うべからざるのこと、面を和らげ、言を巧にし、君を掠め、人を損う類い、古の書籍にものせたるところ顕然なり、
9 一、大酒を慎むべきこと、酒酔は《(い)》忩かなる人も狂乱する者なり、
10 一、無益の殺生を致すべからざるのこと、
11 一、他人《(の)》妻を密懐を慎むべきこと、施姦和姦の両方共に人の女房を懐抱すべからず、
12 一、不浄日々心掛くべきこと、まず神仏辺にて両便類猥に犯して仏閣を穢すべからず、
13 一、博奕諸勝負致すべからず、
14 一、朝夕の看経《かんきん》（「経文を読むこと）は懈怠なく勤むべきこと、
15 一、父母ハ孝行致すべきこと、
16 一、御伝馬大切に勤むべきこと、
17 一、御年貢大切に納むべきこと、
18 一、着類の事、百姓は粗服を着るべし、
19 一、常々糧は挽割・粃米等を搗搓《(ママ)》し精て、随分大切に粗穀・粗米表《(俵)》糧を沢山に仕込置きて、飢饉の節は是を用いる心得第一なり、

20 一、休日には屋庭共に綺麗に掃除致シ、其間には算術・手習学問修行致すべきこと、幼時に学問せざれば無学文盲の者となり、老て後悔すれども益なし、

21 一、後苑樹木山林の竹木等猥に切るべからず、但し木も土地に相応の地所あり、我ら植え置きて子孫の余慶とすべし、

前掲のように、この文書の後文には〝これをただの親父の教訓と思ったら間違いだ。これらは古の聖賢の言より出ているのだ〟とあるが、右の文章の省略した部分には、筆者が学のあるところを誇示している語句が散見される。たとえば、第四条では、「米を菩薩と云ふ事は」として五種類の菩薩名をあげていること、第七条において「天地の気」について論じていること、第一五条において、陰陽五行説についてのべていることなどがそれである。親父の持っているこのような学に対して、息子兄弟はさぞ恐れ入ったであろう。

農家の家訓㈢

相模国足柄上郡中沼村（小田原藩領、五二二石余〈『旧高旧領取調帳』〉）の名主杉本田造（文久元年〈一八六一〉五九歳で没）は「秘伝書 家訓」（年不祥。『南足柄市史』資料編近世2、南足柄市、一九九三年）を書き子孫に残した。これは全一八条から成るが、まず各箇条外の記述が注目される。この文書の冒頭には「年々七月十五日早朝急度見読いたし申すべく候事」とあり、末尾には次のような記載がある。

田翁保穀遺言

右相守譲り渡し候也

田造安載㊞

田三郎改
田造載殺（ママ）㊞

杉本田次㊞
杉本誉男印

上部の「田翁保穀」は「家訓の作者杉本田蔵である。下部のトップの「田造安載」は保穀の弟で、家督を継いだ人物、それに続く三人はそれ以後の杉本家当主である。つまりこの家訓は歴代当主の署名捺印をもって継承されてきているのである。この文書はただ作られただけではなく、確実に継承されてきた証拠をもつ珍しいものである。

さて、内容である。

第一条には「殿様御箇条拝読致すべく候」とある。「殿様」とは寛政八（一七九六）～天保八（一八三七）の間の小田原藩主大久保忠真《ただざね》のことである。忠真は文政元年（一八一八）十一月、領内を流れる大河酒匂川の河原において領内各村の村役人を集めて、直々に質素倹約等を申渡し、領内の安定を期した（原文書は『南足柄市史』資料編近世(1)所収）。この文書の解説には「この箇条は大坂・京での勤め（＊大坂城代、京都所司代）を終え、幕府老中として帰府した際、酒匂河原に領内各村の村役人を集めて、直々に申し渡したものである。領内の変動に対して、風俗を慎み、奢りを改めること、本業に精を出すこと、村役人・藩役人の非分を禁止することなど六か条の教諭を行っている。さらに後段ではそれぞれの箇条について、詳しい主旨説明が付け加えられている…」とある。

杉本田造家訓の冒頭に記された「殿様御箇条」とは、右のようなものであり、これが家訓全体を規定しており、家訓の最後の部分には「殿様」の言をそのまま記している。しかしながら家訓としての独自性がないわけではない。それは、第六・七・八の三か条における公事出入回避の姿勢である。「公事・訴訟は一村衰微之基」（六）とする基本態度にはじまり、公事出入が自分に降りかかってきたら金で片付けた方がよいとか（七）、他の公事出入に口を出すな、応援するな、頭取りになるな（八）等々を次々に説いている。家訓の筆者はなんらかの公事出入りにかつて関係し散々な目にあったことが多分あったのだろう。

杉本田蔵は報徳の信奉者でもあった。報徳とは幕末の農政家二宮尊徳（一七八七～一八五六）の教えのことである。二宮は相州足柄上郡栢山村の出身、つまり彼と家訓を書いた杉本田蔵とはまったくの同郷人なのである。杉本は二宮が没した安政三年（一八五六）には五四歳だった。多分、杉本は二宮の教導を直接に受けていたのだろう。

杉本田蔵のこの家訓には「二宮先生道歌」が三首入っている。その最初の歌は「掃捨ず　塵だに積めば　おのづから　竹の子等さへ　みなふとるらん」である。歌意についての説明は不要だろう。

総じてこの家訓には、藩主大久保忠真が酒匂河原において説示した治世者の思想や二宮尊徳による報徳思想の浸透が読みとれる。

商家の家訓(一)

商家の家訓は、当然のことながら農家のそれとは異なる。しかしながら、日常的な生活態度においては共通する部分も多い。

次に掲げるのは、美濃国多芸郡島田村（村高二六九六石余〈『旧高旧領取調帳』〉の大村）の質屋服部家の「身上相続心得之事」（宝暦六年〈一七五六〉）全一四か条である（『岐阜県史』史料編近世八、一九七二年。とくに断わらない限りは大意をとるに止める）。

身上相続心得之事

1 一、朝六ツに起き、手水致し、表口土蔵開き、銘々仏恩・先祖の厚恩を唱え礼拝し、裏の仏前勤行も右の通り仕り、日天に向い日月・明星三光天子を拝し、帳面箱・銭箱に至るまで鎖をひらき、其日の用事を申しつけ、朝飯を給べ（＊食べ）申し候、膳に向い仏恩・先祖の厚恩を唱え、鹿末（＊粗末）に給べ申まじく候、冥加に尽き申候（読み下し）、

＊早起きや礼拝等は商家も農家も変わらない。これは当時の日本社会通有の生活態度だった。

2 一、衣類は木綿、持ち物や諸道具は上等な物を持たない。

3 一、紙墨筆等は高値なものを用いない。

4 一、日頃から金銀・米銭を粗末にしてはならない。とはいっても欲深く計算するものでもない。

5 一、質物の外何の商いも至すまじく候、随分質物出精致し、これまで有り来り候質物相成申さず候様に致すべく候、在々より入来る人々に粗末に会釈申すまじく候、利足等も非道の高利取るべからず、貧者は憐愍を加え、利足等も少しずつ負け遣すべく候、質物の儀も五十文か百文余計貸し遣すべく候、平生取扱いに質を大切に致すべきことに候（読み下し）、

＊質屋は村々の金融機関として不可欠の存在であった。右の文章には、正当かつ重要な金融機関としての質屋が持つべき倫理観や世間観がはっきりと表現されている。

6 一、証文等の書きかえは不要である。田からの小作料だけでも奢らなければ生活できるのだ。

7 一、田畑の質入れは、これ以上やる必要はない（以下こまごましたことが書いてあるが省略）。

8 一、非人や乞食を憐れむように。

9 一、召使いの者に非道の用事を申しつけてはならない。

10 一、油・燈心等々日常の消費物資を粗末にしてはならない。

11 一、米を粗末にしてはならない。壱粒落ちていても拾うこと。

12 一、家織（＊「家職」か）六分・諸芸四分（原文）

13 一、米百俵餅米共（原文）
14 一、金百五十両 諸入用（原文）

＊「家職六分・諸芸四分」（第一二条）の「諸芸」はいわゆる学問の他に俳諧・生花等の趣味をも含めた総称なのだろうが、その「諸芸」の比重が格段に高いことが注目される。これは農家の家訓にはまったく見られないものである。「米百俵」（第一三条）、「金百五十両」（第一四条）は常時準備しておくべき米金の意であろう。服部家の卓越した富がうかがえる。

商家の家訓(二)

現茨城県猿島郡五霞町に幸主《こうしゅ》という大字がある。幸主とは幸館村・幸館新田と主税新田の合称である。ここは旧国郡名でいうと下総国葛飾郡の北部であって関宿藩領に属し、現利根川主流の中流右岸にあり、派流である現江戸川との分岐点にごく近い。また利根川対岸（左岸）には、近世～明治にかけての大きな河岸であった境という町があり、城下町関宿もごく近い。つまりこのあたりは、利根川・江戸川水運の要衝であった。

小沢家は五霞町幸主にある。小沢家が所蔵する文書や絵図の中に「永代家法之規定」（享和二年〈一八〇二〉）という文書がある（五霞村の歴史資料2『五霞の古文書』五霞村教育委員会、一九九六年）。これはめったにない丹念さで書かれており（写真10）、この文書が小沢家にとって、もっとも大切なものとして書かれたことが一見してわかる。この文書を以下に掲げる（原文のまま。ただし番号は木村）。

永代家法之規定

1 一、算筆学問通用不成者、家相続人ニ致間敷、尤算筆学問人ニ勝連候儀ニ不及惣領次男三男男女ニ不限、酒好キ候もの撰男子ニ而も不埒候ハヽ、女子たり共万事行届キ家業専一ニ相励候もの相続人ニ可致事

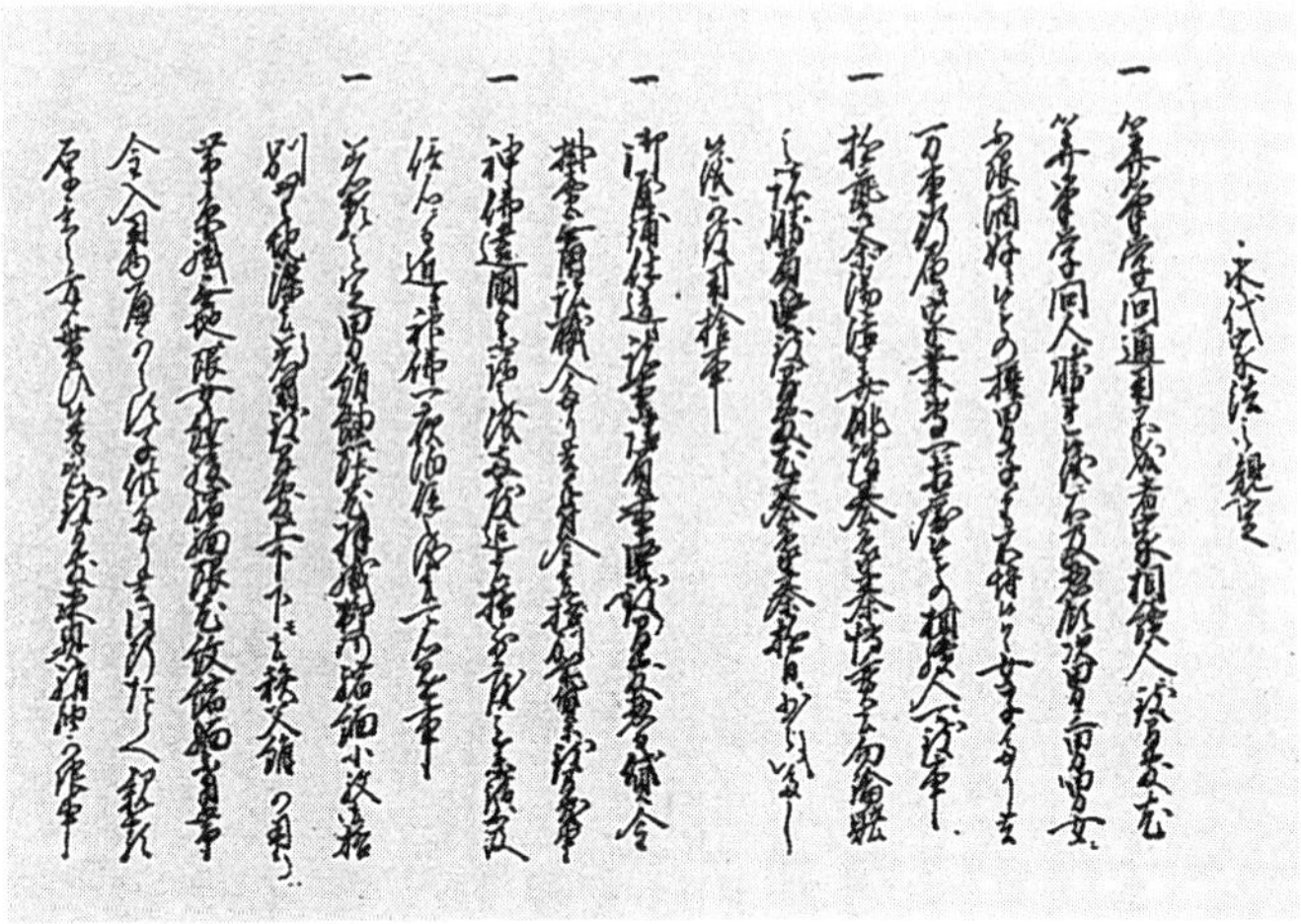

写真10　小沢家「永代家法之規定」（『五霞の古文書』、1996年）。

2　一、遊芸茶湯活華俳諧碁象棊博奕者勿論賭之諸勝負堅致間敷、尤碁象棊遊日ニ少しいたし候儀可致用捨事

3　一、御屋鋪仕送り諸事請負堅致間敷、惣而貸金掛賣無用、諸職人たり共手付金者格別、前貸等致間敷事

4　一、神仏遠国参詣之儀両度迄者格別、度々参詣ニ不及信心ニ而近キ神仏一夜泊位之儀者可心懸事

5　一、着類之定、男絹紬限、尤羽織柳門縮緬小紋者格別無地染者着用致間敷上下《（ママ）》モ者秩父絹可用帯京織無地ニ限女紗綾縮緬限、尤紋縮緬不用、帯金入用ゆへからす子供たり共同断、たとへ親類厚意の方ゟ貰ひ候共着致間敷、夜具絹紬可限事

6　一、脇差文字金五両限櫛笄かんさし合テ金五両ニ可限事

7　一、諸道具前書ニ順し可相用、高金之品相調申間敷事

8 一、諸親類音物行器《ほかい》壱荷ニ限馬等ニ而取引堅致間敷事
9 一、婚禮之節鋲打乗物ニ而往来いたし惣式花麗ケ間敷儀、決而致間敷、尚又男女外江縁付候共、前書定之外決而相慎可申事
10 一、相続人夫婦之もの明け六ツ𛀁渡世相励可申尚又外ニ而利足付之金子壱両たり共借用致候節、両家江相談之上借用可致事
11 一、先祖代々法事ニ当り石塔相建候節、先祖代々𛀁壱分たり共高ク致間敷、尤法事供養等之儀者身上相應ニ取斗可申、万一身上不如意ニ相成候ハ、可成丈ケ減し金子借用等抔いたし法事致間敷事

右十一カ條毎月朔日家内子供迄為読聞相慎可申候万一ケ條相背候者有之節老若ニ不限飯米小遣着類代として壱カ年金拾両宛女金子七両宛相渡為致隠居可申候、其節両家立会之上、内外相改帳面ニいたし壱年替可致後見跡見之輩私欲押領ケ間敷儀無之様後見可致勿論相続人実躰ニ候ハ、廿壱歳ニ相成候節身上内外帳面ニ為致右帳面両人方江請取五ケ年之間後見同様致世話家督減し候ハ、猶又取上ケ後見可致将又《はたまた》右三軒之内相談人代替り度々此書付相互引替致所持永代相守可申候如件

万年町
三代隠居
藤右衛門㊞

享和二戌年四月

立野新田

藤　七㊞

藤兵衛殿

右ケ條之儀者三代藤右衛門相認同人儀本家幸館新田ニ罷在出精之上、立野新田江戸万年町両家出見世ニいたし家業相励間代々急度相守可申、右藤右衛門先年六十五歳ニ而定之

三代
藤右衛門㊞

（幸主　小沢佳男文書）

右は原文のままなので、以下に簡単に解説する。

1 一、算筆学問がダメな者は家の相続人にするな。ただしそれらがとくにすぐれていなくてもよい。男でも大酒のみなど不埒な者は相続人にするな。女でも万事に行届きよく働く者ならば相続人にしてもよい。

2 一、遊芸や賭の諸勝負をするな。もっとも碁や将棋を遊びで少しやるくらいのことはよい。

3 一、御屋敷への仕送りを請け負ってはならない。すべて貸金や掛売りをするな。職人への手付金はいいが、前貸しをしてはならない。

＊御屋敷への仕送り云々は一般的には旗本先納金（年貢の先払い）のことだが幕末期の支配関係を示す『旧高旧領取調帳』によればこのあたりは関宿藩だった。ただし、享和（一八〇一～一八〇三）前後に一時旗本領だった時期があったのかもしれない。未詳。

4 一、遠国の神仏参詣は二度まではよいが、たびたび参詣するにはおよばない。近くの神仏へ一泊で行くように心がけたい。

5 一、着類の定め（質素にせよということ）。
6 一、脇差しや櫛笄等への出費の限度（五両以内）。
7 一、諸道具についても、高い金を出してはならない。
8 一、諸親類への贈り物は行器《ほかい》一荷に限る。馬背にのせるような大袈裟なことをしてはならない。
＊「行器」（ほかい）とは「食物を入れて持ち運ぶのに用いる器」。「外居」とも書く。左に図示（『大辞林』第二版）。
9 一、婚礼の時、鋲を打った立派な駕籠に乗って往来するなど、派手なことは決してするな。
10 一、相続人の夫婦は明ケ六ツより渡世に励め。また外から利付の金子を借りるような場合は一族の両家へ相談のうえ借りるようにせよ。
11 一、法事に当たり石塔を建てる時は、先祖代々より一分（＊約三ミリメートル）でも高くしてはいけない。法事は身上相応にやるべし。身上が不如意の時であっても、金を借りてまで法事をしてはならない。

図12 行器（『大辞林』）。

右一一か条は毎月一日に家内子供まで読み聞かせ、つつしんでこれらを守るようにせよ（以下省略）。

小沢家の本家は幸館新田にあり、他に立野新田と江戸万年町に出店があった。幸館新田から江戸深川への径路は、利根主流から派流の現江戸川に入れば下流の行徳までは広々とした直路である。行徳から西へ新川・小名木川（いずれも運河）を経れば容易に江戸深川に至る。小沢家が江戸に出店を持つことはそう難事ではなかったのである。

この「永代家法之規定」の筆者は、小沢家二代目の藤右衛門という人物である。彼は江戸万年町の出店を経営していたが、この規定を書いた時期には隠居として本家の幸館新田に住み、元気だった。この規定の署名人は、その藤右衛門と立野新田の店を預る藤七の二人。宛て先は藤兵衛となっている。小沢一族の店は幸館新田・立野新田の両家と江戸万年町の出店から成っているから、この藤兵衛は万年町の店の後継者ということになる。これまで万年町の店を経営していた藤右衛門は隠居して幸館新田を戻り、万年町店は藤兵衛が引きついだ。その後継者に与えた教訓がこの規定なのである。

維新動乱の影響を受けた家訓

出羽国秋田郡二井田村（一七六四石余〈『旧高旧領取調帳』〉）一関家は、天保十三年（一八四二）には二六二石の高をもつ大地主であり、秋田藩当局とも調達金等で関係の深い家であった。秋田藩（久保田藩。佐竹氏、外様、二〇万石余）、は戊辰の動乱に当たり旧幕府側に立った奥羽越同盟に抗して、明治政府側に立ち苦労した藩である。

慶応四年（明治元、一八六八）正月のいわゆる鳥羽・伏見の戦いをもって火ぶたを切った戊辰戦争は、翌年五月の函館戦争における榎本軍の降伏をもって終結した。その六月にはいわゆる版籍奉還となり、各藩主は明治政府の任命する藩知事になった。しかしながら廃藩置県は翌々明治四年七月のことである。つまり版籍奉還から廃藩置県に至る約二年間は、藩体制はいわば宙ぶらりんの状態にあった。

二井田村一関家「家例改革の条々」（国文学研究資料館史料館編『近世の村・家・人』所収、名著出版、一九九七年）が作成されたのはその宙ぶらりんの時期である明治三年三月のことだった。この「条々」は、前半の「演舌覺」（一一か条）と後半の「覺」（一二か条）からなっている。後半の「覺」は、当座諸用の処理に関するもので、家訓的色彩は弱い。前半の「演舌覺」は家の永続を期しての家訓的色彩が強い。第二条以下を例示すれば、朝寝すべからず、朝には酒と魚類は無用、昼酒は原則としてするな、夕飯の時の酒はよいが過酒はいけない等。また、吉凶に当たって人を招く時は大袈裟にやるな、法事の時の料理は仏前の僧侶と相伴の亭主は別だが他はいつもと同じ、年頭の祝儀はほどほどに、衣服は藍物にせよ、綿・木綿類が高いので有りきたりで間に合せよ等、つまりはごく平凡な家訓である。ところが家訓第一条はまことに異色であって、秋田藩の改革に足並を合わせて家政改革をしなければならないという趣旨を述べているのである。以下にその部分だけを紹介してみよう（読み下し）。

演舌覚

十ヶ年前[1]異国船参り候以来、世の（中）何となく騒々しく相成り、三都[2]には大変のみ存じこれあるにつき、御上[3]の御物入りも莫大に相成候につき、御用銀御高割御調達等は年々ほどに仰せつけられ候につき、四民益々困窮に相せまり候所に、徳川公より天下の執権職を、天朝に返上し奉り候につき、復古官政御一新に相成り[4]諸藩一同郡県に相成り、屋形様におかれては僅か御高三万石[5]にて久保田藩知事を仰せを蒙られ候につき、御大臣より倍（陪）臣に至るまで、莫大の御減録に相成り候につき、御大家族様方のことは、これ以来の御取り暮し方別して御難渋なし置かれ、よって当節より各段御改革遊ばさるる儀を承り畳重[6]恐存じ入り奉り候、よっては我々敷はもちろんのことに候えば、急度改革致さず候ては相成らず候（以下略）、

注（1）これはペリー来航のことであろう。とすると一七年前になる。
（2）三都＝江戸・大坂・京都。
（3）御上とは藩主または藩当局のこと。
（4）「徳川公より」以下は、いわゆる「大政奉還」（慶応三年〈一八六七〉十月十五日、「王政復古」

（同十二月九日）、「版籍奉還」（明治二年〈一八六九〉六月十七日）等の一連の事態をさしている。

(5) 明治政権樹立に功あるものに与えられた論功行賞を「賞典録」といった。秋田藩主佐竹氏は明治政府側に立って戦ったので賞典録を与えられた。ただし三万石ではなく二万石。

(6)「畳重」は「重畳」（ちょうじょう）の誤りであろう。「かさねがさね」の意。

このように、幕末における全日本的な政治動向、それと直接に関係する秋田藩の動向、そのようなものとの関係において、大地主であるとはいえ民間人が家訓を書くなどということは珍しいように思うので紹介した。

昭和戦前期の家訓

東京都狛江市は同世田谷区に西接し、南は多摩川を隔てて神奈川県川崎市多摩区と相対している。狛江市大字和泉の旧家石井氏には、年不祥の「家憲」がある。年不詳といっても、江戸時代や明治期のものでないことは文体を見れば明白である。もちろん戦後のものではない。とすると、大正・昭和戦前期になるが、ここでは後者とみておく。

この家憲は全四八か条と附則からなっている。四八か条は四つの部分に分たれている。すなわち、「第一則立家の綱領」（第一条～第一一条）、「第二則処世の規箴《きしん》」（第一二条～第二二条）、「第三則修養の教範」（第二三条～第三一条）、「第四則家政の秘訣」（第三二条～第四八条）である（『狛江市史料集 第六』狛江市、一九七七年）。全体としてまことに物固いものである。筆者名は見えないが、安政六年（一八五九）に生まれ、明治十七年（一八八四）に家督を継ぎ、昭和十四年（一九三九）に没した石井正義という人物であろう。彼は村長をはじめ地元のために大いに働いた人である。

この「家憲」の特徴は、その文章の中に「大日本帝国憲法」および「教育勅語」の語句を多用していることである。この傾向はことに第一則と附則において激しいので、この部分を以下に紹介するが、その前に他の部分についてて簡単にふれておこう。

「第二則処世の規箴」では、誠意勤譲、勤倹、労働、分度、大胆にして細心等のいわば個人的美徳について述べている。

「第三則修養の教範」では、主として教育について述べている。家庭教育と学校教育の双方につき述べる。男子は勇壮活発、女子は貞淑優美であれとしている。

「第四則家政の秘訣」では、家庭内での父母・嫁婦・長幼のあるべき姿を示す。結婚については血統の重視、一夫一婦を守るべきこと、素行を慎み、衛生に注意し、酒色賭事にふけることを禁じている。

最後の第四八条においては「毎年一月新年に於て家憲朗読式を行ひ、更に之を講演し奉族《（ママ）》必ず遵守することを宣誓すべし」と結んでいる。

さて、「第一則立家の綱領」と「附則」について見よう（原文。傍点は「大日本帝国憲法」〈明治二十二年〉あるいは「教育勅語」〈明治二十三年〉と合致する部分）。

家　憲

第一則　立家の綱領

第一条　当家は家長之を統治し旧家と雖も此命維新なり、

第二条　家統は嫡男子孫之を継承す、

第三条　家長は家の元首にして、家政を綜攬し家庭を統治し子孫長久を計るへし、

第四条　家長は常に礼法を守り家衆を御し、己を守るに厳に人を攻めるに寛にして、賞罰明に渾て人の師表となるへし、

第五条　天地の恩を謝し、人道を重んし、己を利し人を益するを以て要義とすへし、

第六条　農は神聖なり、農を以て本領とし、土地を以て本位とす、

第七条　常に勤王の意を厚うし、忠君愛国の道を守り、義勇公に奉し君国に貢献することを忘るへからす、

第八条　敬神崇祖の道を守り、宗教に拘泥せす、新教に迷信することなく、安神を定め、天佑を享受すへし、

第九条　祖先を敬虔し、追懐宗を念とし、常に興復を慮り、報本反始の礼を尽すへし、

第十条　経済の基礎を堅固にし、家力の充実を計るへし、

第十一条　国憲を重んし、正道を守り、徳を養ひ、邪曲佞心のことあるへからす、

これらの条文のうち「大日本帝国憲法」と類似している部分は次のとおり。

第一条については、帝国憲法第一条「大日本帝国ハ万世一系ノ天皇之ヲ統治ス」。

第二条については、帝国憲法第二条「皇男子孫之ヲ継承ス」。

第三条については、帝国憲法第四条「天皇ハ国ノ元首ニシテ統治権ヲ総攬シ」。

明らかにこの部分は帝国憲法の模倣である。また、第七条における「義勇公に奉し」は教育勅語の文言。

附則

如上は立国の神髄処世の精華、是れ我祖先世々の遺訓にして子孫継承の道に外ならす、之を古今に照して謬らす、之を東西に徴して動かす、実に千古の教憲百世の帰法なり、故に造次顛沛にも拳々服膺して必す此宣言に則り此条軌を守り、恐くは俯仰天地に愧るへからす、庶幾は子孫克々其意を奉し其志を継き、厥美を永遠無窮に履践すへし、然らされは我子孫にあらす、我親僚にあ

らす、衷心偽はらされれは皇天の照覧あり、

「附則」についてはどうか。

「処世の精華」は、教育勅語における「我カ国体ノ精華」。

「之を古今に照して謬らす、之を東西に徴して動かす」は、教育勅語における「之を古今ニ通シテ謬ラス之ヲ中外ニ施シテ悖《モト》ラス」。

「拳々服膺して」は、教育勅語における「拳々服膺シテ」。

「庶幾は（こい願わくは）」は、教育勅語における「庶幾フ（こい願う）」。

「厥美（その美）を」は、教育勅語における「世世厥ノ美ヲ」。


これらは明らかに教育勅語からの借用である。

石井家の「家憲」は帝国憲法の冒頭や教育勅語が体にしみ透っている人物が書いたものである。それに儒教的秩序感覚や報徳思想等が渾然一体となっている。強弱、意識無意識は別として、この「家憲」のような考え方や感覚は、昭和戦前期の日本社会にあっては決して例外的なものではなかったことを銘記する必要がある。

2 さまざまな遺書

遺書への関心——苅谷又八の遺書

苅谷又八という人物による「遺書之叓」を始めて見たのは、神奈川県史（一九六七～八四年）編纂の早期、史料調査段階だった。これが書かれた時期は江戸中期の元文五年（一七四〇）六月（又八の言を誰かが筆記したのだろう）。紙数二〇枚

もの長大なものだが、箇条書になっており、形式上の混乱はない。その箇条は計八二。さまざまな事柄が書き込まれているが、全体としては同種類ごとに一括されているわけではなく、大体において順不同である（『神奈川県史』資料編8近世（5下）所収、一九七九年三月）。

苅谷又八は当時武蔵国都築郡久保村（現横浜市緑区）の住人で、久保村の村高四二〇石ほどの中の旗本朝岡氏領（二四八石余）の名主であった。先祖は徳川家康に仕え、天正十八年（一五九〇）の小田原攻撃に当たって負傷し、久保村に土着し、やがて名主になった。苅谷氏は以後歴代名主を勤め又八に至った。遺書をつくった時の又八は数え年六九歳。

この「遺書之亨」を読み進めていて、深く心をうたれた部分がある。それは、これまでの自分の人生を不幸・不運の人生と観じ、嘆いている部分である。たとえばこんな調子である（読み下し）。

一、私は幼年の頃より、たびたび危き目に逢い申候、延宝五（一六七七）巳の十二月廿二日に母に捨てられ年六才、貞享二（一六八五）丑の十月廿二日に父に捨てられ十四才、…（四九条）。

一、世間の人の心ははかなきものにて、人の悪キ事は悦び、能き事はそねむもの也、…（五〇条）。

一、われらも運弱く、身上持直し申す時分になり候と存じ候時に、妻におくり、…（五四条）。

苦労の多かった人生を振り返っての又八のこのような感懐には、彼の本心が表明されていると私は感じた。右のような一般的人生観、社会観だけではなく、息子や娘のさき行きの案じ方、身延参詣への喜び、その時同道してくれた忠兵衛への感謝、自家の経営についての指示、八人いる手習子（又八は寺子屋の師匠でもあった）を誰に預けるか、このようなもろもろを記した彼の遺書には、年老いた又八の痛切な本音が語られており、そのことに深く感銘した。

したがって私は苅谷又八の遺書についてはこれまでに何回も書いている。それを以下にあげておく。

『神奈川県史』通史編3近世(2)(神奈川県、一九八三年三月)。
『村の語る日本の歴史』近世編②(そしえて、一九八三年十二月)。
「日本における中世人の生活」(『中世史講座』9、学生社、一九九一年四月。後に木村礎著作集Ⅷ『村の世界 村の生活』名著出版社、一九九六年九月)。

いずれも意を尽くせない中途半端なものである。これらの他に、ごく小さな研究会での発表もやっている。

ここでの紹介もまた残念なことに中途半端に終らざるを得ないのだが、以下では、又八の遺書八二か条についての項目別区分を簡単に記しておく(項目はもちろん私が立てたものである)。

(イ)生活の回顧と教訓 六か条
(ロ)息子伊八と娘おさとのこと 一二か条
(ハ)村および名主役のこと 九か条
(ニ)自家の経営に関すること 一九か条
(ホ)寺子屋師匠として 二か条
(ヘ)信心、追善、身延参詣 二四か条
(ト)その他(よくわからない) 一〇か条
計八二か条

(ヘ)信心、追善、身延参詣に関する箇条の多さが目をひく。彼は元文二年に甲斐国身延山久遠寺に忠兵衛という人物と共に参詣しており、そのことが生涯の最大の喜びだったようで、その時世話してくれた忠兵衛に深く感謝し、生きているうちは「朝夕忠兵衛現世未来いのり申候」(七九条)としたほどであった。

(ニ)経営についての指示は細部にわたっている。地主手作り経営の矛盾が強くなっていたようで、しきりに下人を減らせと説いている。その一方では馬についても語っているから、手作り経営は継続していたわけである。

(ロ)息子と娘の行末についてもしきりに心配している。ことに嫁取り前の息子伊八の行状については、「一伊助身持ちのところ、是のみ苦労に存候…」（第二条）というわけだった。伊助の行状についての細かい心配は他にも具体的に記されており、又八は伊助をよほどの不良青年と見ていたようだが、又八死後も苅谷家は続いているのだから、伊助は遊びや騒ぎが好きな青年ではあったが、実際は世間並みの分別を持った青年だったのだろう。

(ハ)村および名主として。これについての配慮はいわば当然のことである。

(ホ)寺子屋師匠としての言及は二か条しかない。これは又八の生活にとっては余技だし、八人の手習子の引受け手がきまっていたからなのだろう。

(ト)その他よくわからない箇条がある。これは又八をめぐる人間関係の複雑さの故である。

苅谷又八は多分苦労性、心配性だったのだろう、言い方がくどい。そのくどさの中に、彼の本音が素直にでているように思う。苅谷又八の「遺書之叓」には、〃なるほど、人間の生き方とはこういうものなのか〃と人をして納得させるものがある。私の遺書への関心は苅谷又八から始まったのである。

何事も人に似たりがよき事

『栃木県史』史料編・近世一（栃木県、一九七四年三月）には「慶長二十年正月鍋山村大雅楽助より小三九郎へ遺言状」（栃木市鍋山、小曽戸武家文書）がのっている。小曽戸家は鍋山衆を組織し、代々佐野氏に仕えたが、佐野氏の滅亡と共に鍋山に土着した豪農である。この遺言状は、名主である大雅楽助が息子の小三九郎（まだ若いが、父のあとを継いで名主になる）にあてたもので、前欠ではあるが、欠けてなくても、そう長い文書ではないだろう。

以下に掲げる（近世初頭の在地文書の文体を知るに便なので、原文のままとする）。

（前欠）

(1)一三九郎殿へ申候我等はて申候ハヽ、作内口ゟ引越□（破損）

(2)一何事も人ニにたりかよき事

(3)一作以下ニねんを入可申事

(4)一御代官なとへとき〴〵御見舞可申事

(5)一ばくちふゞきなとの座敷へも入間敷候事

(6)一手支ニ申候おやなき者なれハ何事もたにんニしたかいしんひう（神妙）ニ可有事

(7)一かせきゆたん有間敷候又かせきニまきれせわかたニゆたん有間敷事

大雅楽助

慶長廿年正月十三日　綱勝（花押）

小三九郎殿

まいる

(1)、文書が破損しており、意味がとれないが、「我等はて申候ハヽ」つまり〝自分が死んだならば〟とある。この文書全体の調子から考えると、この文書は死の直前に書かれたのであろう。

(2)、これは読んで字の如くである。大雅楽助は鍋山の有力者ではあるが、勝手な振舞いはしてはならず、何事も他人と似ていることがよいとしたのであって、日本の村社会のあり方を端的に表現している。

(3)、仕事については何事も一生懸命にやれという意味である。

(4)、名主だから代官とは直接の関係にある。時々は挨拶に行けということ。

(5)、ばくちをするな。

(6)、支えてくれる親はいないのだから、何事も他人に従い、神妙にしていなさい（出しゃばったことをするな）。

(7)、稼ぎ（自家の経営）を怠けるな。しかしながら、稼ぎに没頭するのあまり、村の世話を怠ってはならない（名主家だから、これはやむを得ない）。

右のうち、ことに、他人と同じようなことをやれ(2)とか、他人に従って神妙にやれ、出しゃばるな(6)といった心構えは、現代に至るまで日本社会の基層を貫通しているが、それが慶長二十年（元和元、一六一五）という江戸時代の初期に早くも出現していることに注意したい（なお、この文書の大意については、拙著『村の語る日本の歴史』近世編②〈そしえて、一九八三年〉において、ごく簡単に紹介したことがある）。

女性への土地分与

国文学研究資料館史料館編『近世の村・家・人』（名著出版、一九九七年）には、有益な史料が数多く収められているが、その中には遺言状も含まれている。遺言状には一般に財産分与に関するものが多いのだが、この書物には女性への財産分与に関する二点の文書が掲載されている。そのうちの一点を以下に掲げる（原文）。

ゆい言書之覺

名所柳田 一壱斗弐升蒔　おせん分
下川原 一壱斗弐升蒔　同　人
其外不残 印　同　人
一上屋敷田畑不残　隠居分
赤岩とての内 一三升蒔印　同　人
崎田 一前かゝろ　同　人
とい下 一五升蒔印　同　人
南かいと印 一新田三升蒔　覺円分

宝永弐年
酉十一月廿一日　忠右衛門印
市郎兵衛方へ預ヶ申候
（端裏書）
「宝永弐」

最後の「市郎兵衛方へ預ヶ申候」は、譲り主の忠右衛門が、この文書を市郎兵衛に預けておくという意であろう。この文書は多分忠右衛門がまだ元気な時に自署して印を押し、わけを話して市郎兵衛に預けたのであろう。さて、この文書の前三行が「おせん分」である。三行目が「其外不残」となっていることに注目したい。おせんは忠右衛門の娘なのであろう。他に分与されているのは「隠居」と「覺円」（僧であろう）であって、いずれも家を継ぐ立場にはない。したがっておせんが家を継ぐのではないか（婿取り）。それ故に「其外不残」となっているのではないか（以上いずれも推測）。『近世の村・家・人』の解題（森安彦執筆）はこの文書につき、「宝永二年（一七〇五）信濃国下海瀬村土屋家の当主忠右衛門の遺言書である。土屋家は年番名主を勤めた家であるが、この遺言状の中で、女性のおせんに土地を分与している。一八世紀前半では、女性にも土地が分与されていたことが判明する」と指摘している。

宗信相果て申候その時の覚え書

次も『近世の村・家・人』所収文書である。それは「宝永三年（一七〇六）遠江国気賀宿で本陣・庄屋を勤め、また有力な地主であった中村宗信の遺言状で、死に臨み自分の弔等について述べたもの」（「解題」）である。自分の葬式につき大まかな指示を与えることはよくあるが、細部に立ち入った具体的な指示はあまりないようである。以下に掲げる（読み下し）。

　宗信相果て申候その時の覚え書

一、われら相果て申候はゞ、沐浴《もくよく》（＊「髪を洗い身を洗うこと」―『広辞苑』第一版）は坂下の寝所にて致し、（死体を）瓶に入れ、三左衛門の所に荷（＊「かつぎ」か）ぎ参り候て、弔いは三左衛門の所にて致すべし、沐浴の所へ、忠兵衛が女房などを入れ申すまじく候、

一、野幕（＊棺をかこむ幕か）は跡々より四方幕に打ち候へども、塩入の気賀にまかりなり候間、幕も二方幕に打ち申すべく候、弔い法事もなるほど軽く、人の寄合もこれなきように致され、その日切（限）に仕り返し申さるべく候、

一、刀脇差は持たせ申すべし、

　刀は備前久充

　脇差ハ常の上ヶ物、つば（鐔）は九曜のすかしあり、

是は竜浜寺へ三日目に上ヶ申ものに候、併しながら、三左衛門なりとも、平太夫なりとも、望み

候は、寺へは刀の代に弐分、脇差代壱分遣し申し、刀・脇差はこなたに置申候ても能く御座候

一、馬をひき申すこと無用たるべし、

一、われら書写申し候法花経《ほっけきょう》一部、箱より取り出し、机に据え置き、野へ持たせ申さず、是は家の祈祷に置き申す筈に致し、両家に一部ずつ置き申し候て、末々三左衛門・平太郎読誦申し候様にと存じ、二部置き申し候間、相続次第に致さるべく候、

右の通りに臨終に及び候ては舌内も廻り申さず候故、かくの如くに候、以上、

中村宗信

□《恵カ》（花押）

宝永六年丑三月日

（付箋）「宗信往生致し候ハヽ、高野山の土砂と光明真言の護摩の灰、経帷子《かたびら》の内に小さき箱に入置申候間取出し、宗信口耳へ入れ申すべく候。とまりかね候にはいよいよ用い申すべし、その外親しき一門のもの相果て申候はゞ呑せ申すべき也」。

掛硯ノ内小さき引出しに、匂い線香御座候間、弔いの時取出し立て申すべく候、かねておさよに申渡し候、

中村三左衛門殿

同　平　太　夫殿

全文自分の葬式についての指示である。特に難しい文書ではないから、説明は省く。それにしても、〝死ぬ直前になってしまっては、舌が回らないだろうから、今のうちに書いておく〟などという表現には、宗信の用意周到な性格が自分の葬式の指示にまでおよんでいるようで、ややおかしい。

不和の儀でき申さず候様

甲州都留郡朝日馬場村（現都留市〈山梨県〉）は桂川（中流以下は相模川）の支流朝日川沿いの山麓小村である（七三石余。『旧高旧領取調帳』）。

享保四年（一七一九）二月晦日、この村の清水利右衛門は「御役人中」ならびに「壱門中」にあてて「書置之事」を書いた（『都留市史』資料編近世Ⅱ、一九九四年）。この文書の「解説」によると「当時の宗門帳が残されていないので、利右衛門家の家族構成や続柄がわからない」そうで、したがって、この文書に出る人名と利右衛門との関係や人名相互の関係はわからないのだが、文中に興味深い記述があるので、以下に掲げる（意訳）。

写真11　朝日馬場村の景観（2001年）。南面する山麓の朝日川の両岸に耕地が細長く展開する。現在は家屋が増加しているが、かつては典型的な山麓小村。

書置のこと

自分が死んだら、小次郎に家を譲るから、お花や子供は小次郎が世話するようにしていただきたい。もしも、お互いが不和になったら家の財産（＊耕地等）を割り、自分の子供も小次郎もそれぞれ家を立てるようにしていただきたい。それぞれが仲よく暮らし、一つになってさえいれば、自分は死んでも喜んでいる。とにかく不和にならないよう頼む。また、長永・くめ弐人のうち、一人は出家にしたいと思っているので、何とぞ坊主にしていただきたい。できることなら二人とも出家させたい。頼みますよ。以上。

享保四年亥二月晦日

清水利右衛門
自筆印なし、判なし

御役人衆中

壱　門　中

この書置は村役人や一門（親類）にあてたものである。これは「子供」がごく幼かったからであろう。

利右衛門は家産を一括して小次郎に譲っている。これは家産分割による双方の衰退を恐れてのことであろう（朝日馬場村は山麓小村であって、分割相続は危険である）。

しかしながら、（子供が成長して）小次郎と不和になるようなことが起こったら家産を分割することもやむを得まい。しかしそれは利右衛門の望むところではない。利右衛門の希望は、あくまでも不和になることなく、家産を割らずに仲よく暮らすことである。これさえ達せられれば、死後の自分は喜んでいる。

また、長永・くめ（*子供かもしれない）両人のうち、一人は出家させたい。できることなら二人とも出家させたい（*仏門に入ってしまえば、家産分割の危険は生じない）。

朝日馬場村のような山麓小村では、不用意な分割相続はつぶれに直結する。そのことに対する恐れが、〝不和による分裂はいけない。何とかして纒まっていろ〟という願いとして表明されている。この場合の〝不和はいけない〟は、決して単なる御説教ではない。

当家代々相続人へ申し渡すこと

埼玉県の『草加市史』資料編Ⅰ（草加市、一九八五年）に「峰禅院遺言」と題された文書がのっている。峰禅院とは武蔵国足立郡青柳村の有力農民三代目藤波喜右衛門の院号である。この家は「明治初年代に埼玉県下第一位の大地主になる」（「解説」）。

この遺言は三つの部分に分たれている。

①「遺状」。これは総論ともいうべき部分で、養子によって家を相続してきた藤波家のいわば養子論ともいうべきもので特色がある。

②「当家代々相続人江申渡事」。多分これが本文なのであろう。農家の心得ともいうべきもので一五か条にわたっている。

右の①②は三代目喜右衛門が文化十四年（一八一七）に書いたものである。

③これは三代目喜右衛門の死後、天保三年（一八三二）に喜右衛門の未亡人志賀・孫娘美代以下親類一族（分家）の連名で、遺言の趣を堅く守ることを誓った連印・連名である。

右のうち、①と②につき、その大意を以下に紹介する。

①「遺状」について（意訳）。

まず、跡取り息子賀住（かすみ）の早死、夫婦養子とその夫の死、夫婦の娘に養子という状況の連続および西袋村直吉倅音次郎を跡取りにきめたことを記す。

次いで〝家を譲ることは、国譲りと同様重要なことだ。人物をよほど見究めねば譲れない。（中国では）堯王は舜に国を譲ったではないか。自分が家を譲るのも同じことでよくよく考えたうえでこうきめたのだ〟。

三番目はいわば養子論であり、、この部分が「遺状」の中心である。以下。

〝養子相続の者は、実家より養家を大切に致すべきことはきまりきったことで、書くこともないのだけれども、なお心得違いをしないように申し置く。元来、養家は他家であるから、とかく実家を大切に存じ、養家を等閑に心得る輩が時々いるが、これは甚だ間違っている。養子の実の親の心としては、わが子がその道（＊人倫や世間知）をわきまえ、養家をよくおさめ、万事見事に渡世をすれば、双方の親としては、これにすぎた喜びはなく、これが第一の孝行である。心得違いにて養家を疎略に扱い実家を大切に思う人は、自然とその家はもちろん親類にもうとんぜられ、実の親も気を痛め、甚だ不幸の至りである。この旨は男女共同じ事だから、よくよく相慎み守らねばならない〟。

筆者喜右衛門は養子取りについては深い経験をつんでいた。多分時にはまずいこともあったのだろう。だから、右のような養子論をとくに書いたのである。

「遺状」の最後は早死した倅賀住の供養についてである。〝賀住は早世したが、一度は相続人と定めたのだから、当家の先祖になる。怠りなく追善供養をしなければならない〟とある。

②「当家代々相続人江申渡事」について。

この部分が「峰禅院遺言」の主文である。江戸後期におけるごく一般的な世間道徳が多いが、中には豪家らしい独特な部分も若干ある。以下に掲げる（意訳）。

1 一、お上の御法度や御用向きは大切に守らなければならない。

2 一、神仏の行事は、当家の仕来りの通りに怠りなく勤めなければならない。ならびに孝の道を忘れてはならない。孝心を持っている者は神仏の御心に叶い、子孫が繁栄するだろう。

3 一、先祖その他有縁の諸聖霊・仏事作善《さぜん》、これまた仕来りの通り怠けずに勤めなければならない。

附、所持の地面の地神に心付いたら廻向《えこう》するようにせよ。

4 一、自性庵（＊青柳村の寺院）へまねく僧侶は真言・天台・禅・浄土の四宗のうちにてお務めをしてきた。これからもそのように心得て僧侶をまねき、天下泰平、家内安全、御先祖の廻向を願うがよい。しかしながら、あまり大勢の僧侶をまねいて、諸入用等が多分にかかるようでは、身分不相応であり、かえって信心を失うことになるからよろしくない。あらかじめ僧侶の方々とよく相談した上でまねかねばならない。

5 一、所持の田地、家財道具はわが物と思わず先祖よりの預かり物だと心得て大切にいたし、だんだんと子孫へ譲るようにしなければならない。

6 一、火の用心第一とわが心に申しつけ、昼夜共に油断してはならない。家中奉公人に命令しているだけでは行き届かないから、当主が自分で見回るように心掛けねばならない。万一自分の所から火を出しては、先祖に申訳なく、その身の罪も逃れ難いから、よくよく気をつけねばならない。

小作米金取立て高ならびに手作りの米穀その他諸事払い物代金や作徳利金等は、当座の取立帳の他にきちんとした帳簿を作ってくわしく書き付け、また諸入用小遣帳もこまかく書き付けて、家内の勘定を取調べ、米金の過不足は年々親類中へ公表するようにしなければならない。

7 一、金銭の遣い道については、きまりきったことについては遠慮なく遣えばよい。もっとも、帳面に記しておかねばならない。

8 一、奢りがましき事は決してしない。もちろん三味線その他の遊芸など金のかかることをしてはならない。

9 一、親類の内にての貸借は決してしてはならない。貸借は結局不和の基になるから必ず無用である。万一親類の内に、立ち行かないほど困窮の者があれば、ゆとりのある金から相応の扶助をすることはいいが、貸借はしてはならない。これまで貸借したこともあるのだが、いずもしこりが残った。そうしたことがあったので、堅く貸借をしてはならない。

10 一、農家は農業専一に心掛け、日夜朝暮、時々刻々心付、片時も油断なきよう励まなければならない。

11 一、下々の召仕いは、放っておいてはよい事をしないものである。彼らは穀物その他を捨てることを平気でやり、甚だ粗末なことをする。それを注意もせずに放っておくのは、主人も同罪である。この旨を心得、所々見回り、炊事場までも注意し、穀物を捨てないようにせよ。そうしないと往々にして滅亡する。恐るべきことだ。

12 一、家々の財産取調べについては毎年正月十二日を定日ときめ、分家や諸親類をまねき、くわしく調査するようにせよ。亭主が放蕩者で奢りがましいとか、農業不精であるとか、その他不埒なことがあって、身代が衰えが見えるようだったら、諸親類一同で意見をし、それを用いない場合には、諸親類相談の上、衣食住をある程度与えて隠居させよ。その相続については、なおまた親類がとくと相談の上、筋目をただし、真面目な人物を見立てて相続させるようにせよ。以上のことを親類中へ達しておくから、右のようなことが少しもないよう励まなければならない。

13 一、本家・分家は一家も同様であって、永久に遠縁になることはないのだから、これまた本家と同様毎年定日をきめ、おのおの立合、相互ニ身上の様子を改めるべきだ。このことも一同へ申し達しておく。

14一、（分家や親族を合せれば）出生の男女は大勢になるけれども、暮らしの中で出たゆとりの金で、相応の家へ縁付けさせよう。費用を多分にかける不相応の縁組みをしてはならない。もちろん奢りがましい家への縁組みは堅くしてはならない。

15一、仁義礼智信は人間たるべき者の常であり、一つも欠けないよう心掛けなければならない。ただし聖賢の教も日常生活の余力として学ぶように心掛けよ。本格的な儒学者への入門は無用である。このあたりの物知りに学べばよい。

右のように申し置いた趣旨を堅く守るようにせよ。

藤波喜右衛門
仁宅

当家代々
亭主江

右の「申渡」において特徴的なことは、藤波家を中心とする親類・分家の結合の強さである。天保三年十一月の後文に記された連名・連印によると、親類四名、後見一名、立会人一名。その他に肩書きのない西袋村直吉が並んでいる。この直吉は、この遺言書の筆者三代目喜右衛門の後嗣養子音次郎の実父である。本家を中心とする親族・分家の強固な結合が、それぞれの家を支え合っているといってよい。

藤波家は豪家であるが、質素倹約を旨としている。質素倹約は、この時代における当然の美徳であり、藤波家においても例外ではなかった。

また、ほどほどの信心、ほどほどの学問といった態度がはっきりしている。もっとも重要なのは、家の維持発展であって、そのためには信心や学問についての関心があまり強くてはいけないのである。藤波喜右衛門の当家代々の亭主への遺言は、右のような世間知に貫かれているといってよい。

3 年代記の世界

江戸時代の（それ以前でも以後でもよい）、ごくふつうの人々にとっての歴史とはどんなものだったのか。これがここでの主題である。それが、「学問」としての近現代歴史学とは大きな違いがあるだろうことは、右の問題を立てた瞬間に理解できることではあるが、その違いの具体的提示には意味があるだろう。また、「学問」としての歴史学が、ごくふつうの人々の歴史認識と大きくかけ離れるようになったのはなぜかを考えることは、きっと有益であるに違いない。ここではそうした問いに答える前提として、ごくふつうの人々による歴史叙述の事例の幾つかを紹介し、簡単な解説を加える。なお、ふつうの人々による歴史叙述の事例は江戸中期以後、決して珍しくはないということを一言しておく。

大坂『近来年代記』の世界

『近来年代記』（上）（下）という本がある（（上）（下）計三〇〇頁ほど。大阪市史編纂所編、一九八〇年）。簡潔だが要を得た「解題」が（上）の末尾にある。以下それによる。「この底本は、かつて『大阪市史』を編纂した際に、幸田成友氏ら当時の大阪市史編纂員が収集筆写した史料の一つ」であって、「明治三十五年（一九〇二）五月採訪」の奥書がある。底本所蔵者は、「大阪市西区北堀江町壱番町水野桂雄（当時）」という人であった。筆者は未詳。

記録されている年代は、天保八年（一八三七）～明治二十年（一八八七）。五〇年もの長期にわたっているから書き継ぎと思われるが、文体は前後一貫しており、あるいは長命の人が若い時から書き続けたのかもしれない（原本を見ていないからわからない）。欠けている部分は、嘉永五年（一八五二）および安政二（一八五五）、三、四年分。さらに明治七年（一八七四）から同十八年に当たる部分には、簡単な記事が年号欠で記されている。

トップは天保八年。この年二月に起こった大塩の乱は地元での大事件であり、これについての記事は長い。かの著名な檄文を全文のせ、その反応については「村々百姓共此儀ニ服す者多し」としている。事件の経過、大火、大塩らの人相書き等を逐一記し、事件鎮圧の触書を見て「依而皆々一等《（一同）》ニ安心を致しける」としている。

このように『近来年代記』は、日本を揺がす大きな事件につき決して無関心ではない。

嘉永六年（一八五三）のペリー来航については「異国ノ大船東都へ着船事」と題して「六月六日比と云リ、大坂へ十二日に相きこへ候所、中々江戸表のそうどう大かたならず。先年見へしアメリカと申所之異人なりと云り……」とする割合正確な記述がある。ただし、これに続く記事は、大坂における六月の祭りと大相撲興行であって、驚きのあまり、日常性が失われるなどということはない。

元治元年（一八六四）京都におけるいわゆる禁門の変については「京都大乱之事」以下一連の記事がある。慶応四年（明治元年）正月のいわゆる鳥羽・伏見の戦いにおける大坂は幕府軍の大根拠地だったから記事は多い。以下にその題名だけを記す。「伏見焼討之事」「大坂薩摩屋敷焼る事」「鳥羽道大戦之事」「淀之城下焼打之事」「大坂町中大そうどうの事」「橋本之陣惣くづれ事」「大坂城明渡し之事」「淀川筋落武者通る事」「難波新地出火之事」「堺大火之事」「関東諸士にげ退事」……「徳川家朝敵之由触事」「徳川家七悪高札之事」…「徳川家名相続之事」「会津征伐手配之事」「御維新様（明治天皇）加茂社行幸之事」「（御維新様）御即位式礼有事」…「年号改ニ成事」「御維新様江戸表江御越之事」（以下略）。つまり慶応四年（明治元）の記事は、動乱と政権の交代を大坂を軸にして細叙している。当時の大坂人は天皇を「御維新様」と呼んでいた。

しかし重要なのは、『近来年代記』における記述の大勢は右のような事件史ではなく、大坂における庶民生活の諸相を多面的に飽くことなく書き綴っていることにあるという点である。「解題」は『近来年代記』の本質を「大坂の世相史」記述に置いている。その内容は、多種多様でしかも雑然としているから「解題」における内容紹介をそのまま左に記しておく。

具体的な内容については、本文を読んでいただけばよいが、天保八年の大塩騒動に関する見聞に始まり、社寺の神事・正遷宮・祭礼・砂持（＊社寺の造営・修理等に氏子や信徒が奉仕として砂運びすること）・開帳・法会・供養、曲芸・細工・からくりなどの見せ物、扇投げ・一字書・画花火・はやりうたなどの流行、能・狂言・芝居・浄瑠璃・角力の興行、火災および大風・大雨・洪水・地震・津波などの人災・天災、銀杏娘の木・山椒魚生取り・異形の大魚・心中・大男など町々の噂、そのほか岩城・三ツ井の店開き、猫間川・天満堀川の改修、茶屋町の立退き、コレラ・ハシカ等流行病、金相場・米価・川浚え・施行など、およそ都市の庶民生活に関りのある項目が、細大となく網羅されている。

要するに大坂に生きるふつうの人々の関心事や生活相の記述、これが『近来年代記』の本質なのである。これに類似のものは、江戸にもあるし、他にもある。

『近来年代記』の不思議さは、ずい分物騒な政治的事件に相当な筆をさいているにもかかわらず、全体の調子が何となく天下泰平なことである。この本は、それぞれの年の冒頭にその年の総説に当たるような簡単な文章を付している。「当年は」としている場合と「当春は」として正月の模様だけを書いている場合がある。前掲の天保八年（大塩の乱）と翌九年、嘉永六年のペリー来航前後、慶応四年の鳥羽伏見戦争前後における『近来年代記』の総説的所感を読んでみよう（意訳。口語体）。

天保八年――〝今年は例年の通りだが、去年は夏中も雨が降り続き、またしても大水が出、冷夏であって五穀が稔らなかった。諸国おしなべて不作であって、九月末より米が高値になり、他の品物も高値になった〟

と、さすがに暗い。右の文章は昨天保七年の凶作と物価騰貴について書いており、天保八年初頭に執筆されたものと思われる。したがって二月に起こる大塩の乱についての記述はこの部分には出ず、この直後からになる。大坂は大塩の乱で大騒ぎになった。翌九年の冒頭はどうか。

天保九年――〝当春は世間うるわしく、よものにぎわいは大層なものだ。殊に浮世はやりうた大はやりなり〟

これだけである。ここからは、昨年二月の大事件の痕跡の片鱗すらうかがえない。

ペリー来航は嘉永六年。前年の五年はないので、四年、六年、七年を以下に掲げる。

嘉永四年――〝当春も例年通りであって、元日は晴天。殊に三日が節分なので、にぎやかだった。十日戎《えびす》も晴天、殊のほか調子が出た。殊に難波新地の見世物は大はやりだった〟

嘉永六年――四年の記事と同様な文章のあとに〝料理屋、寿し茶屋、小店に至るまで大いに客が入り大当りした〟また〝道頓堀・難波新地等の普請が立派に建ち並び、その繁昌は語ることもできないほどだ。また芝居の看板が花々しく並び、茶屋のちょうちんやのれんが揃って仕立てられ、その美しきこと申しようがない大出来事である〟

嘉永七年──〝当年も例年のように殊ににぎわった〟以下天気のことや住吉参りについて書いている。


ペリー来航どこふく風といった感じである。安政七年（万延元年〈一八六〇〉）、桜田門外の変以降の激動期については、連年見ておこう（ただし意訳。省略も多い）。


安政七年（万延元年）──冒頭の文章なし。

文久元年──〝当年は米が高値なので、何事も大いに不景気〟

文久二年──〝当年は諸方豊作だが、米は高値だ。しかし昨年にくらべれば安い〟

文久三年──冒頭の文章なし。

文久四年（元治元年）──〝当春の元日は住吉参りが多い。三か日晴天で大いににぎわった〟

元治二年（慶応元年）──〝当年は諸色高値ではあったけれど、諸国の武士や人足が多く大坂に入ってきたので、諸商売が大いに繁昌し、そのにぎわいは大変なものだった。古今独歩の繁昌である〟


京都が中央政局の中心になってくると、商人の町大坂にも武士が多数集まるようになり、それに従う人足たちも多く、商売繁昌ということになってきたのである。


慶応二年──〝当年は諸品は大高値だが、その繁昌は争うこともできない程だ。四方のにぎわいは常の倍である〟

慶応三年──〝当春は晴天にて暖かだ。世間の人気さのみかわる事なし〟

慶応四年（明治元年）──〝当年元日は晴天、昨年お札が降った所は、正月二日・三日から祭りと踊りをやっている。こうした場所には上納物があり、大いににぎわっている〟

明治二年―〝当春も諸色高値ではあるが、四方のにぎわいは変わることがない〟（以下略）。

『近来年代記』の筆者は、この幕末動乱期において、さまざまな政治的事件につき記述しながらも、各年の冒頭の総説的所感は右のようなものであった。そこには、武士や人足が大坂へ集まってきたとか、お札が降ったとか事件的な記述も少しはあるが、それらとて「にぎわい」（つまり景気）との関係で語られているだけのことである。そして結局はこの動乱期にあっても「世間の人気さのみかわる事なし」（慶応三年）なのである。

『近来年代記』にとっての歴史とは、このようなものであった。このことを銘記したい。これを銘記することによって、歴史とは何かを考えるためのスタートラインにつくことができるのである。

「野津田村年代記」の世界

現東京都の一部に町田という市がある。野津田は町田市の一部である。このあたりは全体が南多摩丘陵の一部に属し、かつてはゆるやかな丘陵と谷田の織りなす見事な景観が展開していた地域である（今は住宅地、団地）。野津田は江戸時代の村であって、その幕末期の村高は八三〇石余、旗本の四給であった。最大の富田氏は四九一石余（ふつうの一村規模）、次は山口氏（一三四石余）、他の二家はそれぞれ五〇石前後の知行地をこの村に持っていた。

幕末期、この野津田村富田知行所の名主を河合氏といった。同氏は幕末期だけではなく、江戸時代も早い時期からの名主であり、その名は近在に広く知られていた。

この河合家には良質かつ多量の文書が残っており、その一部は『町田市史』に掲載されている。以下に紹介する「野津田村年代記」（原本は無題。『町田市史史料集　第五集〈一九七二年〉への掲載に当たり、この題がつけられた）はその河合家文書の一部である。この年代記については右の史料集の「史料解説」に要を得た記述がある。以下それによる。

「本書は天和(一六八一～八三)・元禄(一六八六～一七〇三)ころから寛保元年(一七四一)に至る野津田村を中心に叙述した編年体の記録」であり、筆者は河合又市、彼は寛保二年六月に病没した河合家の当主だった人である。その記載量は、A4判九ポ二段組で九四頁。ふつうの村の年代記としてはかなり充実しているといってよい。

年代記の内容については「史料解説」において「詳細は本文によってみられたい」としつつも、次のような要約があるので、以下に記す。

本書は単なる身辺雑記的なものではないという意味から、例えば知行替の記事(*年代略、以下同)、巡見使、代官巡見、鷹狩、金銀新鋳、その他支配知行方と地元との接触に関する記述は注目すべきであり、また江戸大火・風損水損凶作・秣場出入・瘡疹風邪の流行・先納金返済滞一件・領主の江戸城における刃傷事件・赤穂浪士討入の風聞・地蔵念仏の様子・伊勢参宮・鎌倉見物・各種の開帳その他興味ある記事に富み、かの田中丘隅の登用にも関心をもった記述がある。いずれにしても村方の動向を中心とした興味ある史料といえよう。

筆者河合又市は名主だから、この「野津田村年代記」には名主の所管事項についての記事を多くのせている。しかしながら、この年代記はいわゆる役用日記ではない。これは又市が自家の文書を整理する過程で、重要と思う事項を過去の中から探し求めて書いたもの、つまり村の歴史書なのである。この歴史書の中には幾つかの風聞も入っている。時には村の生活に直接関係しない風聞も村の歴史と共存している。驚天動地の大事件は風聞としてではあるが村の歴史と一体化する。かの赤穂浪士による吉良邸討入事件につき、年代記は次のように書いている(読み下し)。

〔元禄十五年〕十二月十四日の夜、浅野内匠頭様御家来四十七人、吉良上野助（介）様御屋敷へ夜討ニ御入り、上野助様御討ち、御首を芝泉岳寺へ御持参、内匠頭様御廟所へ御首御備え、則ち泉岳寺にて切腹なされ候筈にて口上書等なされ候処、右之衆御預けに仰せ付けられ、細川越中守様を始めその外御大名方へ御預け成され候、右の衆中夜討に御入り候節、御召の下に何れも鎧甲にて御出候由、尤も手負も一両人これある由、上野助様御方は残らざるように御討ち候由、古今ためしなき由世上一道（統）に取沙汰これあり、右の儀に付さまざま楽書等これあり候、右四十七人後に切腹仰せ付けられ、御預りの方々にて辞世または狂歌御読みなされ候由、翌年泉岳寺御廟所の図その外分限帳戒名等板刷に致し売り申し候、前代未聞の御事なり、

この記事には討入りから翌年二月の切腹までをまとめて書いてある。筆者河合又市は点々と入ってくる情報を一連の事件として一括して叙述したのであり、最後に〝前代未聞の事件だ〟と感想を漏らして終えたのである。

東海道川崎宿の問屋に田中丘隅（一六六二〜一七二九）という人がいた。田中は河合又市とはほぼ同時代人、田中の方が一三年早く没している。田中は好学で、江戸に出て荻生徂来や成島道筑に学んだ。衰微していた川崎宿の復興や農政についての卓越した見識をもって知られている（主著『民間省要』）。八代将軍吉宗の腹心大岡忠相に登用され、最晩年には武蔵多摩・埼玉の両郡において三万石の地を管轄する代官に任じられたが間もなく病没した。「野津田村年代記」にはその田中丘隅についての記事がある。これも風聞といってよいが、赤穂浪士の討入りとは異なり、村の運営に間接にからんでくる実務的な風聞である。

以下はその部分（読み下し）。

> （享保十四年八月十日の項に続いて）川崎町問屋田中兵庫殿（＊丘隅のこと）、近年川々御普請御用仰せ付けられ御勤め候ところ、八月中（＊大岡忠相に）召出でさせられ、このたび菅生村辺始め稲毛領筋にて三万石余御領地と仰出だされ、御代官役仰せつけられ……
>
> ここまでは田中丘隅の出世についての風聞（正確）だが、以下はそれが及ぼす影響である。
>
> それにつき、菅生村源兵衛殿、只今迄ハ下菅生村横山新助殿と相役にて年番ニて名主役相勤められ候処に、このたび源兵衛殿には名主役上り御陣屋に御成候とも又は久九右衛《（丘隅）》様御元締役に御成とも取沙汰御座候、これにより名主役は新介殿一人にて御勤め候由……

つまり、丘隅の出世により、菅生村と下菅生村の相名主源兵衛が丘隅の部下として陣屋へ行くので、相名主の一人源助が一人で名主をやることになったそうだ、ということである。村の名主は、代官陣屋とごく近い関係にあることが、こうした人事をとおしてよくわかる。

大坂の『近来年代記』と南関東農村の「野津田村年代記」とでは大都市と農村、時期の差、筆者の立場の違い（『近来年代記』の筆者は多分大坂の中流以上の商人）など相当な差異がある。『近来年代記』には市中の行政についての記事がまったくといってよいほどないから、筆者が行政上の立場にいた人とは思えない。それに対して「野津田村年代記」の筆者はれっきとした名主である等大きな差があるが、いずれも年代記であって、編年的叙述が中心になっている。

これに対して年代記ではないけれども、現在から過去を顧みるいわば民俗学的な歴史認識の手法によって書かれたもののもある。以下ではそういった手法による歴史叙述の事例をあげる。

竹村広蔭「変化抄」の世界

『浜松市史』史料編四（一九六一年）に「変化抄」という面白い史料がのっている。「解題」によれば、筆者は竹村広蔭（寛政五〈一七九三〉～慶応二年〈一八六六〉）、遠州敷智郡入野村（『旧高旧領取調帳』による幕末期の村高二〇三二石余の大村。井上氏領。現浜松市入野町）の人。国学者・歌人でもあった。以下に「解題」の文章をそのまま記す。

「変化抄」はその序にあるように「おのれはやくよりしるしおけるを、ここかしこゑりいたし（＊選択し）をりをり人に尋ねもし、き、もして」永年見聞したことがらにつき、一七七項の多きにわたって筆録したもので、嘉永五年（一八五二）に脱稿したものである（＊ただし、ほんのわずかではあるが追録がある）。内容は農業水産業に関する事項をはじめ産物、食物、衣類、住居、器具、風俗、習慣、祭礼、行事等多岐にわたっており、浜松地方の農村の民俗土俗等を知るためのよい手がかりとなっている…。

この「変化抄」についてはかつて触れたことがある。それは『村の語る日本の歴史』の近世編②（そしえて、一九八三年）中の「村の生活誌」においてである。しかし、そこでの記述はわずか六行にすぎず、〃こういう本がある〃ということだけのことで、心残りが大きかった。心残りが大きかった理由は、①地域の日常生活の諸相をあくことなく追求していること、②日常生活の諸相を、書名どおりに「変化」の相において捉える意欲が貫徹していること、つまり〃日常生活の変化〃についての関心が非常に高い史料だったからである。私はいつかは機会を得て、この「変化抄」の内容の大体を紹介したいと考えていた。

「変化抄」はＡ４判の史料集で六〇頁を越す。したがって、ここではその全文を紹介することはできない。かつての六行での紹介以上のことはできるが、それでも限界がある。そこで紹介の要領を次のように限定した。①史料集では、本文の上の欄外に、本文の骨子を記した文章つまり綱文がのっている。その綱文を紹介する。②綱文の頭には番号がついている（史料集の編者がつけたもの）。それを綱文の上につける。③本文の主眼は、〝それがいつ変わったのか〟であり、多くの場合、その年号や年代が書いてある。各本文の中に年代や年号が一つしかない場合は、それを変化の時点とした。それらが複数記載されている場合は、変化の度合いが強い場合を採用した。「変化」とは、多くの場合はその時期から新しい現象が生起したという意味であるが、時には、特定の現象が衰退・消滅したという場合がある。つまり、「変化」には生起・興隆と衰退・消滅の両様があるわけだが、以下ではその表記はしていない（全体としては生起・興隆に力点がある）。右の要領にしたがい、以下に、「変化抄」の内容を列示する。

一、御鍬様のこと	明和八年	一一、女子前掛のこと	文化七年頃
二、馬持のこと	享和年中	一二、袖無羽織並に浅黄頭巾のこと	文化九年頃 文政十年
三、圦のこと	文化元年頃	一三、井のこと	文化年中
四、家作高値のこと	文化元年頃	一四、草堂畑並に大平畑のこと	文化十一年
五、入野川魚類減少のこと	文化三年頃	一五、小前祝儀のこと	文政頃
六、入野川名物並に風景のこと	（不記）	一六、枕並に椀のこと	文化一二年頃
七、麦刈後稗植付のこと	以前	一七、黒椀のこと	文化九年頃
八、農家家作のこと	文化五年頃	一八、衣類のこと	文化四〜十一年頃
九、氏神御祭礼のこと	文化五年	一九、白襦衫白股引のこと	安永天明頃
一〇、薩摩芋のこと	文化一四年頃	二〇、髪結のこと	文化二、三年頃

二一、富野新田植付のこと　文化一一年頃
二二、高機のこと　文化一二年頃
二三、義親新仏の節不祝儀のこと　文化年中
二四、男髪互結のこと　文化九年頃
二五、籾揃のこと　文化一四年
二六、苗の蒔方のこと　文政元年
二七、大念仏のこと　文化二年
二八、猪かこひのこと　文化二年
二九、万八蒸籠のこと　文政二年
三〇、米価下落のこと　文政二年
三一、窓戸鍬のこと　文政二年
三二、爪糸入の籠のこと　文化九年頃
三三、櫛笄のこと　文政元年頃
三四、馬子歌のこと　文政元年頃
三五、竿歌のこと　文政二年頃
三六、丈長のこと　文政二、三年頃
三七、肩掛のこと　文政三、四年頃
三八、浜松菓子司のこと　文化七年頃
三九、富塚紙漉のこと　文政五年頃
四〇、鰻掻のこと　文政三、四年頃
四一、腰挾銭入のこと　文政年中
四二、男女賃銭のこと　文化九年頃
四三、早稲並に奥手のこと　文化四年頃
四四、櫃手桶類の脚のこと　文政二年頃
四五、圦樋のこと　文政四、五年頃
四六、塗盃のこと　文政三年頃
四七、蜆塚村貝塚のこと　天保十年
四八、墓参灯燈のこと　文政五年
四九、轆轤のこと　文政五年頃
五〇、自在鍵のこと　文政五、六年頃
五一、浜茶のこと　文政三年頃
五二、家屋移築のこと　享和三年
五三、三ツ山景勝のこと　(不記)
五四、佐鳴の浦をつ、れる詞　(不記)
五五、脇差のこと　文化六年頃
五六、臼引のこと　文政六年頃
五七、狂言芝居のこと　文化九年頃
五八、踏臼のこと　文政六年

五九、藻苅のこと	文化九年頃
六〇、落鰻《うなぎ》	文政八年
六一、鯔《ぼら》漁のこと	文政八年
六二、白魚漁	先年
六三、籾種入田なへのこと	文政九年頃
六四、富野新田手切のこと	文政九年頃
六五、紀州膳のこと	文化三年頃
六六、湯屋のこと	文政三年
六七、ひょんどりのこと	文政七年
六八、羽織のこと	文化十三年頃
六九、蜆採のこと	文政八年頃
七〇、こむろ《こんろ》きひしやう《急須》のこと	文政十一年頃
七一、あおり《煽り》(穀粒の選別具)のこと	文政十一年頃
七二、籾種萌し方のこと	文政十一年頃
七三、草履下駄のこと	文政七、八年頃
七四、男帯のこと	文政十年頃
七五、入野茶のこと	文政十一年頃
七六、はむてん《はんてん》のこと	文政五年頃
七七、瓢箪のこと	文政十一年頃
七八、帯巾のこと	文化五年頃
七九、出水のこと	文政十一年頃
八〇、広蓋並に太平のこと	文政十一年頃
八一、着物の色のこと	(時期により流行の色あり)
八二、入野子供花売のこと	天保三、四年頃
八三、下女髪結のこと	天保元年頃
八四、紙入のこと	享和年中
八五、女すそよけのこと	天保元年(江戸)
八六、石垣のこと	文政年中
八七、麦打のこと	天保二年頃
八八、田植付日数のこと	天保三年頃
八九、すかひ(「苗を束候すかい」)のこと	文政十一年頃
九〇、戸障子のこと	文化七、八年頃
九一、手塩皿その他角物皿のこと	天保二年頃
九二、御蔭参りのこと	天保元年
九三、秋葉山常夜燈のこと	文政三年頃
九四、いなのこと	天保三年頃
九五、鉄瓶のこと	天保五年頃
九六、風呂敷包のこと	天保六、七年頃

九七、宇布見村藻売のこと　文政年中
九八、県居翁霊社碑銘のこと　天保四、五年頃
九九、飯櫃掛のこと　天保四、五年頃
一〇〇、野布施のこと　天保四～八年
一〇一、泥亀のこと　天保五年頃
一〇二、味よきものをうまし、おいしと言うこと　天保六年頃
一〇三、飢饉扶食のこと　天保八年頃
一〇四、はぜ漁のこと　天保七、八年頃
一〇五、着物の裏の色のこと　文化元年頃
一〇六、下女下男の笠のこと　文政十三年頃
一〇七、股引のこと　天保四年頃
一〇八、炉のこと　天保四、五年頃
一〇九、棧留織のこと　天保三、四年頃
一一〇、出生児の手の開き具合のこと　天保の頃
一一一、木綿合羽並に引廻しのこと　天保六、七年頃
一一二、凧の地色のこと　天保七、八年頃
一一三、砂糖作りのこと　文政年中
一一四、彦尾茶摘のこと　天保八、九年頃
一一五、和地山ご掻き（＊山稼ぎか）　文化八、九年
一一六、南平井戸始のこと　天保八～九年
一一七、父母兄姉の呼び方のこと　天保八年頃
一一八、線香酢醤油、溜り製造のこと　文化元年
一一九、舞坂海苔始のこと　文政二年頃
一二〇、堀谷村石灰焼のこと　文政三、四年頃
一二一、長沢村霊泉のこと　天保三、四年頃
一二二、江戸城西御丸炎上のこと　天保九年
一二三、稗植付のこと　天保九年（蒔付早く、刈入遅く）
一二四、麦蒔付刈入のこと　天保十年
一二五、豆腐屋のこと　文化四年頃
一二六、若者念仏のこと　文政元年頃
一二七、黒砂糖並に蘭作りのこと　天保七年
一二八、小沢渡村音羽松のこと　（不記）
一二九、美園の松のこと　文化六、七年
一三〇、女頭巾のこと　天保十年頃
一三一、蕎麦苅取のこと　天保十三年頃
一三二、照降傘のこと　天保十三年頃
一三三、男児前掛け並に鉄砲襦袢のこと　文化八、九年頃
一三四、日傘のこと

一三五、着物の身巾襟巾のこと　文化八年頃
一三六、半纏羽織並に池町秋葉鳥居のこと　天保十四年頃
一三七、盗人半纏のこと　(はやり申さず)
一三八、指下駄並に駒下駄のこと　文化十一年
一三九、長縄並に鳥捕のこと　文政三年
一四〇、中抜の藤倉草履のこと　天保十二年頃
一四一、番小屋のこと　天保四年
一四二、衣類等支度賄のこと　文化元年頃
一四三、着物の襟のこと　弘化元年
一四四、江戸城本丸炎上のこと　弘化元年
一四五、宇治茶のこと　弘化二年
一四六、風呂敷背負方のこと　文政十一年頃
一四七、西鴨江橋のこと　弘化二年
一四八、女ゆもじのこと　天保十三年
一四九、綿打のこと　文化十三年
一五〇、下作人気強くなりし時勢のこと　文政八、九年
一五一、織屋始のこと　天保六、七年
一五二、茶摘みのこと　文化九年頃
一五三、塗笠のこと　弘化四年
一五四、羽織の丈のこと　文化三年頃
一五五、女髪結のこと　弘化四年
一五六、女子風俗のこと　嘉永元年
一五七、湯桶のこと　天保三年頃
一五八、地築のこと並に西鴨江花学院建立のこと　嘉永元年
一五九、大水のこと　嘉永三年
一六〇、正月破魔弓手まり等高値のこと　弘化の頃
一六一、中通り重立家六ヶ敷なりしこと　(時と共に衰退)
一六二、前掛にて相対のこと　(不記)
一六三、ぶっ潰しのこと　弘化三年
一六四、兎狩りのこと　弘化三年
一六五、宇布見の藻のこと　天保元年頃
一六六、日雇賃のこと　天保四年頃
一六七、舞坂新田開発に付当村田面水腐のこと　嘉永三年
一六八、雨具に蓙《ござ》を用ひること　弘化二年頃
一六九、大豆作のこと　嘉永三年頃
一七〇、牛痘並に新種痘のこと　嘉永四年
一七一、瀬林難波のこと　嘉永五年
一七二、当村悪水吐堀割のこと　嘉永六年

一七三、僧侶風儀等のこと　（状況を記す）
一七四、異国船到来のこと　弘化三年
一七五、嘉永七年並に安政二年大地震のこと　嘉永七年 安政二年
一七六、安政二年地震浜松並に近在被害のこと　安政二年
一七七、当村高部春庵念仏を諸人へすすむること　嘉永元年頃

変化の時期

「変化抄」完成は嘉永五年（一八五二）、筆者竹村広蔭は寛政五年（一七九三）生まれだから、完成時の年齢は数え年六〇歳である。その彼が自分の経験と他人からの見聞とを併せながら記した世相変化の時期についての認識は、事柄の性質上厳密を期し難い部分が当然あるにせよ、大体においてはそう間違っているとは思えない。

右に列挙した一七七の事項のうち、時期を確定できないものが一二ある。また一つの事項の中に年代を二つ書いている場合がある。これらを取捨すると、書かれている年代の数は一六七となる。これを年号で区分すると次のようになる。

明和　　一（〇％）
安永天明一（〇％）
寛政　　〇
享和　　三（二％）
文化四三（二六％）
文政五六（三四％）
天保四六（二八％）
弘化一一（七％）
嘉永　四（二％）

安政　二（一％）

つまり「変化抄」は、文化、文政、天保期の世相変化について語っているのである。文化元年（一八〇四）から天保十五年（弘化元年。一八四四）に至る時間は四〇年。文化元年における竹村広蔭の年齢は数えで一二歳。この間の変化の多くは彼の見聞や体験の中にあったはずである。彼は多分、その変化のあまりの激しさにおどろき、それを文章として残す気になったのだろう。

「変化抄」本文の若干の事例

「変化抄」の内容は前述の「解題」のようにきわめて多岐にわたっており、本文のいちいちを提示してその様相を説明することはここではできない。しかしながら、若干の事例をあげて「変化抄」の気分とか文体を知っていただきたいとは思う。以下に示す（読み下し）。

九三、御蔭参りのこと。「大神宮様へ御蔭参りと申すは、天保元年（一八三〇）当村子供少々銭持出し、道中いろいろの接待所々にこれ有り、泊りも念ごろに致しくれ候方所々有り、皆々銭いらずに帰り候者…」（以下略）これは天保元年における子供の御蔭参りである。

一〇九、桟留《さんとめ》織りのこと。「文政九年（一八二六）の頃までは有りきたり候桟留ニて、それより段々在々にて稀に器用な者出来、奢りに随ひ結構なる物織出す様に相成、又名有る所は別段にて追々流行織出来、天保三、四年の頃には、何品によらず悪しき品は売れず、上所の品ほど売れ候世の中に相成候由承り候、然る処、同十二年（一八四二）御趣意御触出し（＊幕府の天保改革）厳重ニ候得共、天の命ぜらるる処か、かえって木綿に上品の物出来、売出し候様ニ相成候」。衣類がだんだん上等なものになってきていることがよくわかる。幕府の天保改革が裏目に出ていることもわかる。「天の命ぜらるる処か」とは明らかに改革への皮肉である。

二〇、出生児の手の開き具合のこと。「寛政十年（一七九八）より享和年中（一八〇一〜〇三）の生子は手を余程の間握りおり候様ニ存じ候処、天保の頃より出生候より手を開きがちに候、別して近来は開きおり候様ニ存じ候」。

　生まれたばかりの子供が手を握っているか、開いているか、そんなことはどうでもよさそうだが、竹村にとってはそうではなかった。この部分は風聞記ではなく、彼の実見にもとづく確信のようである。大まじめなところがなんとなくおかしい。

二七、父母兄姉の呼び方のこと。「天保八年の頃より、兄をにいさと言い、姉をねいさと言い、この辺一統申すように相成、また近頃はと、様をいうをとうまと言い、か、様をかあまと言うように相成、をかしく存候」。この項を書いている竹村は多分くすくす笑っていたのだろう。

　竹村広蔭は、好奇心の強い人だったように思う。それにしてもよくもこれだけの些事を書き残してくれたものだと感謝せずにはいられない。世相の「変化」に対する関心、これこそが歴史認識への欲求の基本なのである。

二つの追加事例

　以下に掲げる二つの追加事例はかつて私が『村の語る日本の歴史』近世編②（そしえて、一九八三年）にのせたものである。「変化抄」的歴史認識の仕方は他にもあるということを示すためにあえて、そのまま再録する。

　上野国吾妻郡植栗村関氏は天保の頃の世相の変遷を「抜書記録」という文書に書き残した（「吾妻郡下世相の変遷書留」『群馬県史』資料編11、一九八〇年）。以下全文を紹介しておく（読み下し）。

　家作古来は掘立ての柱、その後石居作り狭間作り、宝暦のころより地副立二階作り、寛政のころより板葺出梁作り上段中の間玄関作り墓印往古は五輪あるいは鎌倉仏梵字アリ石堂、元禄のころより舟石塔、享保ごろ安永のころより板石塔、寛政・文化のころより四方塔（往古は、戒名無名禅定門尼、元禄のころより信士・信女、宝暦・明和のころより居士・大姉）

蚕は寛政のころより次第におびただしく掃立て飼う、これ以前は少々掃き申し候、糸、文化のころより引きはじめ、今大いに流行、

薪切りに鋸を用い候事寛政のころより、これ以前は斧のみ用い申候、

明和安永のころまでは、婚礼樽金等少々の印まで衣服太織木綿等相用い候事、次第に奢増長し当時絹布を相用い候、

器物飲食家具等右に准ず、

文化のころまでは四書を読む者稀なり、当時は儒者を呼び人ごとに素読す、

文化文政のころより諸職人商人多く、諸色の値段あるいは手間賃等、ことのほか高値になる、

文政のころより水車多く出来、かつまた作場舟橋所々に出来する、

寛政のころより当所にてもろこしのほうきを用ゆる、これ以前は草のほうきのみ用い申す事、

奉公人の事、元禄度のころまでは五年季にて給金二分くらい、あるいは十か年季一両二両位にて相定め申す処、当時は一年切奉公にて金五両より七両ぐらいまでにて相定め申候事、

これを読むと文政（一八一八〜二九）ぐらいにまでにじりじりと世相が変化してきたことがよくわかる。この文書が天保期（一八三〇〜四三）に書かれたとすると、この時期には世相がもう全面的に変わってきているのである。筆者は、変化があまりに激しいので個々の事象を書き留めておく必要があると痛感したのだろう。

磐城国双葉郡下川内村の佐久間義隣は、慶応二年（一八六六）十二月「一夜雑談」を書いた。これは「生活の変化の仕方を天保年間以後の観察を行い書き綴ったものである」（庄司吉之助「幕末農民の

生活思想」―福島県歴史資料館『研究紀要』一二）。「これには、幕末潰家と村内貧福の状況、村方立直り方策、結婚式の変化、嫁聟の今昔、男姑・小姑の善悪、島田娘の変化、間引と神罰、葬式と寺などについての興味深い観察のほかに、日常生活の変化についても具体的な例をあげて説明している。茶については天保年間には一升二五文ぐらいの安茶を買ったが、今はそんな茶を飲む人はおらず、もっと上等の茶を買う。最近では髪結床で流行の髪を結うが、昔はわらで元結いした。衣類は自給が多く、機で織ったものだが、最近では織り出す女もいない。昔は女のかもじは白木綿、若い女は花染だったが、近年は絞りが流行している。最近ではほうきを買っているが、以前はそんなことはなかった。履物はわらぞうりや挽下駄だったが、近年はせったや桐下駄で革の緒をしている。ちょうちんは昔は四角の手ちょうちんだったが今は弓張ちょうちんである。ざっと以上のような例示が見えるが、この文書の筆者には、天保以降の三〇年余の変化がよほど激しいものに見えたようである」。

4　ふつうの人々の日記が語る昭和の戦争

日記についての所感

日本の社会には、私的な日記やメモ（たとえば家計簿）を書く人々が多く、それは戦争中の兵士にまでおよんでいた。

茨城県結城郡千代川村の人口は一万に満たず、人口の多い関東平野平坦部としては小村である。この村の『村史　千代川村生活史』第四巻近現代史料は「村内に残されている、明治三年（一八七〇）から昭和四十三年（一九六八）の間に記された二十一点の『日記』からの抜粋を掲載」している。その内訳は明治期＝八種、大正・昭和初期＝九種、昭和戦後期＝四種である。

これらの中には、明治四十年（一九〇七）に一九歳だった女性の日記がのっている。その四月分（旧暦）を以下に掲げる。

四月一日　天　午前午後新切はたき
二日　同　午前午後新切はたき
三日　同　午前午後新切はたき
四日　同　午前午後新切はたき
五日　同　午前午後大豆蒔き
六日　曇　午前午後大豆蒔き
七日　同　午前午後粉挽き
八日　天　午前午後陸稲蒔き
九日　同　午前午後陸稲蒔き
拾日　同　午前午後陸稲蒔き
拾一日　同　午前午後陸稲蒔き
拾二日　　午前午後
拾三日　天　午前午後蚕具洗ひ
拾四日　同　午前午後茶摘ミ
拾五日　同　午前午後茶摘ミ
拾六日　同　午前午後茶摘ミ
拾七日　同　午前午後茶摘み午後十時西祖母死去シ
拾八日　同　午前午後茶摘み
拾九日　雨　午前午後養蚕の手伝へ、西祖母の葬式六時出官《(棺)》
弐拾日　天　午前午後養蚕手伝へ
弐拾一日　同　午前午後茶摘み
弐拾二日　同　午前午後麦刈
弐拾三日　同　午前午後麦刈
弐拾四日　同　午前午後麦刈
弐拾五日　曇　午前午後草取
弐拾六日　雨　午前午後養蚕ノ手伝へ
弐拾七日　天　午前午後養蚕ノ手伝へ
弐拾八日　同　午前午後養蚕ノ手伝へ
弐拾九日　同　午前午後養蚕手伝へ
参拾日　曇　午前午後養蚕手伝へ
天弐拾五日、雨二日、曇三日

前月の三月は、裁縫・糸ほぐし・機織が中心で畑仕事はごく少ない。右に掲げた四月には急ピッチで畑仕事が進む。三月末から開始された「新切はたけ」(新たに切り起こした畑の整地だろう)が四月の冒頭にくる。引き続き、大豆蒔き・陸稲蒔き・茶摘み・麦刈・養蚕と続く。そして五月には養蚕・麦刈り・草取り・田植えと多忙な日々の連続である。

この一九歳の女性の日記は、しごく簡明な労働の記録である。これを見た私は深く感銘した。こういう人々の存在こそが日本の社会さらには国家というものを支え続けてきたのだ、ということが、その一行一行からよくわかったのである。

一九歳のこの女性は、その後も長く労働の生涯を送ったであろうし、それはこの女性だけのことではなかった、と考えることは、歴史認識にとって重要なことではあるが、それだけでは歴史にならないこともまた率直に認めなければならない。

〝歴史になる〟あるいは〝ならない〟とは具体的にはいったいどういうことなのか。歴史認識とは時間的には過去についての認識であって、このことは動かしようがない。次の命題は、過去の事実についての認識だということである。事実とは何かという厄介な問題があるが、これに深入りすることはここでは避け、右にあげた一九歳の女性が、明治四十年の千代川地域に存在したのは事実だということ、ならびにその女性が四月十五日に終日茶摘みをしたこともまた事実と考える。こういったことがつまり事実なのである。

こうした事実は人間世界には無限にあり、それらが関係し合って特定の意味が発生してくる。〝歴史になる〟ためには、その意味が必要なのである。意味を見出すためには、それぞれの事実相互の関係を見出さねばならない。

右に掲げた一九歳の女性の労働日記に、私は深く感銘したときに書いたが、感銘しただけでは歴史にならないということもまた認めなければならない。〝歴史になる〟あるいは〝する〟ためには、彼女の家族、村、地域等の広がりや、時代性についての考察が不可欠だ、ということである。

日記を〝歴史にする〟ための基本手法

成松佐恵子『庄屋日記にみる江戸の世相と暮らし』（ミネルヴァ書房、二〇〇〇年）という本がある。これは美濃国安八《あんぱち》郡西条村（現岐阜県輪之内村）に残る約四〇冊の江戸時代の庄屋日記を中心とし、多数の他史料をも併用してその地域の世相と暮らしを描いた力作である。私はこの書物についての短い紹介を書いたことがある。そこでは、日記の史料的性格と、日記を歴史叙述として用いる場合の留意点といったことを書いているので以下に再録する。

日記については既に多くの研究や刊行物があり、いずれも面白いし有益でもあるのだが、日記だけでは叙述が単調になりやすく、ふくらみに欠ける恐れがある。それを救うのは、①他史料との併用、②ほぼ同時期、同地域における異なる人物による日記の比較検討、のいずれかだと考えられるが、成松さんのこの本は①において卓越している（『地方史研究』二八四、二〇〇〇年四月）。

成松氏の右の本は、庄屋日記を中心としつつも、周辺史料をも多面的に併用し、それによって世相と暮らしを描き出すことに成功している。この手法つまり①は、日記を歴史叙述の中心に置く場合の基本的手法であろう。

もう一つの手法としての比較

しかしながら本稿では②の手法によって書いていく。時期を昭和戦前期に限定する。この時期はいわゆる一五年戦争期であって、国家としての日本が自らを戦争に駆り立て終局的には敗北し、大日本帝国が滅亡した時期にあたる。永井荷風

『断腸亭日乗』（岩波書店）におけるこの時期の日記には特色ある文章が多い。伊藤整『太平洋戦争日記』（新潮社）、高見順『敗戦日記』（文春文庫）、徳川夢声『夢声戦争日記』（中公文庫）、山田風太郎『戦中派不戦日記』（講談社文庫）等は、いずれもこの時期の庶民の日記として身につまされるところがある（『木戸幸一日記』等支配階級に属する人々の日記は本稿の対象外）。これらは個々に読んでも十分に面白いが、ある特定の日を限って（たとえば、昭和十六年十二月八日、昭和二十年八月十五日等）各書を読みくらべるのも事柄を多面的に認識する手法として有益なように思う。

山田風太郎『同日同刻』（文春文庫）はこうした手法によって書かれており、その副題は「太平洋戦争開戦の一日と終戦の十五日」である。「開戦の一日」とは、昭和十六年（一九四一）十二月八日すなわち大戦突入日をさす。「最後の十五日」とは、昭和二十年八月十五日（天皇のラジオ放送により、日本人が日本の降伏〈ポツダム宣言受諾〉を知らされた日）、だけではなく、そこに至るまでの一五日間をさす。

『同日同刻』は右のような同一時間枠の中に日記等の各種文献を集中させることによって、その間に生起した事柄に対する多様な受け止め方を描いたものである。

戦争中の庶民日記

以上事例として掲げた日記はいずれも支配階級には属さない庶民が書いたものである。しかし庶民とはいってもいずれも文筆や話芸をもって身を立てており、（山田は当時医学生だが、後に小説家になる）、当時すでに相当有名だった人々である（山田を除く）。こういう人々の日記もここでは用いない。

以下に用いるのは、それぞれの地域の有力者ではあるけれど、農民、村役場等の職員、郵便局員等のごくふつうの人々である。

○増田實日記―増田実（一八九九～一九五九）千葉県印旛郡大森町亀成（現印西市）の自小作農。日記は一九一六年（大正五）から書き出している。本稿の対象時期である昭和戦前期においては、昭和六～九年および同十七年以降が欠。なお、この日記は、『我孫子市史』（千葉県）資料近現代篇別冊として、三冊に分かれて一九九六～九八年の間に刊行されている。

○松本常治日記―この日記は「戦時東金日記」として『東金市史』（千葉県）史料篇四（一九八二年）に収められている。松本は当時東金の郵便局員。

○高下恭介「神前録」―高下は神奈川県高座郡下鶴間村（現大和市）の人。村役場あるいはその関連機関の職員。高木の日記の一部は『大和市史』６資料編近現代下（一九九四年）に収載されている。

○田中治平日記―田中治平（一八七一～一九五三）。群馬県新田郡西鹿田村（現笠懸町）の農民。日記の書き始めは明治三十二年（一八九九）～最終は昭和十六年（一九四一）十二月三十一日。『笠懸村史』別巻四資料編近代現代資料集（一九九〇年）は、田中の日記の抄録をのせている。

○岩崎幸次郎日記―岩崎幸次郎（一八六四～一九三七）。群馬県新田郡鹿田村（現笠懸町）の名主・戸長クラスの家に生まれた。本稿で対象とする時期にあっては昭和四～十二年の間において、同七、十の二か年が欠けている（同右所収）。

右の五種類の他、『村史　千代川村生活史』第四巻近現代史料（茨城県結城郡）所収の日記から引用する場合もあるが、これについてはその箇所で説明する。

問題の限定

対象とするいわゆる一五年戦争期といっても、その間に起こった問題は多数でしかも多種多様である。したがって問題をしぼらざるを得ない。ここでは以下のようにしぼる。

①昭和初期の不況―昭和二年（一九二七）のいわゆる金融恐慌から同五年まで。
②満州事変―昭和六年九月。以後拡大。
③テロ―昭和五年の浜口雄幸、同七年の犬養毅暗殺。
④クーデター―昭和十一年のいわゆる二・二六事件。
⑤日中戦争―その開始は昭和十二年七月。
⑥第二次世界大戦への突入―昭和十六年十二月。
⑦敗戦―昭和二十年八月。

これらの他、紀元二千六百年（昭和十五年）とか翼賛選挙とか、この時期の「事件」や「局面」をあげていったらきりがない。ここでは右の七項目のみにつき、前掲の人々がどのように書いているかを見ることにする。解説はつとめて簡略にする。

―昭和初期の不況―

○田中治平日記（笠懸）。
昭和二年　四月廿二日　半晴　金融界大打撃各銀行閉鎖。

○増田實日記（我孫子）。
昭和五年　七月二十七日（日）晴
今や世の中は、不景気のどん底にある。都市に於ける失業問題。就職難！　生活苦！　正に聞くだに修羅暗黒の地獄だ。所謂禁縮の致す所として、是を政府の罪と云ひ、為政者の罪悪と謂ふも、要は只彼等が自ごう（＊自業）の致す所に他ならず。且っては、王候（侯）を夢み華美を尽し美食を誇り、農村を省みざるが故なるべし。
（同年）　十月六日（月）快晴

本年は稀（希）有の豊作である。加ふるに不景気は、一層深刻化する。こうした世情に依って、昨今米価は十数年来の底（低）落を見る。農作に依って僅かに此の不況を切り抜け様とする農家は、亦此の脅威を如何せん。

満州事変

○田中治平日記（笠懸）。

昭和六年　仝（＊九月）十九日　晴　支那国交上不誠意殊ニ居留民保護ノ為各師団ヨリ兵ヲ送ル。

＊「支那事変」とあるが、これはいわゆる「満州事変」（昭和六年九月十八日）のことである。

同（昭和六年十一月）廿二日　支那事変益悪化。

＊事変は以後拡大した。その拡大して行く模様を「益悪化」と表現している。

テロ

○増田實日記（我孫子）。

昭和五年　十一月十五日　浜口首相（＊浜口雄幸。民政党々首）東京駅頭に遭難。僅かに生命を採り止めたりと。犯人が如何なる系類のものであつて、亦如何なる動機が基因せるかは吾人の知る処でなく、紙上にも全然不明であるが、今や社会は緊縮、不景気、失職、生活難等に、根底から威（脅）かされてゐる折柄、第二の中岡艮一（＊大正十年〈一九二一〉十一月四日、東京駅頭で当時の首相原敬を刺殺した人物）出ねば良いがと、思へ居る矢先ではある。

＊浜口はこの時の銃傷がもとで翌昭和六年八月没。浜口をピストルで狙撃した人物は佐郷屋留雄という右翼の活動家であった。なお、増田の右の文章には事態を憂慮している感じがよく出ている。

○田中治平日記（笠懸）。

昭和五年　新十一月十四日　晴　午前九時東京駅ニテ浜口首相佐郷屋留吉（*雄）ニ銃砲ニテ負傷セラル。
同七年　仝（五月）十五日　仝（薄曇）　午后首相官廷（邸）ニ壮漢乱入犬養ヲピストルニテ砲（*銃）撃　警視
　庁内務省へ爆弾ヲ投ス。

○岩崎幸次郎日記（笠懸）。

　昭和五年十一月十五日の「予記」欄に「昨日浜口首相狙撃せらる」と記す。

　*増田の浜口首相狙撃事件についての感想を除けば他は事実についての記録だけである。

クーデター

　この時期、クーデター計画は若干あったが実行されたのは昭和十一年二月二十六日に勃発したいわゆる二・二六事件だけである。これは在京部隊の右翼的青年将校らが、麾下の部隊から一〇〇〇人以上の下士官・兵士を命令なくして動員し、重臣・総理大臣等を襲撃、時の大蔵大臣高橋是清や内大臣、陸軍の教育総監を殺害した事件である。日本近代史上トップクラスの有名事件である。

○増田實日記（我孫子）。

昭和十一年　二月二十七日（木）曇一時晴

　突如帝都ニ重大事変突發スト、新聞紙上ニハ報道ナキモ流言的ニソク聞（*側〈仄〉聞）スレバ、畏《おそ》レ□（*多）クモ天皇ノ御□下ニ御衛（護）申上ル帝都ノ某聯隊ノ将校以下下士兵多数ガ蹶起シテ、大官高僚ノ襲撃ヲ決行スト、然シテ此ガ為遘（遭）難セル大官多数有ルガ如シ。原因ハ奈辺ニ在ルヤ吾人ノ知ル由モナイガ、勿論非常時局ヲ痛感シタ、愛国的ノ叛乱ナルハ疑フノ余地ナカルベシ。

　*「愛国的ノ叛乱」という意味深長な言葉遣いをとおして、この事件に対する微妙な反応がうかがえるように思う。

二月二十九日（土）曇　西風

暴徒未ダ鎮マラズ、東京市中は交通全ク絶イ《（エ）》、各線ノ列車モ近郊駅ヨリ市中入ハ断絶サレ、東京行商連ハ追返イ《（エ）》サレタリト、紙上報道ニ依レバ、叛逆徒ハ遂ニ勅命ニ抗スルニ至ルト。

＊実際は勅命に抗し得ず帰順。

三月一日（日）晴　騒擾全ク鎮圧。

＊その後、広田弘毅をもって次期首相とし内閣を組織すべしとの天皇の命令が下った（大命降下）が、これが中々難航した。この問題につき増田の日記は次のように記している。

三月八日（日）曇後雪

大命降下三日ニシテ組閣ノ目鼻明カヌ、広田内閣ハ軍部ノ猛烈ナ反対ニ会シ流産ノ状態ニ頻ス、何トシテモ現下ノ我国情ハ軍部万能、殊ニ下級軍部ノ力ハ政党等同日ノ比デナイ。故ニ広田内閣ト雖モ軍部要求ヲ容レザレバ絶対組閣ハ不可デアル。

三月十日（火）晴　西風

難流《（航）》ニ難流ヲ続ケ一時ハ流産サイ《（エ）》見極メラレタル広田内閣ハ遂ニ成立シタ。（＊として徳富蘇峰による新内閣成立への論評―粛軍ならびに農村の救済と振興―を引きつつ）然リ軍部強行ノ時節ナリトハ云イ《（エ）》彼等ノ意ニノミ委センヤデアル。

＊軍部の進出に対する増田の意見は、一方ではそうした事態の出現を容認しつつも、他方では軍部だけに任せるわけにはいかないとする微妙なものである（今日的観点に立てば、穏和なものともいえるだろう）。

○田中治平日記（笠懸）。

（昭和十一年二月）廾六日　薄曇　午前五時近衛三連隊將校内閣各省ヲ襲撃。
（同）廾七日　薄曇　香椎浩平中將ニ命シ戒厳令午前十一時頃雪降ル。

○岩崎幸次郎日記（笠懸）。

昭和十一年二月二十六日　「予記」欄
　本日東京に意外の騒擾《（カ）》あり。
同　二月二十九日　「予記」欄
　午後三時東京鎮撫ス。

○羽子田周郷日記（『村史　千代川村生活史』第四巻　近現代史料、一九九九年）

　＊羽子田周郷（一九〇九～一九九〇）は現茨城県結城郡千代川村羽子の人。農民。

（昭和十一年）二月二十六日（旧二月四日）曇後雪　寒　雪は三寸位積る。寒さ大寒に同じ。

（欄外）岡田総理大臣・高橋大蔵大臣銃殺さると聞く、渡辺教育総監死去。

　＊岡田は殺されたと思われていたが、殺されたのは似た他人であり、実は生きており、世人は驚倒した。

右のように、書き方はさまざまだが、二・二六事件についての記述は多数あり、世人がこれに驚倒した様子がよくわかる。筆者はこの時小学校卒業の直前だった。筆者の通う（東京市）江戸川区小松川第一小学校の生徒たちは、この日早退となった。都心で働いていた父や兄は〝大変なことが起こったらしい〟と蒼白になって早く帰宅した。事件の細部はわからなかった。そのことは上記の日記における記述が細部において微妙な違いを見せていることにも現われている。

日中戦争

昭和十二年七月七日、中国北京郊外の盧溝橋付近で日本軍と中国軍との小規模な衝突が起こった。この事件は双方の現地軍による停戦協定の成立で収拾されるかにみえたが、日本政府は増援のため華北への派兵を決定し、中国側も抗戦の意志を固め、戦火は拡大した。日本軍はやがて華中の杭州湾に上陸し、一気に西進して十二月十三日首都南京を攻略した。この過程でいわゆる〝南京虐殺事件〟（論争あり）が生起したが、一般の日本人はこのことをまったく知らず、南京占領を祝う旗行列などをしていた。商業学校二年生、一三歳の少年だった私もその行列の中にいた。首都南京の攻略により、この戦争は日本の勝利の中に終結するかもしれないとの観測も一部にはあったようだが、中国の抗戦意志は固く、やがて中国との戦争が主因となって、第二次世界大戦に突入する。

この戦争を日本側では「支那事変」（当初は「北支事変」）と称した（中国に対する公式の宣戦布告はなかった）。しかしながらこれはれっきとした戦争であって、この戦争が昭和二十年八月十五日における日本の敗北によって終結した時には一〇〇万もの日本軍が中国各地に駐屯していた。

○増田實日記（我孫子）。

＊戦争の発端となった昭和十二年七月七日の盧溝橋事件については記述なし。

七月二十日（火）晴

日支の交戦は愈々不可避事となる。

八月十日（日）晴

北支事変は愈々拡大の域に達し、我が国は今や沸湯（騰）の絶頂に至り、擧国一致の精神を益々鞏固にし以って、前線銃後共に外敵に当たらねばならぬ。□百三十度の北支の猛暑、獰猛《どうもう》極りなき支那兵……北支に活躍する皇軍の其の労、其の苦は蓋し想像すべくもない。

八月十七日（火）晴

　川村七郎平君の出征歡送。全村殆に部落に□於ては各□□各種團員幼老に至る迄で全家庭を擧げての歡送。

出發に際し観音尊前に全員参列。武運長久祈願を倣し、区長、青年支團長の歡送の辞、川村君の答辞、代理者の餞別、捧（奉）送、萬歳三唱の順序に依って終式。直ちに停車場に向ふ。全村の歡送者波をうつの盛歡。茲に亦、村としての歡送の式あり。村長初め各團体長の挨拶、出征兵士の答辞、各慰問金の贈呈答（等）の順に依って終式。列車の時刻となり歡送共にホームに充満、程なく至る列車に塔（搭）上、送る兵士送る大衆共に小旗をかざして萬歳絶叫、盡きぬ名残を車影と共に没す。此の日、古戸区染谷君も共に出征。

＊戦争初期における出征兵士歓送会はきわめて盛大であり、右の文章にはその模様が具体的に描かれている。しかしながら出征兵士の見送りはしだいに日常化してくるし、戦没者の遺骨も帰ってくるようになり、沈痛の度合いが増してくる。大戦末期には空襲のおそれから見送りもままならぬ状況にもなってくる。

　右の文章は戦争の初期でもあり、まことに勇ましいが、同じ増田でも昭和四年一月の入営兵見送りに当たっての文章は、右のように勇壮ではない。昭和四年といえば、同六年の満州事変の二年前であって、戦争への民衆的熱狂はまだ発生していない。参考のため以下に掲げる。双方の文体や文章の差に留意され、それをとおしてわずか八年間における時代精神の変化について考えていただきたい。

〈参考〉（昭和四年）一月九日　晴

増田信夫君の入営を祝送。早朝八時七分の列車にて出發と云《（ふ）》繁忙さ――見送人の何れもが朝飯前の事にして彼自身は可也《かなり》忙しさは感ぜるなるべし。最近七八年間に入営者としては実に彼を以って一人者と做し彼や我小部落の栄譽であり誇りであるが、彼自身の為に果亦《はたまた》彼が家族の為めに実に気の毒に堪へぬ。邦家君国《ほうかくんこく》の為とは云ひ乍ら彼無き後の彼の家庭は、……実に同情に堪へぬ。――普通場合《（の）》祝送なるも彼には哀送の言こそ適当なるべし。

＊昭和十二年以降、増田はこういう文章を書かなくなる。それは増田だけのことではない。彼らは心の中で戦争のむごさを痛感していても、そういうことを言ったり書いたりしないようになる。

八月二十日（金）晴

上海戰の快ニュースは連日連夜齎らさる、北支の戰勝と相待《（俟）》って、茲海軍陸戰隊の奮戰、殆《（殊）》に空車の活躍は大膽繁捷《（敏）》、効果の餘りに偉大なるには寧喫《（吃）》驚の外なく、まことに溜飲《りゅういん》の下る思《（ひ）》へ。

八月二十一日（土）晴

北支海上《（上海）》の事変は愈々擴大！　支那側にして不遜抗日の態度を改め、鉾を収めん《（ざら）》には事変は全支に及び、我か膺徴《ようちょう》（＊懲）の神威はかんぷなき迠に彼を叩きのめすであろう事は言をまたない。我が敵に非有事を知る蒋介石《しょうかいせき》は、何故に自か《（ら）》の墓穴に一歩一歩近寄らねばならぬか。戰ふも戰ぬも彼の運命は既に決し、彼は今や絶對《（体）》絶命の境に頻す。寄るソ聯邦は積極的援助は頼み薄く、欧米各国近隣の状勢に鑑みて何等の干渉なく、否、我か威力には波黙《（沈）》の外なく国内の離反は日に増し、彼は今や部下の逆鉾に倒るであろう。

＊二十日には上海における海軍陸戦隊の奮戦や空軍の活躍について記し、二十一日には、この戦争の先行きについての予想を記している。もちろん増田だけがこうした予想をしていたわけではない。中国の強固な抗戦意志がまったく読めなかったのである。

十月十六日（土）雨

出征兵士十三人蓋し空前の事である。夜来の降雨は愈々熾烈だ。袂別の悲雨には餘りにも大きい。勇士等に対スる餞の雨か。

我が部落に於いて増田九十九君は実に第二回目第二人目の出征で、彼は曩《さき》に満州匪（欠）討（欠）に従軍してゐる。皆發（欠）たる元気だ。誠に頼母しい。停車場は空前絶後の雑踏である。

十一月十七日（水）快晴

事変は愈々最高潮に達し、北支戦線は今や完全に黄河以北を征服。上海に於ても大場鎮嘉定の線を一気に抜いた。皇軍は、正に敵が最後の防戦陣地し（と）頼む蘇州も、今や四五里に迫り其陥落も時間の問題となり。支那中央政府は周章狼狽、南京遺失して機関を異地に移轉しつつありと、大勢は既に決し蒋介石の所謂長期抗戦のスローガンは夢と消え、威（欠）九國会議の影も支那を援助し扇動せる諸國の日本に対する干渉的態度もまことに薄くなる。現支那政府の没落も餘命なく、正義帝國の手に依って更正支那の健（建）設も遠き将来ではあるまい。

＊結果を知っている者の立場からすると「…正義帝国の…」という結論は滑稽な感じすらある。しかしこういう考え方が当時としては大勢を占めていたことは事実である。歴史の認識や叙述の難しさを思う。

十二月十四日（火）晴

南京終に陥落。事変以来四ケ月、幾多非道な頑敵と十重二十重《とえはたえ》の堅固な防備に悩まされつつも、逡巡する所無く極めて電光石化《(火)》的に猛進亦猛撃。世界戰史上比類なき戰畧と奮闘とを以って豫定以上速に南京は攻畧せられた。是の歴史的場面に接して我等銃後は感激にむせびて第一戰《(線)》の戰士に対し其の絶大の勞苦を如何にしてねぎらい如何にして謝すべきかに苦しむ。殊に幾多戰没戰傷者に対しては所有《あらゆる》赤誠捧ぐるこそ国家国民としての義務でなければならぬ。

＊当時私は東京市江戸川区小松川町の逆井という所に住んでいた。隣家の小父さんは出征していたが南京戦後しばらくして帰ってきた。小父さんは南京攻略戦の兵士だったようで、談がたまたま戦争に及んだ時、〝礎ちゃん、戦争というものはひどいもんだよ〟とつぶやいたことを忘れない。私はその時は戦争という行為が持つ一般的なひどさとして受けとったのだが、戦後もだいぶたってその時の小父さんの言を想起し、〝あれは虐殺事件のことをさしていたのではないか〟とふと考えたものである。

十二月十七日（金）

南京陥落入場《(城)》式。我が国、否世界の戰史上敵首都の攻畧入場は是を他に伊国のエチオピヤ征畧に見るのみにして、然も我が軍の其れと彼の其れとは迅速なるに於て規模に於自ら比に在らず。事変以来僅々四ケ月にして敵国の偉大な近代化學《(科)》的な防備と我に幾数倍する兵員を粉（欠）して、電光石化《(火)》的に敵首都を陥れし此の比類な《(き)》我帝国の威力は、果然第三国に対する威壓ともなって、事変来支那を援助し我を（欠《ケン》）制し来れる彼等は、今や見くびり付け、我に好轉の色を示すに至る。然かるに敵首蒋は猶ほ長期抗戰の夢より醒めず、寧しろ勝敗を今後に決すると豪語するとか。笑止の至り。戰は一段落告げれ雖も我が方針は確固不抜にして彼の出様と第三国の動向に注視しつ、、(欠)徵《(懲)》の手は緩めざるもの、如く、時局の進展、時局の拾収《(収拾)》は今後に在るべし。

*増田は南京の攻略に欣喜雀躍した。しかしながら、そのことが持つ意味についての見解は割合冷静であった。彼は最近までは、日本の勝利による戦争の終結は間近いだろうと書いていたのだが(十一月十七日)、南京攻略直後の右の文章の末尾には「時局の進展、時局の拾収《(収拾)》は今後に在るべし」と冷静な予想を立てた。これは八年後における日本の敗北というまったく予想し得ない事態によって当たった。

○松本常治日記(東金)。

七月七日　支那事変勃發。

*盧溝橋事件勃発は、七月七日の夜だから、七日の記事として「支那事変勃發」と出るのはおかしい。また、当初は「北支事変」といったから「支那事変」もおかしい。これは抄録に当たって編纂者が手を入れたからなのだろう。

九月五日(日)午後一時、火正神社にて上宿区より出征の三勇士送別。

午後二時、小学校新校舎庭にて、東金町より出征の三十一名勇士送別式。

九月十七日(金)雨

今朝も雨を衝《つ》いて、八時出征兵士出る。

*動員令がかかり、しきりに兵士が召集されている模様がわかる。

○田中治平日記(笠懸)。

新七月六日　支那事変ノ為大ニ兵ヲ送ル。

*盧溝橋事件は七日、「支那事変」の称がこの段階にあるのはおかしい。「大ニ兵ヲ送ル」のは

しばらく後である。つまり、この一行全体がおかしいのだが『笠縣町史』別巻四のまま（六七〇頁）掲げておく。

以下簡単な記述が続く。

新七月十七日　乙巳　半晴　北支事変暴大《ママ》大ニ兵ヲ送ル。
仝廾七日　晴　馬ノ動員伊勢崎ニテ検査　三島迄引率馬丁十二円。
仝（八月）二日　蒸熱　事変ニ付買上馬ノ代金高シ。
仝　二十日　朝夕雨模様　充員大召集。
仝（九月）時々小雨　支那事変愈険悪。
仝（十二月）十五日　西北風　午後七時ヨリ西鹿田（＊田中治平の居住地）總出、金山神社ニ集リ区内ヲ提灯行列。

＊馬が動員され、高価で買上げられていることがわかる。南京陥落に当たってはこれを祝って日本全国至る所で旗行列や提灯行列をした。

○岩崎幸次郎日記（笠懸）。

九月二十九日　曇
　今日は終日曇天なり、戦況は各新聞の報ずるところ相変らず勝ち、北支は随分遠く占領したる様なるが、上海の方は敵の防備よく堅固ニて、日々幾分ずつか前進するようなれど、何はかどらざるようなり（読み下し）。

＊出征兵士見送りに関する記事は他と同様多い。岩崎日記の特徴は郷土出身者で固めた森田部隊の戦死傷者を県内各都市や郡別にあげていることである。たとえば十月一日の「予記」欄

写真12　岩宿駅前で出征兵士を送る（『笠懸町史』〈群馬県新田郡〉別巻四〈1990年刊〉754頁）。

に「保定付近ニ於て、森田部隊戦死者四十五人、行方不明三十六人…」として「前橋二一・高崎五・桐生二一・群馬郡八・多野四・勢多五・佐波十八・新田二・山田一・利根五・吾妻四・碓氷二・邑楽九　計六十七人」といったぐあいである。このような記述は他に三か所ある。

歩兵部隊の編成は主として原籍主義だから、その兵士たちはいずれも家郷と直接につながっており、滅多な振る舞いはできなかった。

総じて日中戦争に関する記事は、最初のうちこそ熱狂的だが、時とともにマンネリ化してくる。そして、ついに大戦争に突入する。

第二次世界大戦への突入

日本は昭和十二年（一九三七）七月以降中国との戦争を開始した。ヨーロッパにおいては一九三九年（昭和十四）九月ナチス・ドイツの軍隊がポーランドに侵入し、これが第二次ヨーロッパ大戦の契機となった。日本とドイツは昭和十一年十一月に防共協定を結んではいたが、軍事同盟は結んでいなかったから、ユーラシア大陸の東西における二つの戦争はそれぞれ別箇に戦われていた。その後、昭和十五年九月、日本、ドイツ、イタリアによる三国同盟（軍事同盟）が結ばれた。さらに日本がアメリカ、イギリス、オランダに対し宣戦を布告すると、これまでヨーロッパの戦争に表立っては参加していなかったアメリカはいわば自動的にドイツとも戦うことになり、ユーラシア大陸の東西における二つの戦争は統合されて、第二次世界大戦となった（大東亜戦争、太平洋戦争、アジア太平洋戦争等の称あり）。

○増田實日記（我孫子）。

十月十七日（金）　晴

夜ラジ《（オ）》ニテ、近衛内閣の總辭職を報ぜらる。

*これは第三次近衛内閣の総辞職である。増田実は非常に勤勉な農民であって、その日記のほとんどは農事記録なのだが世相や政局に敏感なところがあり、時に記した何気ない記述の中に近い将来に訪れるであろう重大事件の予兆を見ているようなこともある。彼は近衛内閣の総辞職の中に来るべき大戦争（これまでの日中戦争とはわけが違う戦争である）の予兆を見ていたのではないか。

十一月八日（土）

午前国民学校に開催の敵性国家排撃講演会の傍聴。愈々（以下欠）。

十一月十七日（月）

議会開会第一日、東條首相の一般施政方針を録音に聞く。短時間ではあるが、殊に対米方針を大膽率直に闡明、力強ひ語調嵬《（毅）》然たる能《（態）》度は萬堂をして、まことに戰時議会に應《ふさわ》しい緊張振りを示したと謂ふ。次て東郷外相加屋《（賀）》蔵相の演説の内容をアナウン《（ス）》された。共に今や帝國の緊迫せる實状を明かにしてゐる。

*張りつめた文章である。増田もまた東条や議会と同じように緊張している。十二月に入ると次のような記事がある。

十二月三日（水）曇

籾摺、昨年の種子残り二番生陸稲等で六俵程の米を得た。是が今年の全収穫であり、命をつなぐ糧でもあるのかと思へば、情けなくもあり、亦虎の子よりも大事な一粒と謂共粗末な米である。

十二月四日（木）晴

晴、想外に暖し。納屋のねづみ退治を爲す。

夜又も行商の調査の事で、小池氏方で集合。

日米会談は和平愈々望みなしと傳へらる、一億國民は鐵石の意志もて、此大難関を突破すべく敢闘しなければならない。

*大戦争が間近にせまっていることを感じている増田実は、それでも籾摺りやねずみ取りをしている。それが生活というものである。

なお、翌五日から十八日にかけては記述がない。大戦突入は八日だから、激動の瞬間の記述がないわけである。興奮のあまり、書けなかったのではないかと推測される。八日以降ハワイの真珠湾攻撃、マレー半島上陸、マレー沖海戦、フィリピンの空襲等々驚倒すべき事態が次々と生起したことは周知のとおりである。

増田の日記が再開されるのはようやく十九日に至ってからである。

十二月十九日（金）

夕刻我軍香港壮絶なる敵前上陸完遂、引続き戦果擴大中。

十二月二十日（土）晴
晴、案外暖し。帝国陸海空軍は昨暁香港島敵前上陸行へ《（ひ）》、その後も益々戦果を擴大しつつあり、其の攻略は壮絶無比なるものなりと。
ホーレソ《（ン）》ー眞菜高菜等に下肥を擔ぐ。
朝今井材木店を訪へ、大工よりの見積書に依る材木を注文。

＊以後十二月中には戦争に直接関係する記事はない。そして翌昭和十七年より同三十二年に至る十五年間の日記はない。したがって、敗戦に至る以後の三年八か月における増田実の戦争に対する気持ちや態度を知ることはできない。

○田中治平日記（笠懸）。
仝（新十二月）八日　大雪　午前十一時英米ニ向へ《（イ）》宣戦ヲ布告ス。
仝　十九日　甲寅　晴　金山神社ニテ大祭、英米宣戦全勝祈願ヲナス。
仝　二十一日　半晴　午后七時小雨、新川善昌寺ニテ皇軍全勝祈願ヲナス。
仝　二十五日　薄曇　香港陥落。

＊田中における戦争の叙し方は、他の項目とまったく同じく、まことに簡単であって、事実だけを記し、所感や意見はまったくない。

敗戦そして降伏

昭和二十年八月十五日正午、天皇はラジオ放送によって、日本帝国の降伏（ポツダム宣言の受諾）を人々に告げた。これについての記録や証言は数多くあるから、ここでこまかく述べることはあるまい。ここではその前後の模様につき簡単に述べる。

○松本常治日記（東金）。

降伏前における空襲につき多くの筆をさき八月十五日に至っている。

八月十五日（水）

空襲あり。

正午、停戰の詔勅下る。

（一億国民、血涙に咽び唖然たり）。

＊松本は郵便局員だったから、翌十六日より貯金払戻し業務に忙殺される。以下。

八月十六日（木）

東金郵便局、杞憂《きゆう》に困るか、貯金払戻し多きため、十一時にて締め切り。

八月十七日（金）

昨日に続き払ひもどし多きため、局長と共に千葉局へ資金三十万円現金にて持帰る。

八月十八日（土）

戦敗国民の心理、貯金を無理に払ひもどして苦しむ。一五〇人、九万円。

八月十九日（日）

公休日なりしも、貯金の払戻し多きを懸念して出勤す。但し払ひもどし少なかった。

八月二十日（月）

払ひもどし漸次減少す。

＊パニックはおさまり、以後次のような記述が続く。

八月二十二日（水）

命により、分会旗及び分会書類を、町役場前にて、涙をのんで焼却す。

八月二十四日（金）
午後三時より、東部第三〇六〇九部隊解散式。
夜、谷、布施君方御通夜。
八月二十五日（土）
上宿、小川四郎君御通夜。
八月三十日（木）
夜、帝国在郷軍人会東金町分会の最終会計決算案作成。
（参考）南瓜四貫二十円、冬瓜三円五十銭、南瓜一貫百匁五円五十銭。提灯四ケ二円、漬瓜三貫目二十四円、つけ木四ケ三円。ホウロク三円。ビール六本十二円。渋団扇二本一円。
九月一日（土）
前八時、帝国在郷軍人会解散式。
式後、監視隊本部にて幹部会。
九月六日（木）
銃後奉公会（軍人会の基本金引継）。
九月十五日（土）
軍人分会国民貯金解散届提出。
九月二十日（木）
中秋の名月。
九月二十二日（土）

株式会社山武公会堂（東金劇場と改称）へ、東金局員達と漫才見物。

十月十六日（火）

軍部払下品受領。

＊地方における軍国体制のあと始末が急ピッチで進んでいる。中秋の名月を観賞したり（九月二十日）漫才を見に行ったり（九月二十二日）して、生活の日常性が徐々に回復してきている。

○高下恭介日記（大和）。

現神奈川県大和市域は、かつて海軍航空隊があった厚木基地に東接しており、大戦末期には戦場のような緊迫感に包まれていた。

公務員としての高下は空襲下を食糧の増産や配給（時には軍人とも掛合わねばならなかった）に多忙な日々をすごしていた。彼はインテリだったから、大戦末期の諸状況を時には批判的な目で見ざるを得なかった。たとえば次のような記述。

昭和二十年

一・三一　水　晴

農林調査その他の調査々々に追れて忙しく過す、本年に入りて戦況ます〳〵非に大本営の報道にも打ちかたぶかるゝ節のみ、世の風評流言、如何に新紙の報道を封しても更に見よ、高座海軍工廠又厚木航空隊に上陸中の水兵如何に多きかを、更に〳〵視よ、日本上空への敵機の飛来如何に数多きかを、翻って思ふ、遠く南方に南冥の孤島に、大陸の彼方に置きわすられし如き将兵、其の他の戦闘干（関）係者の歯を喰ひしばり、唇を噛みての頽勢挽回に心血を燃しをる様思ふだに涙こぼるゝばかり、然るを当局の軍人、官吏などの内地勤務の人々の動きや如何に、悪徳企業家、商人など、の結托、加ふるに国民の多くの漸くに戦争に飽来れるの傾向なきか、料理店は寮と名を変へておほびらに裏口営業をなし、紳士風の狼共、狸風の官吏、時には軍服を纏ひての鬚面などの出入を、血の気の多き青壮年者の憤り当然と思はれる。

右のうち、後半の「然るを…」以下には高下の憤懣やる方ない気持ちがよく出ている。

高下恭介にとっての八・一五は次のようなものであった。

八（昭和二十年）一五　水　晴

夜半より空襲断続十二時間以上の警戒、

午餐を早目に正午をラヂオの前に待つ、放送開始、天皇陛下の御声スピカを通して、戦局我に利あらず、ソ聯の彼聯合軍に加りて我に戦ひ、加ふるに米国の使用せし原子爆弾その人命に及ほす所大なり、赤子の為忍びざる所、即彼聯合軍の通牒に応ずるの止むなきに至る、戦線の将士国民の努力、戦地に在りて戦死せし将士、戦災によりて死し、又家を失ひ親を子を失ひし国民の上を思へばとの御心、嗚呼我泣きぬ、光代も泣きぬ、子供達は春美より昌栄迄も一種異様の気分に打たれ、何となしにしよげるもいぢらし、折から来合はせし正勝君の母親も共に泣きて、戦地に在る者の如何になりしかを語合ふ、直に来りし北島義次君のとうとう敗けたね、自分は陸軍病院に居た干（関）係上いろ〳〵の方面からの情報でとつくから知つて居たのだの言葉に、誰も言葉を合わせるものもない、英夫、武男、薫、春生など次々に来る、唯感想もなく嘆声、夕方本家へ行く、

　我か責任《つとめ》足らすありけり大君になにとこたへんすへも知らなく

　大君の御心如何に民草のうへをおもへはとの今日のみことは

その後は、相模湾内に進入、停泊していた米艦ミズリー号上での降伏調印式（九月二日）、上陸して

きたアメリカ兵の出現、そして農地改革をはじめとするいわゆる戦後改革の記事が続く。

○飯島唯四郎「私の履歴書」（千代川）。

飯島は現千代川村（茨城県結城郡）鎌庭の人。大戦末期に豊田第二国民学校の校長であった（明治三十八年〈一九〇五〉生まれ）。彼は膨大な日記を残しており、それをもとに「私の履歴書」を書いた。それによると、農耕隊を組織して食糧増産にいそしむなど大忙しである。このような純農村も艦載機の来襲で人心は戦々恐々としていた。飯島は日記をもとに次のように当時を記した。

　八月十五日、朝から空襲警報、正午重大放送があるとか、天皇陛下の放送あり、事は以（意）外無条件降伏、何たる事だ、無念で仕方ない。児童を召集し訓話する。虚脱の状態とはこの事（カ）か。仕方なく学校へ行き何をやる元気もない。職員も同じ気持ち、遅刻欠勤も多くなる。

＊回想記だからどうしても緊迫感のない文章になる。しかし、日記をもとにしてはいるから、そこに記されている事実や気持ちはそのとおりなのだろう。以下続ける。

　三十一日、終戦後十五日、戦いに負けた原因を知らされるにつき仕方なく思う。戦敗をひたかくしにして来た政府が情けない。戦争中第二校に赴任してから職員の欠員に苦労して来たが、やつと補充されほつとする。毎月実施してきた大詔奉戴日も廃止になつた。

　日常生活の不自由さは続く、衣料の切符制、汽車に乗るにも切付交付の申請をしなければならない。

＊国民学校の教員は、程度の差こそあれいずれも軍国主義教育の担い手だったから、戦争に負けるとその責任を追及される恐れがあった。事実、教員適格審査が実施され、教員は戦前・戦中の経歴を申告すべく命ぜられた（私はそれを女学校教師として経験した）。以下はそれにつ

いての記述。

十一月に入り、軍国主義教員のひ免が報道され一寸不安となる。四日秋晴のよい天気だ。朝から前の畑のうない方、午後はそばうち、すつかり疲れ切つてしまう。役場の連中日光へ行つたとか、父留守する。自分は学校へ行き宿直する。家にはラジオないが、学校にあるので楽しみだ。十二月末には校長の異動も民主主義教育への転換のため八割は異動すると云う話をき丶、一寸不安だ。第一の石塚校長は辞職届を出したとか、自分も異動の渦中にあるらしい。

＊また、御真影（天皇・皇后の写真）の返還や、それを安置しておく奉安殿についての記述もある。

昭和二十一年

一月一日、九時半から四方拝の式をあげる。警察の通知により、御真影を出すか、どうか心配したが、遂に出さなかった、九月に警官護衛の下に、ご真影を背負い地方事務所へ奉還する。永い間校庭の一部に奉安殿をつくり、登校、下校の際に礼拝しておつたが、奉還してしまいよりどころがなくなり一人淋しさを感じた。

このように、人はそれぞれの八月十五日とその直後の衝撃を迎えた。明治以降、戦争にひた走った日本帝国はついにその歩を止めた。

終章　意味

精神生活のあり方を主題とする本書『村のこころ』が持つ私にとっての意味といったことを以下に記す。

大原幽学とその周辺についての共同研究

大原幽学（一七九七〜一八五八）は幕末期における農民指導者として割合著名な人物であり、本書第二章には彼に関係する記述がある。

大原幽学とその周辺についての大規模な共同研究は一九七一年（昭和四十六）に開始され、八一年における『大原幽学とその周辺』（木村礎編、八木書店）の刊行をもって終了した（ただしごく小規模には現在も継続）。問題はこの研究の開始がなぜ一九七一年だったのかということである。

これについては『大原幽学とその周辺』の「あとがき―研究過程を中心に―」の中に次のような記述がある。

一九七〇年当時、私が働く明治大学の混乱は一向におさまらなかった。いうところの大学紛争（あるいは闘争）である。前年の一九六九年、混乱の絶頂期に、私は、明治大学改革準備委員会の委員長の座にあり、深く疲労した。

つまり、一九七〇年当時、私は混迷し、疲れていた。私はこれまでやってきた近世史研究に限界を感じ、嫌気すらさしていた。今にして思えば一九七〇年当時は、私の転回期だった。転回の一つの方向性は「日本村落史」であって、私はこの時期から、これまでとは異なった性質の文章を書きはじめるようになった。（それらを集めた『日本村落史』の公刊は一九七八年）。もう一つが、この〝大原幽学とその周辺〟についての研究である。率直にいって、私は人間の内面を見つめる手掛りを歴史の中に求めたかった。二宮尊徳については、掛川地方（ここには、尊徳の弟子岡田佐平治、その子良一郎らがいた）の研究を通じて少しは知っていたが、尊徳の〝成功〟は、私には魅力がなかった。私には、尊徳という人間そのものは遠い存在だった。私は恐らく、幽学の失意と〝失敗〟にひかれたのであろう。

この他、日本学術会員として、史料保存利用問題に奔走するとか（「歴史資料保存法の制定について」の学術会議勧告の可決は一九六九年十月）、『旧高旧領取調帳』関東編（近藤出版社、一九六九年。一九九五年に東京堂出版へ版権を移す）の刊行とか、働き場所である明治大学における一部教務部長への就任とか、一九七〇年前後の私にはさまざまな負担が集中してきており、私は心身ともに「深く疲労」するとともに「人間の内面を見つめる手掛りを歴史の中に求めたかった」のであり、そのことが私をして一九七一年という時期における大原幽学とその周辺についての共同研究の開始に踏み切らせたのである。以後の私はこの研究に没頭するとともに、精神・思想・意識・気持ち等々の用語で説明される「人間の内面」における目には見えないが重要なものの存在に歴史研究者として開眼した。

駒沢大学史学会での講演

『大原幽学とその周辺』の刊行は一九八一年十月だったが、それからほぼ三年後、駒沢大学の史学会で「私観『戦後歴史学』—日本村落史の周辺—」という講演をした（一九八四年十一月。後に『駒沢大学史学論集』一五〈一九八五年二月〉に所収。さらに『木村礎著作集』Ⅵ〈名著出版〉一九九六年五月）に所収）。これは、若い時はいわゆる「戦後歴史学」の徒であった私が、やがてそれにあきたりなくなり、結局は「日本村落史」の研究へと転換して行った経過を述べ、その日本村落史の基軸として「景観」と「共同体」（生活）をあげ、歴史学を〝既成の大概念〟から解放すべきことを説いたものである。

この講演の最初の方に、社会構成史的、近代化論的色彩の濃厚ないわゆる「戦後歴史学」がなぜ多くの人々（ことに若い研究者）に受容され感銘を与えたかについて言及している部分がある。以下に引用する。

若者は、腹をすかしているけれども、観念で生きるというところがあります。若者は思想に生きることができます。思想に生きるということは人間にとって非常に大事な要素なのでありまして、人間は飯だけで生きているわけじゃないのです。人間は思想とか心情とかのために死ぬことができます。そのことは、戦争中の特攻隊のみなさんを考えればわかると思います。これは大変なことでありまして、杉山（博）先生（＊講演当時駒沢大学の教授。私はこの人と若い時から親しかった）なんかはそういう時代の真只中を過ごしてきた方であります。人間は飯のため、日々の現実のためだけに生きているんじゃなくて、理想や思想、そういうもののために生きたり、死んだりすることができるし、事実するのであります。我々は、そういう存在であります。「戦後歴史学」というものは、私どもをそのような意味で捉えたのです。…（＊以下は「戦後歴史学」批判）。

こう述べた時の私は、大原幽学の割腹自殺を想起していたように思う。幽学はたしかに幕府勘定所により処罰されたのだが、それは教学の公然たる流布を禁止されたということであって、切腹を命じられたわけではない。また食うに困って自殺したわけでもない。彼の自殺は〝思想的な死〟といってもよいものである。そうした死はもちろん、状況こそ異なれ、他にも多数の事例がある。

本書の意味

一九九四年一月に刊行した共同研究『村落生活の史的研究』（木村礎編著、八木書店）の末尾において、私は「本書における（精神生活）の取上げ方はまことに残念ながら、散発的であって体系性が弱い」と自己批判し、したがって、その重視こそが生活史研究の課題なのだとしたことについては、すでにこの本の「序章」に述べた。

共同研究終了後もそのことは私の念頭に時に浮上した。このたび機会を得て、既刊の『村を歩く』『村の生活史』とともに、三部作の第三作として本書『村のこころ』を刊行できることは大きな幸せである。

この三部作によって、景観と生活を基本視座とする歴史研究のあり方が定まったなどとは毛頭考えていない。しかしながら、このような視座による歴史研究は可能なのだという具体的先例にはなるのだろうぐらいのことは言いたい（そのために、この三部作を書いたのである）。

景観と生活を基本視座とし、そこからさまざまな関係へと広がって行く歴史研究の前途は、試行錯誤を伴う多彩にして豊かなものになるだろうと予想される。私はこの三部作をその試行錯誤の一つの具体例として提示したつもりである。

終わりに、この三部作を可能にしてくれた雄山閣出版の皆さん、ことに社長の長坂慶子氏、三部作構想を支持推進された編集長の佐野昭吉氏、原稿の整理や校正に当たってくださった編集工房なにの長津忠氏らに深く感謝する。この三部作の根底には、史料所蔵者をはじめとする現地の方々の御厚情や多くの自治体史に傾注された研究者の御努力が存在していることはもとよりであり、そのことを銘記して感謝するとともに、戦後地方史研究を支え、その発展を推進してこられた全国の多くの研究者各位に敬意を表する次第である。

索　引

あ 行

か 行

さ　行

た　行

な　行

は　行

ま　行

や　行

ら　行

◇著者略歴◇

木村　礎（きむら　もとい）

1924年東京に生まれる。明治大学専門部地歴科および東京文理科大学国史学科卒業。明治大学名誉教授。おもな著書に『日本村落史』『近世の村』『村の語る日本の歴史』『村を歩く――日本史フィールド・ノート』『村の生活史――史料が語るふつうの人びと』『日本村落史講座』全9巻(編集代表)、『木村礎著作集』全11巻など多数ある。

村《むら》のこころ――史料《しりょう》が語《かた》る村《むら》びとの精神生活《せいしんせいかつ》

2001年8月25日印刷
2001年9月10日発行

検印省略

著　者　木村　礎
発行者　長坂慶子
発行所　雄山閣出版株式会社
住所　東京都千代田区富士見2-6-9
電話　03(3262)3231　振替　00130-5-1685
本文組版　株式会社富士デザイン
印刷　新日本印刷株式会社
製本　協栄製本株式会社

ISBN4-639-01748-0 C0021